王书华 主编·第一卷

# 晋商史研究文库·第一辑

# 明清晋商与山西乡村的城市化研究

乔 南◎著

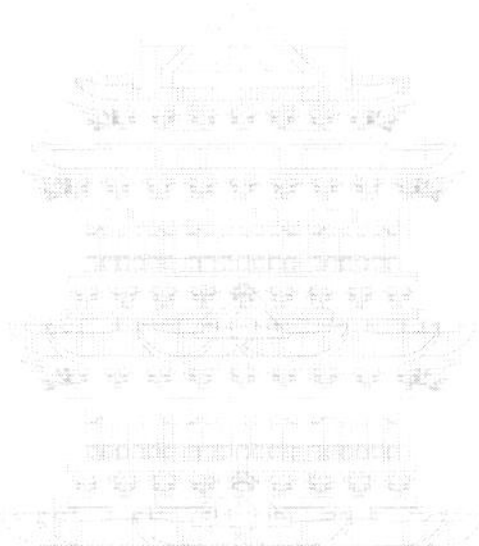

中国社会科学出版社

**图书在版编目（CIP）数据**

晋商史研究文库．第一辑：五卷本／王书华主编；乔南等著．-- 北京：中国社会科学出版社，2025．1．
ISBN 978-7-5227-4037-9

Ⅰ．F729

中国国家版本馆 CIP 数据核字第 202402KU69 号

出 版 人　赵剑英
责任编辑　安　芳
特约编辑　刘中平
责任校对　张爱华
责任印制　李寡寡

出　　版　中国社会科学出版社
社　　址　北京鼓楼西大街甲 158 号
邮　　编　100720
网　　址　http://www.csspw.cn
发 行 部　010-84083685
门 市 部　010-84029450
经　　销　新华书店及其他书店

印　　刷　北京君升印刷有限公司
装　　订　廊坊市广阳区广增装订厂
版　　次　2025 年 1 月第 1 版
印　　次　2025 年 1 月第 1 次印刷

开　　本　710×1000　1/16
印　　张　96.25
字　　数　1451 千字
定　　价　498.00 元（全五卷）

凡购买中国社会科学出版社图书，如有质量问题请与本社营销中心联系调换
电话：010-84083683

# 山西财经大学
# 《晋商史研究文库第一辑》
# 编 委 会


学术顾问：张正明　刘建生

编委会主任：丁耀武　田祥宇

编　　委：寇福明　卢　平　米子川　李向阳　张文龙
王茹芹　魏明孔　李茂盛　高春平　赵丽生
周建波　王书华　燕红忠　乔　南　石　涛
梁　娜　张林峰　贾建飞

主　　编：王书华

编辑部主任：乔　南

编　　辑：薛秀艳　侯海燕　董晓汾　孙长青　亢一鸣
李翰伟

# 总　序

2017 年 6 月，习近平总书记在山西考察调研时指出："山西自古就有重商文化传统，形成了诚实守信、开拓进取、和衷共济、务实经营、经世济民的晋商精神"。[①] 2022 年春节前夕，习近平总书记在山西考察调研时强调，要坚定文化自信，深入挖掘晋商文化内涵，更好弘扬中华优秀传统文化，更好服务经济社会发展和人民高品质生活。[②] 如何进一步弘扬晋商精神，深入挖掘晋商文化的价值内涵，将晋商文化传承发展下去，对于山西牢记领袖嘱托，扛起时代使命，全方位推动高质量发展有着极其重要的意义。

山西是中国商业文明的重要发祥地之一，晋商是中国经济史上独特的商业现象，也是中国商业史上的一支劲旅，更因其在明清时代所创造的货通天下和汇通天下的历史奇迹而成为彼时中国十大商帮之首。晋商及其辉煌的商业成就虽然已经成为过去，但其发展史实及发展过程中所孕育出的晋商精神却蕴藏丰富的内涵及经验，为当代经济社会发展带来无穷的启迪。

山西财经大学是国内建校时间最早的财经类高校之一，是从晋商大

---

① 《回归晋商精神　打造新型政商关系》，央广网，https：//www. cnr. cn/sx/sxcj/20170720/t20170720_ 523859674. shtml。

② 《深入发掘文化富矿　展现文化大省担当》，中国经济网——国家经济门户，http：//www. ce. cn/culture/gd/202203/01/t20220301_ 37365006. shtml。

院走出来的商科大学。建校以来为我国工商业企业、金融业及企事业单位培养了大量的扎根本土、对接国际的商务人才。晋商研究始终是学校科研、教学、学科建设的特色之一。学校进行有组织的晋商研究工作已经有近70年历史。

1960年，原山西财经学院成立了山西票号史料整理小组，开始了晋商史料的挖掘、整理和研究工作。在随后的30多年中，陆续推出了以《“山西票号”的性质与作用》《山西票号研究集》（第一集、第二集）和《山西票号史料》为代表的学术著作，在国内外产生巨大影响。1997年10月，原山西财经学院与原山西经济管理学院合并，更名为山西财经大学，晋商研究的学科特色与学术传统得以继续和加强。2002年，学校建成了金融货币史博物馆。2004年，山西省教育厅依托学校建立了人文社科重点研究基地——山西票号与晋商研究中心。2007年，学校将山西票号与晋商研究中心更名为晋商研究院。2024年9月，由山西财经大学等12家山西省高校、科研机构、晋商民间团体等单位共同倡议的“晋商研究联盟”在山西太原正式宣告成立，山西财经大学当选第一届晋商研究联盟理事长单位。晋商研究联盟的成立在晋商研究领域具有里程碑式的意义，为整合各方资源、深入开展晋商研究工作奠定了坚实的基础。

到目前为止，山西财经大学三代晋商研究人员共发表国家级论文100余篇，省部级论文400余篇；完成省部级以上课题100余项；在国家级出版社出版学术专著50余部，获得省部级奖10多项；收集整理晋商史料8000余万字。创办《晋商史研究文库》这一迄今唯一一本以晋商为研究对象的连续学术出版物。创办“晋商研究青年学者学生论坛”品牌会议，每年吸引世界各地数百名专家学者前来参会并交流。开办拥有数千件藏品的晋商博物馆，每年接待5000多人次参观学习。开设《晋商学》《晋商经典案例》《山西票号的金融创新》《跟着晋商学管理》《博物馆中话晋商》《丝路商贸史》《晋商人才的成功之路》《文艺作品中的晋商文化》《中国会计发展史》《文物里的金融富国之旅》《世界名城赏析》等数十门晋商相关课程。每年在校内校外举办有关晋商精神文化的讲座、报告会30余场次。山西财经大学是太原市晋商文化周的主要协办单位。也是山西省委宣传部拍摄外宣纪录片《寻踪晋商》的学术顾问单位。

2024年，为了秉承学术传统，弘扬晋商精神，强化办学特色，开创晋商研究新局面，山西财经大学设立晋商研究专项基金，责成晋商研究院编辑、出版了这套“晋商史研究文库”。

本文库不限定册数，不定期出版，今后将陆续推出最新相关研究成果。

热忱期待广大读者的批评指正！

田祥宇

2024年11月19日

# 目　录

# 绪　论

## 第一节　问题缘起及相关概念界定

### 一　问题的缘起

城市经历了从古到今的演变过程，城市化也是一个不断发展和深化的历史过程，是伴随着城市产生发展而出现的社会变革过程。而且这一过程涉及乡村社会的内在变革，特别是对于农耕文明异常发达和成熟的中国来说，农村更是推进城市化的关键所在。

明清时期，晋商贸迁四方、汇通天下，商业资本和金融资本迅速积累起来，山西作为其家乡，也是其大量资本最后沉淀的地方，出现了乡村的城市化现象。乡村的城市化是在乡村工业化的基础上出现的，彼时，在山西潞泽丝织业、晋东南铁货业、解州池盐捞采业及晋南烟业等领域，雇佣关系普遍，且所产商品畅销全国远销海外的同时带回了源源不断的财富，山西乡村工业化特征明显。与此同时，山西出现了许多专业化城镇：如明代的潞安府城、泽州府城、高平县城等为丝织业城镇；清代晋东南地区的阳城、凤台、荫城，晋中地区的交城等为冶铁专业城镇；运城是盐务专城；绛州、代州为山西境内南北两地的商品集散中心；清中叶以后的平遥县城、祁县城、太谷县城是金融城镇；晋北的大同府城、归化厅城、西包头镇等为中蒙贸易城镇；沿黄的碛口镇、河曲县城、蒲州城、茅津渡等为航运城镇。

明清时期，山西城镇数量的增加与专业化程度的提高，城镇发展的相对稳定和传统市镇的日趋成熟，特别是明代中后期，传统市镇走向全面繁荣，在一定程度上取代了州县城市部分职能，尤其是县级城市的经济职能。这是山西商品经济发展、山西城镇商业繁荣、晋商商业资本作用的结果。晋商的商业资本和金融资本对彼时山西城镇的性质、功能、作用产生了巨大影响。晋商活动促使山西城镇数量与规模不断扩大，商业资本的注入推动城镇的商品生产和商品交换，并直接影响到城镇的兴衰。“在资本主义社会以前的阶段中，商业支配产业。”① 商业的发展程度和商人的活跃程度决定了商品生产的程度。明清时期，山西地区商业发达，商人贸易活跃，当地的商品生产和贸易均由商业支配。因此，众多的山西城镇，由最初的单纯行政中心到后来的工商业中心，以及大量专业化城镇的迅速出现与发展，在很大程度上得益于晋商的经营活动及商业资本的注入。明清两代，山西城镇日益兴盛，晋商活动极为活跃，其繁盛程度与晋商商业资本的发展相一致，晋商成为山西城镇规模扩大、数量增多、交易繁盛的有力推动者。

## 二　对乡村城市化的重新阐释

在对本书的内容进行阐述之前，我们有必要先厘清一个问题：如何认识“城市化”。“城市化”这一概念是1867年由西班牙工程师A.色丹率先提出的。“城市化”被当作是近现代以来世界范围内社会发展的突出现象，并在很大程度上成为衡量一个国家和地区工业化及现代化水平的标志。因此被许多人理所当然地认为，它是工业化和现代化特有的伴生物，是随着现代化的兴起而出现的社会变革过程。人们认为在农业生产效率和商品交换没有出现颠覆性突破之前，城市人口在总人口中的比例一直受到限制，始终不可能持续提高，因此城市化只是工业革命开始后才出现的。我们说，作为广泛的社会发展潮流，农村城市化确实是

① ［德］马克思：《资本论》第25卷，人民出版社1975年版，第371页。

伴随着工业化、近代化进程而全面兴起的。

城市化是一个动态的概念，它具体是指城市发展及其所引发的社会相关领域的变化，是以城市为核心的社会变革现象。从历史角度讲，不同形式的小城镇在近代以前就早已存在。特别是在我国的明清时期，各种市镇的广泛兴起和发展，直接推动了单一城市体系向多层次城镇体系的转变。尽管传统城市在总体发展水平上是有限的，但它毕竟引发了乡村经济和社会的一系列变革，进而推动乡村的城市化。明清时期城市的发展是基于古代城市发展的程度，因此明清时期所表现出来的城市化现象亦为社会长期发展的延续。由此而言，“城市化”虽然是在近代才出现的概念，但作为一种社会变革现象和进程在古代就早已存在了。只是与现代意义上的农村城市化相比，古代农村的城市化相对更低层次和低水平一些，并且有着自己的特点和历史局限而已。而并非像有些学者认为的农村城市化是现代化进程中特有的现象，是传统落后的乡村生活和生产方式变为现代先进的城市生产和生活方式的历程。①

基于以上认识，我们借用著名社会学家罗西的观点，从城市发展及其对社会影响的角度对城市化做出四个方面的界定：其一，城市化是城市中心对农村土地影响的传播过程；其二，城市化是全社会人口逐步接受城市文化的过程；其三，城市化使人口集中的过程包括集中点的增加和每个集中点的扩大；其四，城市化是城市人口占全社会人口比例的提高过程。②

乡村的城市化，指的是乡村不断向城市转化，并最终为城市所完全同化，乡村的城市化还包括乡村本身内部的城市化。乡村的城市化，亦即农村的城市化，它是城市化发展到一定阶段的产物，也是城市化进程的重要组成部分。乡村的城市化是城市的思想认知、生存理念和生活方式向农村扩散的一个过程，同时也是乡村社会基于其内生性动力不断变革的过程。其中，小城镇的兴起与发展对于乡村的城市化来说具有重要

① 渝西军：《嘉兴地区特色规模经济的特征和借鉴意义在中国》，《农村经济》2001 年第 5 期；崔功豪主编：《中国城镇发展研究》，中国建筑工业出版社 1992 年版，第 77 页。

② 转引自康就升《中国城市化道路研究概述》，《学术界动态》1990 年第 6 期。

意义，因为它表现为农村人口向城市集中，农民职业性质由农业转向非农业。这种转变不仅仅是人口在地域分布上的变化，更是社会状况的转变，还是经济状况、文化状况、生活状况的转变。这种转变在某种程度上是乡村城市化的一个标志。

## 第二节　学术界已有研究

### 一　学术史回顾

一般研究晋商的学者，以研究山西商人与山西票号问题为多，先后对山西商人的兴衰①、山西商人与政府的关系②、山西商人在各地会馆③、山西商人的经营管理④、山西商人的历史性质⑤、山西商人的精神及思想理念⑥、山西商人的行商范围和经营项目⑦、山西商人与其他商帮的比较⑧、山西票号⑨等问题进行了较为深入的研究。⑩

关于中国明清时期的城市化问题，城市史学者给予了极大的关注，并有一系列的研究成果。⑪ 外国学者十分关注明清以来中国城市的发

① ［日］寺田隆信：《山西商人研究》，张正明等译，山西人民出版社 1986 年版；张正明：《晋商兴衰史》，山西经济出版社 2010 年版。

② 黄鉴辉：《明清山西商人研究》，山西经济出版社 2002 年版。

③ 刘建生、刘鹏生、燕红忠：《明清晋商制度变迁研究》，山西人民出版社 2005 年版。

④ 孔祥毅：《解读晋商——孔祥毅教授访谈录》，《企业管理》2001 年第 12 期。

⑤ 高春平：《晋商学》，山西经济出版社 2009 年版。

⑥ 葛贤慧：《商路漫漫五百年——晋商与传统文化》，山西经济出版社 2009 年版。

⑦ 王尚义：《晋商商贸活动的历史地理研究》，科学出版社 2004 年版。

⑧ 刘建生、燕红忠、张喜琴等：《明清晋商与徽商之比较研究》，山西经济出版社 2012 年版。

⑨ 孔祥毅：《金融票号史论》，中国金融出版社 2003 年版；史若民：《票商与近代中国》，中国言实出版社 2014 年版；董继斌、景占魁：《晋商与中国近代金融》，山西经济出版社 2002 年版。

⑩ 详见笔者专著《集聚视角下的清代山西城镇研究》，中国社会科学出版社 2022 年版。

⑪ 参见隗瀛涛《近代重庆城市史》，四川大学出版社 1991 年版；张仲礼主编《近代上海城市研究》，上海人民出版社 1990 年版；罗澍伟主编《近代天津城市史》，中国社会科学出版社 1993 年版；皮明庥主编《近代武汉城市史》，中国社会科学出版社 1993 年版；张仲礼主编《东南沿海城市与中国近代化》，上海人民出版社 1996 年版；隗瀛涛主编《中国近代不同类型城市综合研究》，四川大学出版社 1998 年版；曹洪涛、刘金声《中国近现代城市的发展》，中国城市出版社 1998 年版；戴鞍钢《港口・城市・腹地——上海与长江流域经济关系的历史考察（1843—1913）》，复旦大学出版社 1998 年版；等等。

展，施坚雅主编的《中华帝国晚期的城市》，施坚雅和伊懋可合编的《两个世界之间的中国城市》，美国学者威廉·T. 罗所著《汉口：一个中国城市的商业恶化社会》，林达·约翰森主编的《帝国晚期的江南城市》。所有这些研究都关注到明清以来中国城市化问题。城市化是学术界争议的热门话题，不同领域的各类学者都有不同见解。[①] 不过大家一致认为研究城市化的相关问题，需要关注的因素有很多，例如工业、商业、金融等。彼时中国的城镇化发展，表现出极大的不平衡特性：沿海沿江地区城镇的近代化发展较为迅速，学者们除对近代上海、天津、武汉、重庆等城市进行研究外。历史地理学者也提出近代经济地理的“港口—腹地”理论，并进行一系列实证研究。[②]

很多学者也已经注意到了城市化作为一种社会现象所具有的相对性和历史性。美国学者施坚雅和日本学者斯波义信运用交叉学科理论及分析方法结合研究中国古代城市的社会结构、商业形态、市场体系来对中国的城市化现象进行讨论。施坚雅在1964—1965年的《亚洲研究学刊》上陆续发表关于中国乡村集市与社会结构的论文，并提出著名的施坚雅模式，即中国古代农村集市市镇分布的六角形模型，随后又将这种模式推广到更广阔的对中国古代城市和社会的研究中。在其主编的《中华帝国晚期的城市》中，施坚雅把城市和市镇放到城市化进程中，并结合晚清的状况，为读者们演示了系统研究方法如何运用于对中国历史上的社会、经济等方面的研究。最后，他不仅统计出了各个区域的城市化水平，而且指出了中国古代城市呈现出行政中心与行政区域相分离的趋势是城市化发展的表现。[③] 斯波义信则认为中国都市化进程的历史渊源应该追溯到更为早期的唐宋时期。他认为都市化的基础是农村，中国宋代大量出现的市镇在经济上的性质是城市。并以杭州、明州为个案对该问题进行

① 参见虞和平主编《中国现代化历程》，江苏人民出版社2005年版，绪论。

② 复旦大学历史地理研究中心编：《港口—腹地和中国现代化进程》，齐鲁书社2005年版；樊如森：《天津与北方经济现代化》，东方出版中心2007年版。以及复旦大学历史地理中心的一批相关博士、硕士论文。

③ G. Williams Skinner, *The City in Late Imperial in China*, Stanford, 1977.

了考察和分析。① 李伯重强调中国古代城市化道路与近代欧美城市化有重大差异，用欧美经验认识和判断中国古代城市化是不合适的。② 中国台湾地区学者李国祁探讨了清代晚期福建、浙江、山东、两湖、江苏、安徽等地的城市化现象。③ 葛剑雄、曹树基等对明后期苏州、常州、应天、镇江等府的城市化人口进行了考量。④ 王卫平认为，明清江南地区城市化水平呈现出不均衡的状态，全区域城市人口比例在12%左右。⑤

但学界对清代山西城镇的研究起步较晚，在对晋商进行研究的前提下，开始关注绛州、平遥及杀虎口等商业城镇，⑥ 并从社会史角度对山西的庙会和集市进行研究，⑦ 继而考察了山西北部雁门关商道沿线的商镇，⑧ 同时部分地研究了清代属于山西境内的内蒙古城镇，⑨ 并考察了近代山西城镇的变化，⑩ 同时对晋商与山西城市发展之间的关系进行了一些讨论，⑪ 并从集聚视角对清代山西城镇的发展规律和原因进行讨论。⑫

---

① ［日］斯波义信：《宋代江南经济史研究》，方健、何忠礼译，江苏人民出版社2012年版。

② 李伯重：《江南的早期工业化（1550—1850）》，社会科学文献出版社2000年版，第404—417页。

③ 李国祁：《中国现代化的区域研究：闽浙台地区（1860—1916）》，台北："中研院"近代史研究所专刊，1982年；张玉法：《中国现代化的区域研究：山东省（1860—1916）》，台北："中研院"近代史研究所专刊，1982年；苏云峰：《中国现代化的区域研究：湖北省（1860—1916）》，台北："中研院"近代史研究所专刊，1981年；张朋园：《中国现代化的区域研究：湖南省（1860—1916）》，台北："中研院"近代史研究所专刊，1983年；王树槐：《中国现代化的区域研究：江苏省（1860—1916）》，台北："中研院"近代史研究所专刊，1984年；谢国兴：《中国现代化的区域研究：安徽省（1860—1916）》，台北："中研院"近代史研究所专刊，1991年。

④ 葛剑雄、曹树基等：《中国移民史》第5卷，福建人民出版社1997年版，第425页。

⑤ 王卫平：《明清时期江南城市史研究以苏州为中心》，人民出版社1999年版，第340页。

⑥ 黄鉴辉：《明清山西商人研究》，山西经济出版社2002年版。

⑦ 行龙、张万寿：《近代山西集市数量、分布及其变迁》，《中国经济史研究》2004年第3期。

⑧ 许檀、乔南：《清代的雁门关与塞北商城》，《华中师范大学学报》2007年第3期。

⑨ 乌云格日勒：《18—20世纪初内蒙古城镇研究》，内蒙古人民出版社2005年版。

⑩ 曾谦：《近代山西城镇地理研究》，宁夏人民出版社2009年版。

⑪ 高春平主编：《晋商与明清山西城镇化研究》，三晋出版社2013年版。

⑫ 乔南：《集聚视角下的清代山西城镇研究》，中国社会科学出版社2022年版。

国内外对晋商研究的文献较多已经达到汗牛充栋的程度，对明清山西城镇及相关问题也有一定考察，但是仍存在两方面的不足：

第一，学界对明清山西城镇的重视程度稍显不足。在我国的明清时期，由于经济发展程度不同，区位特点各有千秋，因此彼时国内城镇发展的区域性差异非常明显，这是客观存在的，但这并不意味着学术研究可以顾此失彼，而必定出现区域性差异。这种学术格局不利于宏观把握明清时期我国城镇经济的总体发展情况，不利于对彼时各地城镇的区域特征和成因进行考察和剖析，不利于以古鉴今为当代我国城镇化发展提出有效建议。

第二，对商人与城镇发展关系的关注度不够。明清时期的社会剧烈变革给我国社会的方方面面带来了巨大变化，在城镇发展中就表现为城镇功能、城镇结构、城镇类型、现代化模式、经济地理条件等具有多样性，经呈现出城市化的特点。而山西城镇发育与晋商及其商业资本、金融资本关系研究的不足，不利于深刻解剖在明清社会剧烈变革背景下，中国城市化发展的内生性动因。

## 二　本书的研究意义

商业依赖于城镇的发展，而城镇的发展也以商业为条件。宋代以来，中国出现大规模的长途贩运贸易，并于明清之际发展到最盛，在促进商品交易种类增多、数量增大的同时，新型商业城镇大量出现。由此可知，城市化的动因来自商业、工业两方面，在中国是以商人行为、商业化为主导的。明清时期，商人的贸迁，商业的发展带动了城市交通运输业、手工业、工矿业、金融业等部门的发展。形成了以大中城市为中心的市场体系，加强了地区间、城乡间的经济联系，并在城镇周边的广阔区域形成了腹地。因此商人、商业贸易的繁荣对城市的发展至关重要。

中国的经济史学者认为："在近代的经济部门，最大份额的利润不是来自制造业，而是来自贸易和金融业。在贸易中，最大部分的货物不是从工业获得，而是从传统部门（农业和手工业）中获得。”[①] 隗瀛涛说：“中国的城市化是一个由两次商业化浪潮、两次外力冲击和两次城市转型所构成的一个完整过程。两次商业化浪潮是明清时期随着长途贩运而兴起的国内商业化浪潮，以及晚清开始因中外商品交流而起的第二次商业化浪潮。两次外力冲击是指，有明一代及清代前中期，草原文明强烈要求与农耕文明进行经济交流所带来的冲击；第二次外来冲击是指鸦片战争后西方文明对中国农业文明的冲击。两次过渡是指从传统行政中心城市到传统工商业城市的转换；传统工商业城市到近代新型工商业城市的转换。”[②] 城市史学者在研究中国近代化城镇发展时，初步提出了中国近代城市发展的三条规律，其中第一条就是走因商而兴的城市发展之路。[③] 近代重庆城市史学者也归纳近代重庆城市兴起的三个原因是：开埠的影响、商业贸易的发展、近代交通运输的发展。[④] 近代武汉城市史学者对武汉城市发展特点归纳为四点，其一就是因商而兴，商贸成为武汉城市运行的龙头。[⑤] 由上可知，商业贸易在近代中国城市发展中发挥了重要作用。

许多学者也从历史地理学角度考察商业交易与中国城市发展的问题。刘景纯在研究清代黄土高原城镇发展时认为，随着清代黄土高原商品经济的发展，粮食市场普遍确立，商人及小工业者贸迁四方，成为金融中心城市、商贸城市兴起和发展的主要因素之一。[⑥] 复旦大学历史地理研究所的吴松弟及其团队提出近代经济地理的港口—腹地理论，认为港口城市与广大腹地之间的经济联系就是商品贸易问题，商业经济在港口城市近代经济的发展中占主导地位。[⑦] 樊如森认为天津开埠以后成为

---

① ［美］郝延平：《中国近代商业革命》，陈潮、陈任译，上海人民出版社 1991 年版，第 4 页。

② 隗瀛涛主编：《中国近代不同类型城市的研究》，四川大学出版社 1998 年版，第 1—16 页。

③ 张仲礼主编：《近代上海城市研究》，上海人民出版社 1990 年版。

④ 隗瀛涛主编：《近代重庆城市史》，四川大学出版社 1991 年版。

⑤ 皮明庥主编：《近代武汉城市史》，中国社会科学出版社 1993 年版。

⑥ 刘景纯：《清代黄土高原地区城镇地理研究》，中华书局 2005 年版，第 58—115 页。

⑦ 吴松弟：《中国历史上第二次城市革命及其性质（1900—1930）》，《河山之恋——史念海先生百年诞辰历史学学术研讨会报告》，2012 年 10 月 14 日。

北方外向型经济龙头，成为北方地区包括广大西北地区在内的棉花、皮毛、药材、干果的出口中心，同时由于其发达的港口及海运而成为西方各类洋货如五金、机器、煤油、玻璃、火柴、糖等进口的中心，进而逐渐形成以天津为中心的北方现代商业体系。① 综上，我们可以看到，学界对商业经济在城镇发展过程中所起到的重要作用其看法是一致的。因此本书研究意义在于，探求晋商及商业在清代山西城镇化过程中所起的作用，清代山西的城镇化表现出什么样的特点，有哪些规律可循。这有助于研究彼时城镇化的区域差异性特征，从而丰富城市史研究的理论。

## 第三节　本书研究特色及框架

### 一　本书的研究特色

第一，以广泛的个案研究为基础，对明清晋商商业资本的注入与山西城市化发展问题进行讨论，并选取代表性城镇进行重点研究。现有资料对清代山西城镇的发展状况描述大多语焉不详，因此需要获取和挖掘新的数据和资料。此外，研究指标的制定、资料的解释、得出何种结论等都是在未来的研究工作中需要克服的难点。

第二，从商业资本与城市发展视角对明清山西城市化进行研究。由自然资源、区位条件、文化背景等不同角度入手，对明清时期山西城镇在发展过程中与晋商商业资本契合现象进行分析，得出规律及作用机理。本课题所使用的研究资料，有很大一部分是课题主持人及成员进行大量田野调查和实地考察所获得的珍贵的第一手资料，而这些资料是前辈学者们较少使用的，其中有的资料为第一次使用。但从商业资本与城市发展视角对明清山西城市化进行研究是前人研究较少涉及的新领域，具有挑战性。

第三，以古鉴今，为当代城镇化建设提供借鉴。通过对我国当前城

---

① 樊如森：《天津与北方经济现代化》，东方出版中心 2007 年版。

市化进程中所面临的一些问题进行分析，指出商业资本在城市化发展过程中的促进作用。这种研究方法对准确把握、合理建议，以促进我国经济建设具有重要意义。从晋商推进明清山西乡村城市化这一全新视角对明清山西经济史进行研究。

## 二　本书框架

学术界对山西古代城市化有所重视，但是在研究上总体关注相对不足。本书的研究希望在这方面有些新的探索。

第一，中国古代城市化不仅是一个逐渐起步和不断发展的过程。而且在空间上存在着明显的区域差异，只有深入弄清不同地区城市化具体表现的形态，才能整体上把握古代城市化的基本特点和发展脉络。

第二，在中外学者围绕中国古代城市和社会发展的研究中，山西是相对研究薄弱的一个区域。这些研究虽然为明清时期山西城市化的问题提供了很多研究基础，但是也应该看到这些研究大多数围绕城市和市镇本身的演变发展而展开。对山西城镇发展所引发的城市化现象并没有给予足够的重视。

基于上述认识，本书的研究主要分为以下几个部分：首先是结合区域社会环境演变从城市角度考察和分析山西城市化发展的前提，旨在弄清明清时期山西地区以城市为核心的城市化历史轨迹和区域发展道路。其次是以晋商活动为中心来考察和分析彼时山西乡村城市化的历史进程，包括城镇自身的城市化，以及由此引发的农村社会经济文化变革，旨在弄清明清时期山西城市化进程中都市文明和乡村文明之间的内在联系，并从总体角度揭示区域城市化的特点及局限。最后是对引起明清山西乡村城市化的其他原因进行考量，并对研究该问题的当代意义进行讨论。

# 第一章　明清山西乡村城市化发展的前提

## 第一节　社会发展水平的跃升

### 一　人口的增加

明初，由于山西受战争破坏较轻，人民生活安定，人口较多。明洪武十四年（1381），山西有 596240 户，4030454 人[①]，因此成为人口外迁的重点地区。从明洪武六年（1373）到永乐十四年（1416），山西共有 12 次大规模移民。当时山西的外迁人口主要来自太原、平阳二府及泽州、潞州、辽州、沁州和汾州等地，其中以平阳府洪洞县为最，该县的移民分布于河南、河北、山东、北京、安徽、江苏及湖北的广大地区，而河南移民的 95% 来自洪洞县。明代山西往外省的大量移民，造成山西本地人口增长缓慢，见表 1－1。

**表 1－1　　明代山西人口表**

| 年代 | 户数 | 人口 | 环比速度 | 资料来源 |
|---|---|---|---|---|
| 洪武十四年（1381） | 596240 | 4030454 | 1.00 | 《明太祖实录》卷 140 |
| 洪武二十六年（1393） | 595444 | 4072127 | 1.01 | 《明万历会典》卷 19 |
| 弘治四年（1491） | 575249 | 4360476 | 1.08 | 《明万历会典》卷 19 |
| 万历六年（1578） | 596097 | 5319359 | 1.32 | 《明万历会典》卷 19 |

① 《明太祖实录》卷 140，上海书店出版社 1982 年版。

明代山西共有5府3州79县。各府州因所辖县数多少不同，因地理环境的因素，人口的空间分布也不均衡，则各府州的人口也相差很大。但它可以直接反映出各地区经济发展的水平，参见表1－2。

**表1－2　　明代山西人口分布表①**

| 地区 | 人数（人） | | | 各地区占总人数的百分比（%） | | |
|---|---|---|---|---|---|---|
| | 永乐十年（1412） | 成化三年（1467） | 嘉靖三十八年（1559） | 永乐十年（1412） | 成化三年（1467） | 嘉靖三十八年（1559） |
| 太原府 | 806381 | 1041638 | 1072274 | 19.76 | 22.23 | 25.31 |
| 平阳府 | 1649161 | 1941300 | 1343120 | 40.49 | 41.42 | 31.71 |
| 大同府 | 114629 | 121093 | 132456 | 2.81 | 2.58 | 3.13 |
| 潞安府 | 736179 | 548460 | 540191 | 18.04 | 11.70 | 12.75 |
| 汾州府 | 245397 | 302583 | 378827 | 6.01 | 6.46 | 8.94 |
| 沁州 | 94263 | 118858 | 122436 | 2.31 | 2.54 | 2.89 |
| 辽州 | 50217 | 83007 | 84939 | 1.23 | 1.77 | 2.01 |
| 泽州 | 383710 | 529683 | 561777 | 11.30 | 11.30 | 13.26 |
| 山西合计 | 4079937 | 4686622 | 4236020 | 100 | 100 | 100 |

从表1－2可以看出，明代山西以平阳府人口最多，其次为太原府、潞安府与泽州。其中平阳府与太原府在汾河流域的河谷平原地带，这里历代是传统农业经济最发达地区，潞安府与泽州均在晋东南的上党盆地，其经济发展也较为繁荣，所以是当时山西人口比较集中地区。其他各府州位于山西北部与西部地区，相对上述地区来说，人口较少，而这些地区历来农业经济都比较落后。直到清代，山西农业经济的发展水平仍不平衡。

清初，受明末战乱影响，山西人口大幅度减少，到康熙二十年（1681）前后才有所改变。清顺治十八年（1661）山西地区人口为627.87万，康熙二十四年（1685）为678.03万，乾隆二十七年（1762），由政府统计的山西人口数字首次突破千万大关，达1023.99万，此后山西人口呈逐年上升趋势，至道光二十年（1840），山西人口达到1489.2万。从

① 转引自王尚义《晋商商贸活动的历史地理研究》，科学出版社2004年版，第56页表3－5。

顺治十八年（1661）到道光二十年（1840）179年时间，山西人口增加861.331万，平均每年增加48119人。参见表1－3。这一时期，山西人口增长较快的原因有以下三点：其一，赋役改革。清廷为巩固已建立的政权而采取一系列休养生息政策，如康熙五十一年（1712）实行“盛世滋生人丁，永不加赋”，雍正时期实行“摊丁入亩”，乾隆时期进一步调整保甲制度，从而大大刺激了人口的繁殖，同时隐匿户口也大量涌现出来。其二，辖区扩大。乾隆时期，清政府把今内蒙古自治区的归化城、清水河、萨拉齐、和林格尔和托克托划归山西领属，使该地区12万人口加入山西。其三，乐户入籍。明代，山西各地有大量乐户被统治者视为贱民而不编入户，雍正元年（1723）起，改业为良，“与编民同列”，也使此时山西人口总数有所增加。光绪三年（1877），山西人口达到高峰即1643.3万。此后，由于连年灾荒，瘟疫流行，加之清政府内外交困，人口大量流亡，至光绪十四年（1888），人口锐减至1098.4万，宣统三年（1911），减至1009.9万。参见表1－3。

**表1－3　　清代山西人口表**

| 年代 | 人数（万） | 年代 | 人数（万） |
|---|---|---|---|
| 顺治十八年（1661） | 627.869 | 咸丰八年（1858） | 1608.8 |
| 康熙二十四年（1685） | 678.026 | 咸丰九年（1859） | 1612.8 |
| 雍正二年（1724） | 750.9738 | 咸丰十年（1860） | 1619.9 |
| 乾隆二十二年（1757） | 965.42 | 咸丰十一年（1861） | 1624.2 |
| 乾隆二十七年（1762） | 1023.99 | 同治元年（1862） | 1628.9 |
| 乾隆三十一年（1766） | 1046.8349 | 同治二年（1863） | 1632.4 |
| 乾隆五十一年（1786） | 1319 | 同治三年（1864） | 1633.25 |
| 乾隆五十二年（1787） | 1323.2 | 同治四年（1865） | 1634.1 |
| 乾隆五十三年（1788） | 1326.8 | 同治五年（1866） | 1634.95 |
| 乾隆五十四年（1789） | 1330.7 | 同治六年（1867） | 1635.8 |
| 乾隆五十五年（1790） | 1334.6 | 同治七年（1868） | 1636.6 |
| 乾隆五十六年（1791） | 1338.7 | 同治八年（1869） | 1637.5 |
| 嘉庆十七年（1812） | 1400.421 | 同治九年（1870） | 1638.35 |

续表

| 年代 | 人数（万） | 年代 | 人数（万） |
|---|---|---|---|
| 嘉庆二十四年（1819） | 1432.5 | 同治十年（1871） | 1639.2 |
| 嘉庆二十五年（1820） | 1435.2 | 同治十一年（1872） | 1639.27 |
| 道光十年（1830） | 1465.8 | 同治十二年（1873） | 1639.3 |
| 道光十一年（1831） | 1467.8 | 同治十三年（1874） | 1639.4 |
| 道光十二年（1832） | 1469.6 | 光绪元年（1875） | 1640.6 |
| 道光十三年（1833） | 1471.4 | 光绪二年（1876） | 1641.9 |
| 道光十四年（1834） | 1473 | 光绪三年（1877） | 1643.3 |
| 道光十五年（1835） | 1480.7 | 光绪四年（1878） | 1555.7 |
| 道光十六年（1836） | 1482.4 | 光绪五年（1879） | 1556.9 |
| 道光十七年（1837） | 1481.4 | 光绪六年（1880） | 1458.7 |
| 道光十八年（1838） | 1485.8 | 光绪七年（1881） | 1434.9 |
| 道光十九年（1839） | 1487.5 | 光绪八年（1882） | 1221.1 |
| 道光二十年（1840） | 1489.2 | 光绪九年（1883） | 1074.4 |
| 道光二十一年（1841） | 1492.7 | 光绪十年（1884） | 1090.9 |
| 道光二十二年（1842） | 1494.6 | 光绪十一年（1885） | 1079.3 |
| 道光二十三年（1843） | 1496.6 | 光绪十二年（1886） | 1084.7 |
| 道光二十四年（1844） | 1495.6 | 光绪十三年（1887） | 1065.8 |
| 道光二十五年（1845） | 1500.8 | 光绪十四年（1888） | 1098.4 |
| 道光二十六年（1846） | 1503.1 | 光绪十五年（1889） | 1103.4 |
| 道光二十七年（1847） | 1505.6 | 光绪十六年（1890） | 1105.9 |
| 道光二十八年（1848） | 1507.8 | 光绪十七年（1891） | 1107.1 |
| 道光二十九年（1849） | 1510.3 | 光绪十八年（1892） | 1126.1 |
| 道光三十年（1850） | 1513.1 | 光绪十九年（1893） | 1145.44 |
| 咸丰元年（1851） | 1569.27 | 光绪二十年（1894） | 1165.1 |
| 咸丰二年（1852） | 1589.2 | 光绪二十一年（1895） | 1110.4 |
| 咸丰三年（1853） | 1592.1 | 光绪二十二年（1896） | 1119.1 |
| 咸丰四年（1854） | 1595.7 | 光绪二十三年（1897） | 1149.3 |
| 咸丰五年（1855） | 1599.2 | 光绪二十四年（1898） | 1153.1 |
| 咸丰六年（1856） | 1601.6 | 宣统三年（1911） | 1009.9 |
| 咸丰七年（1857） | 1604.9 | | |

资料来源：据赵文林、谢淑君《中国人口史》《各省清代人口数统计表》的核算数，人民出版社 1988 年版，第 452 页。

由表 1 –3 可以知道，清代的山西人口在乾隆二十二年（1757）前为一个阶段，人口规模在 600 万—900 万之间。从乾隆二十七年（1762）起上升为第二阶段，人口达到千万以上，到道光二十四年（1844）年山西人口已近 1500 万人。

**表 1 –4　　清嘉庆二十五年（1820）山西各府州人口密度统计表**

| 府州别 | 人口 | 面积（平方千米） | 密度（人/平方千米） |
|---|---|---|---|
| 太原府 | 2086640 | 16500 | 126. 46 |
| 平阳府 | 1397546 | 12300 | 113. 62 |
| 蒲州府 | 1398811 | 3300 | 423. 88 |
| 潞安府 | 940514 | 9000 | 104. 50 |
| 汾州府 | 1807377 | 15000 | 120. 46 |
| 泽州府 | 899698 | 8700 | 103. 41 |
| 大同府 | 764923 | 19200 | 39. 84 |
| 宁武府 | 238692 | 6000 | 39. 78 |
| 朔平府 | 536066 | 27000 | 19. 85 |
| 平定府 | 640484 | 8100 | 79. 07 |
| 忻州直隶州 | 366146 | 5400 | 67. 80 |
| 代州直隶州 | 513135 | 8700 | 58. 98 |
| 保德直隶州 | 140769 | 3300 | 42. 66 |
| 霍州直隶州 | 351147 | 3000 | 117. 05 |
| 解州直隶州 | 799521 | 3730 | 214. 34 |
| 绛州直隶州 | 1017312 | 5400 | 188. 39 |
| 隰州直隶州 | 134045 | 6300 | 21. 28 |
| 沁州直隶州 | 266811 | 5700 | 46. 81 |
| 辽州直隶州 | 212715 | 4500 | 47. 27 |
| 归化城厅 | 120776 | 缺 | 缺 |
| 合计 | 14633128 | — | — |

资料来源：梁方仲：《中国历代户口、田地、田赋统计》，甲表 88 之《清嘉庆二十五年（1820）各府州人口密度》，上海人民出版社 1980 年版，第 274 页。

从表 1 –4 可以知道，清嘉庆二十五年（1820），山西省的太原府、汾州府、蒲州府、平阳府、绛州人口较多，人口密度以蒲州最大，其次为解州、绛州和太原府。

## 二 手工业经济的高度发展

山西历来地狭人众，加之自然地理条件不尽如人意，使得全省粮食生产比较落后，但是省境矿产资源十分丰富。另外，气候条件和土壤条件的多样性为粮食作物以外的农副作物的生长提供了较为良好的条件。因此，明清时期山西经济发展的一项重要内容就是手工业经济的高度发展。

1. 纺织业

（1）潞绸及泽绸

明代丝织业，南方以苏、杭、闽、广为中心，北方以山西潞州为中心。明代，潞安府是全国著名的丝绸产地，并于万历年间（1573—1620）达到织造产量的最高峰，更因为“潞绸机杼斗巧，织作纯丽”[①]而被朝廷选为贡品，按年征发。明洪武初年于山西设立“织染局”，万历中期又派出“织造内臣”赴各处督造催征。万历三年（1575）至十八年（1590），朝廷向山西坐派潞绸 15000 匹，用银 80064 两。[②] 长期大量征派潞绸的官府行为，促使潞安府以潞绸生产为单一主体的经济结构的形成。明代，潞绸生产的规模空前，洪武二十四年（1391）潞州府所辖 7 县，166147 户，而仅“长治、高平、潞州卫三处，共有绸机一万三千余张”[③]，平均每户都有织机。此外，为了养蚕取茧需要，明弘治年间在潞州植桑由洪武初年的 80000 余株增加到 90000 多株。明末除按规定数额完交、贡纳、互市外，舟车辐辏传输于河北、蒙古地区等地，还作为外贸商品流通到国外，因此，潞绸产区名闻天下。

清代，长治和高平仍向朝廷纳贡潞绸，但其规模远不及明代。顺治初年，山西省长治、高平二县只存织机 1800 张，但仍需完税纳贡。潞绸每匹重 64 两，长 80 尺，阔 2 尺 4 寸；小潞绸每匹重 10 有 6 两，

① （明）郭子章：《郭青螺先生遗书》卷 16，清光绪年间刊本。
② 转引自王尚义《晋商商贸活动的历史地理研究》，科学出版社 2004 年版，第 69 页。
③ 乾隆《潞安府志》卷 9《田赋》。

长30尺，阔1尺7寸，岁由山西长治、高平二县织造，解送内务府验收。

（2）棉纺织业

棉纺织业是明清时期山西民间纺织业的重要组成部分，且其生产在明初已有相当规模。在晋中，自平定州的寿阳县向西南延伸，经太原府的榆次、徐沟、太谷、祁县，直至汾州府的平遥、孝义等县，形成一个狭长的棉纺织业集中区。万历时“榆次、太原等县，民间纺织最多。府掌印官提取木匠十数名，教习省下木匠，令作纺车织机市卖”①。官府曾从这些县中抽调木匠、机匠，在全省推广制作纺机纺车，教当地百姓织布。

清代，晋省许多地方棉织业发展较为迅速，织布细分出择花、弹花、搓花、纺花、缠线、拐线、浆线、络线、钩线、引布、安机、卸布、锤布、浆布、裁缝15道工序。② 一名妇女，一年可以织布50匹，每匹可卖150钱，50匹可得7500钱。③ 乾隆时期，榆次县乡村“家事纺织，成布至多，以供衣服租税之用”④。此外，榆次布在清代山西的棉布中最著名，“榆人家事纺织成布，至多以供衣服、租税之用，而专其业者，贩之四方，号榆次大布，旁给西北诸州县，其布虽织作未及精好，而宽于边幅紧密，能久，故人咸视之”⑤。寿阳县于清康熙时，居民务农之外，兼资纺织；至乾隆时，县民“事耕织者十之五”⑥。县所产的布“鬻于北路，每尺钱二十上下”⑦。太谷县在明后期“无问城市乡村，无不纺织之家”；清代“男务耕，女务织，勤俭至殷阜”⑧。孝义县“男妇皆能纺织，所制棉布，鬻于西北州县外，而棉花则出真定诸

① 王尚义等：《明清晋商与货币金融史略》，山西古籍出版社1995年版，第23页。
② （清）祁隽藻：《马首农言》，清咸丰五年（1855）刻本。
③ （清）祁隽藻：《马首农言》，清咸丰五年（1855）刻本。
④ 乾隆《榆次县志》卷7《物产》。
⑤ 同治《榆次县志》卷15《物产》。
⑥ 乾隆《寿阳县志》卷8《风俗·物产》。
⑦ （清）祁隽藻：《马首农言》，清咸丰五年（1855）刻本。
⑧ 光绪《太谷县志》卷3《物产》。

外，经平遥东来，南行灵隰，则自孝义转贩”①。晋南闻喜县“女红甚勤，东乡尤佳，称横水布。又织为巾，黑白相间，名闻巾”②，“健妇一岁得布五十匹，一布可得百五十余钱，计五十匹得七千五百余钱，得五十二三丈余布”③。同时，清代山西从事棉织手工业生产的区域开始向晋北发展，清道光之前，大同地区的棉布均由外地贩来，道光之后，当地民众学习纺织业，“塞北妇女，自古不识纺织，尺寸布缕皆买之市肆……民间稼穑登场，半以易布……选择邑内木匠二三人给予资斧，趁此长夏，前往省南学制纺车织机梭扣等物，即于省南觅雇二三堪教纺织之妇人前来”④。

2. 烟草加工业

山西的烟草加工业以曲沃县为最盛。曲沃烟业发端于明末，发展并繁荣于清代。清初，曲沃县经营烟叶生产加工的烟坊共有数十家，总产量已经达到每年 1000 多万斤。整个清代，曲沃烟草加工业蓬勃发展，在曲沃北荣裕、杨谈、北白集、城关等地均建有烟坊，并相继出现了裕顺永、魁太和、东谦亨、西谦亨、南谦亨、北谦亨等经营烟草的字号。清末，全县的烟草种植面积达 8 万亩，年均产烟 900 万斤，最高时年产达到 1400 万斤。此时曲沃有大小百十家烟坊，烟叶生产成为曲沃重要产业，彼时曲沃烟坊所产烟叶分为生烟、皮烟、香料烟三大类，全县的烟坊年产烟丝 4000—5000 吨。

在曲沃烟坊迅速发展的刺激下，晋东南许多县份相继开设烟坊，据统计，彼时山西拥有烟坊的县份发展到曲沃、翼城、芮城、襄陵、沁水、晋城、襄垣、汾城八个。值得注意的是，山西保德州在清中叶就有大规模种植烟草的记载：“（乾隆时）烟草处处有之……凡河边淤土，不以之种禾、黍，而悉种烟草。尝为河边叹云云，盖深怪习俗惟利是

① 乾隆《孝义县志》卷 4《物产·民俗》。
② 乾隆《闻喜县志》卷 2《风俗》。
③ （清）祁隽藻：《马首农言》，清咸丰五年（1855）刻本。
④ 道光《大同县志》卷 8《风俗》。

趋，而不以五谷为本计也。”[1] 可见山西烟草生产的地域范围之广。烟丝从曲沃等地运至晋中平遥，而后运往广大的北方市场。[2]

3. 造纸业

山西造纸业始于北周。唐代全国有15州造纸，其中就有山西蒲州。宋代，平阳的白麻纸、稷山的竹纸都曾名闻京师。元明时期，麻纸的产区又扩展到太原、汾州、潞安、泽州等地。清代，山西纸的质量也得到相当的提高。自清雍正三年（1725）始，潞、泽二府年解京都呈文纸4万张，这些纸张分别产于长治、长子、屯留、黎城、襄垣、潞城、壶关、凤台（今晋城）、高平、陵川、阳城11个县。清乾隆初年，“岁造十万张送京师纳于户部”[3]。乾隆二十八年（1763），年解京都毛头纸50万张。乾隆二十九年（1764）又将年解毛头纸增加为百万张，仍由太原、汾州、平阳、蒲州四府解办。这些纸分产于阳曲、太原、榆次、交城、文水、汾阳、介休、临汾、永济九县，以临汾、永济、汾阳、介休四县为最多，各20万张。此百万张之上解数，持续了120多年，至光绪十年（1884）才予停解。[4]

山西手工纸分为三类：即麻纸、桑皮纸和杂纸。杂纸是最低级的纸张，包括草纸、黑毛纸、烧纸等三种。

清代，山西的麻纸产量最大，用途也最广。彼时，山西全境有数十县份生产麻纸，行销省内及京津、豫、陕等地。临汾所产麻纸，不仅运销山西各县，还远销河南、陕西等省。襄陵县邓庄在清代中叶有纸坊一百多家，所产麻纸不仅运销京津等东部地区，还销往陕西、宁夏等西北地区及河南等中部省份。此外，介休县之顺城关、西关、东关；曲沃县

---

① （清）陆耀：《烟谱》，载李文治《中国近代农业史资料》，生活·读书·新知三联书店1957年版，第84页。

② 段士朴：《曲沃烟史简述》，载中国人民政治协商会议山西省委员会文史资料研究委员会编《山西文史资料全编》第2卷，中国人民政治协商会议山西省委员会文史资料研究委员会，1999年。

③ 乾隆《蒲州府志》卷3《物产》。

④ （清）刚毅修，安颐等纂：《晋政辑要》，光绪十三年（1887）刻本。

城内的小水巷，以及斗润村、曲村镇；翼城县之冰清镇、城村等地均有生产麻纸的作坊。浑源县之城区木市街及北顺城、东门、南门一带有20家纸坊生产麻纸。定襄县之蒋村有纸坊100多家，所产麻纸行销五台、崞县。盂县之温村，崞县之上王村、下王村以及代县、朔县、左云、右玉、繁峙、怀仁、河曲、临县等县均有纸坊生产麻纸。

桑皮纸主要产于晋东南阳城、晋城、陵川、沁水、高平5县。阳城县的下孔村，晋城县的犁川镇、造纸寨、西上庄，陵川县的吕家河村，高平县的永禄村均是生产桑皮纸的重点地区。所产桑皮纸以尺九与二八两种最多。

草纸多产于阳曲县上兰村及太原县，位于晋祠附近的赤桥村，每年清明节后即开始造纸，至十一月底停工，年工作240天。古城营、西群城、大阮村等也均为造纸区域。其生产原料为稻草，所产草纸专供民用。此外，临汾县之贾册、官磑、坛地、靳家庄、城居等村，浑源县之下盘铺村、西坊城、间村等村均有纸坊生产草纸。洪洞、赵城两县汾河沿岸多有以破布为原料生产黑毛纸和烧纸的作坊。黑毛纸与草纸用途相同，烧纸供祭奠使用。

4. 皮毛加工业

山西多山，畜牧业历来比较发达，皮毛产量颇丰，遂于明清时期形成了大同、忻州、交城、寿阳、潞安等多处皮毛加工生产和集散中心。[①] 其中，尤以交城县突出。《中国实业志·山西省卷》载："山西以牧羊著称，硝皮业也随之发达。全省硝皮业之发轫，以大同、交城两地最早。在明末清初之际，已有硝皮场之经营。"交城皮商贩洗皮革，腥秽填壅，如"城内东南隅，离相寺圣母庙前，清流一曲，地属离震，实启文明，何为洗皮浸革之需，居民苦之。暮春初夏，秽气满城，见者伤心，行人掩鼻，遂使清净法坛，终年龌龊，风雅圣地，昼日腥膻"[②]。

---

① 杨纯渊编著：《山西历史经济地理述要》，山西人民出版社1993年版，第377页。

② 张正明主编：《明清晋商资料选编》，山西人民出版社1989年版，第18页。

由此可以看出，当时交城皮革加工规模较大，已经影响环境。山西硝皮业最繁荣的时期，是在光绪二十一年至光绪二十四年（1895—1898）之间，其时皮货国外贸易兴旺，交城、大同两地每年销售总值各在百万两以上，交城硝皮庄由十家增至一百余家，大同由十余家增至八十余家，可谓晋省皮货业之黄金时代。[①] 其时，绛州也是省内皮革的重要产地，其境内“皮货甚多，而皮货制作则必有待于工匠，即所谓皮工是也，其在白皮行者有裁活、铲皮及共作等工。在黑皮行者有拨皮、揭筋及染皮、薰皮等工。其余股子皮行、皮条铺及弦房、闸房等行亦各有专门工匠，就各行之家数计之，白皮行四十余家，在皮行中为最，占势利；黑皮行及股子皮行约均十家上下；皮条铺、弦房、闸房亦各三五家不等，每家用人平均以二十人计之，实不下千有余人，亦可谓一种特别之生业也”[②]。

皮毛产品分为黑皮革、精细皮毛制品、毡制品等。

黑皮革由黑皮匠制作，主要被制成手工业用具，如耕绳、滚绳、过梁绳、皮筋、搭腰、笼头、笼嘴、料拌、鞍屉等，以及皮鞋底、补鞋用皮及皮胶等。上述产品均以大畜皮张作为原料。

精细皮毛制品，由白皮匠制作，主要指皮袄、皮裤、皮褥、粉皮裤、皮坎肩、皮帽等。原料多为羊、狗、兔、狐等动物的皮毛。先将毛皮带毛鞣制成革，然后割制而成。乾隆二十五年（1760），有从业人员 73 人，年加工皮衣 3 万余件。其时盛行粉皮制革，即用山羊板皮去毛鞣制、染色，后缝制成裤或袄，具有耐用、美观的特点。

毛口袋，原料为山羊毛、牛毛和其他畜毛，经手工纺线、砍织和缝合等工序制成口袋、毛单等成品。口袋分驴骡口袋和连二口袋，驴骡口袋多用于畜驮，连二口袋多用于车拉，均为包装用品。毛单块大小不

---

① 解光启：《交城县民间硝皮业历史资料综述》，载中国人民政治协商会议山西省交城县委员会文史资料研究委员会编《交城文史资料》第 9 辑，中国人民政治协商会议山西省交城县委员会文史资料研究委员会，1990 年。

② 民国《新绛县志》卷 3《生业》。

一，一般多为5尺5寸长，3尺5寸宽，横幅两边有穗，可做雨衣，也可铺炕或铺床。明嘉靖五年（1526），全县从业人员150人，年产毛口袋3200条，毛单2000块。清乾隆三年（1738）从业人员310人，年产毛织品8000余件。

毡制品，原料以绵羊毛和其他家畜毛为主，经过弹毛、铺胎、水洗（有的染色）等工序制成毛毡、毡帽、毛鞋、毛屉、毛垫等成品。毛毡分二五毡、条毡、三六毡、对儿毡、大毡、红毡等。毡帽分紫绒和白毛两种。毛鞋分高鞠和低鞠及男女多种。屉垫块状大小不一，多数为驴骡或骆驼驮物垫衬用。

5. 酿造业

山西酿酒业在唐代就已经在全国名列前茅。唐文宗太和八年（834）至武宗会昌六年（846）敕扬州、陈许、汴州、襄州、河东（山西）五处榷麹，浙西、浙东、鄂岳三处置官店酤酒。[①] 清代，晋、陕、豫、鲁及直隶等省份为北方酿酒业最盛的地区，被时人称为“北五省”，“向多开设烧锅，以酒为业”。[②] 其时，山西境内开设酒坊数百家，生产包括白酒、黄酒、露酒、本绍酒、葡萄酒、柿子酒、枣酒、甜菜酒、桑落酒、玉米酒在内的十余种酒。其中，汾酒为白酒中最负盛名者，“晋省烧锅，惟汾州府属为最，四远驰名，所谓汾酒是也”，“民间烧造，视同世业”。[③] 清代，汾酒的酿造技术更加精湛，“汾酒之制造法与它酒不同，它酒原料下缸，七八日之酝酿，酒糟齐出矣。汾酒酝酿最缓，原料下缸后须经四次，历月余，始能完全排出。且其性最易发挥，存积消久，则变色减秤，暗耗不赀”[④]。此外，潞酒是山西所产葡萄酒中较为著名的一种，因其产于潞安府而得名，潞酒具有浓郁的梨香味，晶莹透明，入口绵甜。太原所产葡萄酒为朝廷贡品，清雍正年间，太

① 光绪《钦定续通志》卷155《食货》，台湾商务印书馆1983年版，第15页“榷酤”。
② 光绪《畿辅通志》卷107《胡聘之疏》。
③ 乾隆七年（1742）十二月十八日，严瑞龙奏，《档案》1987年第4期。
④ （清）徐珂：《清稗类抄·工艺类》，中华书局1986年版。

谷、文水、清源三县均产葡萄酒。此外，晋南的解州亦专门种植用来酿酒的葡萄，特别是位于安邑县北部的一些村庄，“土人种葡萄如种田，架不及肩……元珠应接不暇，惟杜村近杜康祠者尤佳，酿以为酒”[①]。孝义县所产酒类众多，是当地重要的收入来源，其中以“羊羔儿”酒“名重海内”[②]。山西所产之酒“远至直属，西至秦中，四处发贩”[③]，如汾酒销往甘肃，在甘肃市场上，“因来路甚遥，价亦昂贵”[④]。

山西酿醋历史悠久，清代采用高粱做主料，加入大曲、麸皮、谷糠、盐、椒、茴香、姜、桂皮等佐料，经过粉碎、搅拌、浸泡、堆积润渗、熏蒸、糖化、醋酸发酵等工艺，熏、淋、酯结合，生出了醋色黑红透亮，味绵甜香酸[⑤]的新品种。其后，人们纷纷效仿，出现“山西老陈醋”的名牌[⑥]，以清源所产及太原城内宁化府所产之“老陈醋”最著名。其时，全省酿造陈醋最优者5家，都是高粱醋，其贮存时间最长者为介休县通德如醋坊所产老陈醋达40年，伏晒陈醋达10年；其次太原益源庆和宝丰裕所产老陈醋达5年；再次是清源县的永泉玉和聚庆成两家所产均不到1年。[⑦] 山西醋坊发展迅速，清光绪二十年（1894），曲沃出现了“太和醋坊”，继而太谷、蒲县、襄陵、汾城、新绛、翼城、河津、沁县、平遥、祁县、汾阳、徐沟等县有一大批醋坊相继建立。[⑧]

6. 榨油业

清代，山西地区亦产油料作物，如芝麻、胡麻等。其中，芝麻既可制作食品，又可作为油料，南北各地皆种。胡麻则是晋北出产较多，如朔平府“胡麻种者极多，取其籽以磨油”[⑨]。偏关县“植物以莜麦为

① 乾隆《安邑县志》卷2《物产》。
② 乾隆《孝义县志》卷4《物产·民俗》。
③ 光绪《平遥县志》卷12《艺文·王绶疏》。
④ 乾隆二年（1737）八月五日，德沛奏，《档案》1987年第3期。
⑤ 杨纯渊编著：《山西历史经济地理述要》，山西人民出版社1993年版，第377页。
⑥ 衡翼汤编：《山西轻工业志》，山西省地方志编纂委员会办公室，1984年，第84页。
⑦ 《山西醋》黄海化工业研究社，研究调查报告第11号，民国二十六年（1937）六月。
⑧ 衡翼汤编：《山西轻工业志》，山西省地方志编纂委员会办公室，1984年，第85页。
⑨ 雍正《朔平府志》卷7《物产志》。

最，胡麻次之”。芝麻、胡麻可榨油，成为其产地重要的一项输出商品。例如偏关县“胡麻油多贩运出境，是为本关大宗出息”①。胡麻除榨油外，还有多种用途，“晋北惟胡麻油其用最溥。胡麻产口外，秋后收买，载以船筏，顺流而下。乡人业其利者……磨碎蒸熟，榨取其汁为油，油净，则取渣滓饲牛。又其粗者，谓之麻糁，并可肥田，故业农者多开油店”②。这些开油坊的“本多者”“土著”“业农者”，应都是当地富厚之家。而开设油坊的目的，很大程度上是为了获取油饼作为肥料，亦即，这种形式的榨油业还与农业结合在一起，是服从于农业的。③

## 第二节　活跃的晋商贸易

### 一　晋商贸迁地域

明清时期，晋商在全国范围内进行商贸经营活动，其活动范围包括京津、直隶、鲁、豫、两湖、江淮、东南、西南、西北、东北地区，并拓展了蒙古地区的市场及俄罗斯贸易区，在这些地区，山西商人或以商贸活动为特点，占领某一行业，或以金融汇兑为优势，操控金融市场。

1. 京师

京师，是清代政治中心，也是商贾云集之地。清代，山西商人在京师的工商业中占有绝对优势，把持和垄断了许多行业。如颜料行多山西平遥县商人，所谓“售卖者惟吾乡人甚伙”④。山西临汾、襄陵商人控制着京师的榨油行，经营香油、花生油、豆油、胡麻油等。此外，还经

---

① 道光《偏关志》卷上《物产》。

② 同治《河曲县志》卷5《风俗》。

③ 方行、经君健、魏金玉编：《中国经济通史·清代经济卷》第1编，中国社会科学出版社2007年版，第446页。

④ 《公建桐油行碑记》，载李华编《明清以来北京工商会馆碑刻资料选编》，文物出版社1980年版，第2页。

营杂货、绸缎、酱菜、酿酒、纸张、钱铺等，并建有临汾东馆[①]和临襄会馆[②]。山西翼城商人在京师主要经营布行，在京建有晋翼会馆[③]。山西潞安府商人在京“多业铜、铁、锡、炭诸货”，在京建有潞安会馆[④]。山西曲沃商人以经营烟业著称，在京建有河东会馆[⑤]。山西盂县商人在京经营氆氇业，建有盂县会馆[⑥]等。在京师的山西商人来自山西的各个地方，他们不仅依靠本地农副产品及手工业产品在京师设立商号，而且根据京师市场的需要，组织贩运各种商品。随着经营规模的扩大和资金实力的日益雄厚，他们创建了为数众多的会馆。

除以上提到的会馆外，还有山西太原商人创建的太原会馆，太平县商人创建的太平会馆和襄汾县商人创建的太平会馆，浮山县商人创建的浮山会馆，襄陵县商人建立的襄陵会馆、襄陵北馆和襄陵南馆，汾阳县商人创建的汾阳会馆，曲沃县商人创建的曲沃会馆，赵城县商人创建的赵城会馆，翼城县商人创建的翼城会馆、晋翼会馆，襄陵县商人创建的太平会馆和山西商人创建的晋太会馆，平定县商人创建的平定会馆，解州商人创建的解梁会馆，介休县商人创建的介休会馆，洪洞商人创建的洪洞会馆，永济县商人创建的永济会馆，代州商人创建的代州会馆，河东商人和临汾商人创建的河东会馆和平阳会馆，平遥、介休商人创建的平介会馆，河东商人创建的河东会馆。此外，还有山西商人创建的三晋会馆、山西会馆、汾水会馆等，共有 36 家会馆。

---

① 李华编:《明清以来北京工商会馆碑刻资料选编》，文物出版社 1980 年版，第 86—88 页。

② 李华编:《明清以来北京工商会馆碑刻资料选编》，文物出版社 1980 年版，第 23—27 页。

③ 李华编:《明清以来北京工商会馆碑刻资料选编》，文物出版社 1980 年版，第 29—39 页。

④《重修炉神庵老君殿碑记》，载李华编《明清以来北京工商会馆碑刻资料选编》，文物出版社 1980 年版，第 40 页。

⑤ 李华编:《明清以来北京工商会馆碑刻资料选编》，文物出版社 1980 年版，第 46—77 页。

⑥《新置盂县氆氇行六字号公局碑记》，载李华编《明清以来北京工商会馆碑刻资料选编》，文物出版社 1980 年版，第 89 页。

山西商人在天津建有两座会馆，均名为山西会馆，一座位于河东杂粮店街，为山西烟商创建；另一座在锅店街①。山西商人在津所经营的行业，包括盐业、当铺、颜料庄、栈房、烟业、杂货行、票号等行业，其中以颜料庄、栈房、票号等行业为最。嘉庆时，山西平遥县商人在津开有西裕成颜料庄，山西颜料庄直到民国时期仍然开有德昌公、公裕、福兴恒等字号。山西票号在天津实力强大，平遥票号帮的日升昌、蔚泰厚、蔚丰厚、蔚盛长、新泰厚、蔚长厚、天成亨、协和信、协同庆、百川通、乾盛亨、谦吉升、云丰泰、松盛长、汇源涌、永泰庆、宝丰隆等票号；祁县票号帮的合盛元、大德通、三晋源、存义公、长盛川、大德恒、大盛川等票号；太谷票号帮的志成信、协成乾、锦生润、大德川、大德玉义成谦等票号均在此开设分号。②

张家口是通往蒙古地区的物资集散地，在康乾时期已成为著名的"塞外商埠"。秦武域《闻见瓣香录》甲卷载："张家口为上谷要地，即古长城为关，关上旧有市台，为南北交易之所，凡内地之牛马驼羊多取给于此，贾多山右人，率出口以茶布兑换而归，而又有直往恰克图地方交易者，所货物为紫貂、猞猁、银针诸皮以及哈喇明镜、阿敦绸等物。"③ 李廷玉在其《游蒙日记》中记录："城里就口上商户论之，俄设道胜银行，英德设皮毛行（办十七家，均华人充买办），中国上下堡，商一千零三十七家（铺伙多山西人），以票号为大宗，杂货等次之"，"出口货，烟、茶、油为大宗，酒、米、麦、糖、枣、瓷、铁器及丝绸、杂货、绸缎、洋布等次之。运销库伦、恰克图、乌里雅苏台、科布多、乌梁海等处。而口外出产如驼马、牛羊及各色皮张、毡片、蘑菇并蓝白两旗之碱，乌珠穆沁之青盐，东西苏泥特之白盐，均为入口转售宣府十属三厅及京津或山西一带之货。其内地土货销售俄国者，以红茶各茶砖及大米为大宗，曲丝绸

① （清）张焘：《津门杂记》，清光绪十年（1884）刻本。

② 中国人民银行山西省分行、山西财经学院：《山西票号史料》，山西经济出版社2002年版，第638—663页。

③ （清）秦武域：《闻见瓣香录》甲卷，转引自张正明《晋商兴衰史》，山西古籍出版社2001年版，第88页。

（河南鲁山绸）等次之。由俄销售蒙境及内地者，以哦噔绸（即哈喇），金线毕兔绒、回绒、牛皮并各色皮张、驼毛、黄芪、蘑菇、木板为大宗，口上设细皮作坊，凡由俄进口之水獭、海龙、银针、灰鼠、紫貂、白狐、元狐、红狐腿及乌城、库伦所来之黄狐、狢猁、沙狐、貂毛、羔儿皮等均由该作坊制之，乃能分批运销各处。其粗皮张以山羊、绵羊为最多。而鹿茸一项，口上设有专庄。广东、太谷帮收买金沙一项，口庄派众赴蒙界及俄境购来，由口熔成金条，销售京津一带，此张家口商业之大概情形也”。[①] 中俄恰克图通商后，出口贸易的商品要先在张家口完税，然后运往库伦，经办事大臣检验部票发放护照后，方可运至恰克图出口。因此，彼时的张家口成为晋商从事进出口贸易的重要枢纽。清中叶，仅在张家口开设的晋商茶庄就有十几家，其中不乏大德玉、大升玉等著名字号。这些茶庄每年运往库伦、恰克图，以及蒙古地区乌里雅苏台、科布多等地的砖茶就有 3240 多万斤；经张家口外销的绸缎、布匹、茶、烟、糖等生活用品约 2083.1 万两。由外蒙古地区各盟输入张家口转销中原地区的各种毛皮等畜产品、野兽裘皮、贵重药材等，折银 1767.5 万余两。[②]

多伦也是山西商人外出经商较为集中的区域，“多伦诺尔，一名喇嘛庙，直隶之散厅也……自康熙年间……商务渐盛，居民亦众。今则人家鳞比，衡宇相望，居然汉漠之间一都会矣。市长三十里，广十八里，汉蒙异居……贸易以马市为最盛”[③]。山西商人从库伦等地换回的牲畜主要在多伦交易，“牲畜市以多伦诺尔为枢纽，岁自蒙古进口，以千万计，有牛、马、羊、猪、骆驼等，而马、羊、驼尤伙。秋冬间市肆喧闹，街衢拥挤”[④]，当地市场上多“晋省出外生理之人”[⑤]。多伦街市繁

---

① （清）李廷玉：《游蒙日记》光绪三十二年（1906）四月十八日，中国社会科学院中国边疆史地研究中心编：《中国边疆史地资料丛刊·蒙古卷》之《清末蒙古史地资料荟萃》，全国图书馆文献缩微复制中心 1990 年版。

② 宣统《商务官报》第 7 册，1909 年刊。

③ 光绪《蒙古志》卷 2《都会》。

④ 光绪《蒙古志》卷 3《贸易》。

⑤ 《清高宗实录》卷 398，乾隆十六年（1751）九月癸酉。

华，商号1000多家，其“繁盛之象甲于库伦”①。在多伦经商的山西商人众多，于乾隆十年（1745）修建山西会馆。据现存于馆内的清道光二年（1822）重修会馆碑刻记载，有1000多家商号参与集资。② 此外，直隶正定府无极县“商其大者曰盐、曰典，皆山西人挟资为之”③。宝坻“邑之列肆开典者，大率来自他省，惟山右为多”④。

2. 山东、河南地区

明末，山西商人的区域就已经扩展到山东地区。清代，山东的盐、当两业几乎全部为山西商人所垄断。此外，山西商人还经营铁器、丝绸、杂货、酿酒等行业，足迹遍布山东的许多城镇：临清“西路铁锅大约即出自山西潞安的潞锅”⑤。其城内茶叶店铺数十家，“以山西商人经营的边茶转运贸易为主”⑥，茶船由南而北到达临清后，“或更舟而北，或舍舟而陆，总以输运西边”⑦。潍县“铁器，山西客商贩来，销售岁约五百金”⑧。张秋“商品来源远及闽广、吴越、山陕，输入商品以杂货、绸缎为大宗”⑨。聊城“铁货自山西贩来”⑩。而且“仅有名号可考的山陕商号即有三四百家，可区分经营内容的店铺有布店、皮货店、衣帽店、粮行、盐店、茶叶店、海味店、钱店、当铺、铁店、板店、丹店、炭店、烟铺、纸局、西货铺、蜡烛店、粉坊、毡坊、染坊”⑪，等等。

---

① （清）李廷玉：《游蒙日记·五月二十五日》清光绪三十二年（1906），中国社会科学院中国边疆史地研究中心编：《中国边疆史地资料丛刊·蒙古卷》之《清末蒙古史地资料荟萃》，全国图书馆文献缩微复制中心1990年版。

② 高志昌、延光先：《多伦的山西会馆》，穆雯英主编：《晋商史料与研究》，山西人民出版社1996年版，第482页。

③ 乾隆《无极县志》卷1《城池》。

④ 乾隆《宝坻县志》卷7《风俗》。

⑤ 许檀：《明清时期山东商品经济的发展》，中国社会科学出版社1998年版，第167页。

⑥ 许檀：《明清时期山东商品经济的发展》，中国社会科学出版社1998年版，第167页。

⑦ 乾隆《临清直隶州志》卷11《市廛志》。

⑧ 葛贤慧：《商路漫漫五百年——晋商与传统文化》，华中理工大学出版社1996年版，第27、29页。

⑨ 许檀：《明清时期山东商品经济的发展》，中国社会科学出版社1998年版，第181页。

⑩ 光绪《聊城乡土志》卷4《商务志》。

⑪ 许檀：《明清时期山东商品经济的发展》，中国社会科学出版社1998年版，第183页。

19 世纪票号创办之后，许多山西票号在济南开设分庄，光绪末年的《大公报》曾载：“兹有山西志诚信票号来济设一分庄，专汇各省银两。”[①] 山西商人在山东的临清、聊城、泰安、周村、东阿等地均建有山陕会馆。

河南是清代山西茶商南下贩茶的必经之路，因此山西商人活跃在河南境内的众多城镇，甚至在很多地方占绝对优势。例如被称为“中州之一巨镇”的周家口（周口），当地因优越地理位置，而使“江浙赣皖糖、纸、盐、米、磁、竹、丝、茶皆集于此”[②]，各地商贾云集，“五方之民咸萃处焉。而惟吾晋与秦之来为较易，以故惟吾晋与秦之人尤为多”[③]。在赊旗镇，晋商数量及实力也不容小觑，在当地与陕西商人共同修建了彼时河南最大的会馆——赊旗山陕会馆，该会馆“上栋下宇，毅然蔚起，数十里外犹望见之，诚赊镇之巨观也”[④]。值得一提的是，彼时的晋商在开封、洛阳、朱仙镇、周口、北舞渡、赊旗等地都建有山陕会馆，据统计达到 84 家之多，其数量居全国首位。

山西商人在河南所经营的行业范围相当广泛，在开封主要经营典当业、金店、钱店、烟店、铁货店、米铺、酒行、油行、皮袄行、布行、汴绫行、成衣铺、蜡行、金珠行、水烟行、皮货行、估衣行等[⑤]。在洛阳主要经营杂货、布行、广货行、铁货行、油坊等[⑥]。在朱仙镇主要经营“杂货业、典当业、粮油业、烟业、服饰业、饮食业、手工业”[⑦] 等

---

① 中国人民银行山西省分行、山西财经学院：《山西票号史料》，山西经济出版社 2002 年版，第 321 页。

② 《豫河续志》卷 19《附录第八·贾鲁、惠济等河与黄河有无关系之案》，载《中华山水志丛刊》1926 年版，第 443 页。

③ 张诗铭：《山陕会馆春秋阁院创修碑记》，山西省政协文史和学习委员会：《明清山西商人会馆史料》，中国文史出版社 2017 年版，第 202 页。

④ 《重兴山陕会馆碑记》，山西省政协文史和学习委员会：《明清山西商人会馆史料》，中国文史出版社 2016 年版，第 174 页。

⑤ 许檀：《明清时期的开封商业》，《中国史研究》2006 年第 1 期。

⑥ 许檀：《清代中叶的洛阳商业》，《天津师范大学学报》（社会科学版）2003 年第 4 期。

⑦ 许檀：《清代河南朱仙镇的商业》，《史学月刊》2005 年第 6 期。

行业。在北舞渡镇主要经营“粮行、油店、杂货业”[①] 等行业。在赊旗镇主要经营花粉行、盐驼店、烟店、票号[②]等行业。河南所产曲绸，是蒙古人非常喜爱的衣料，太谷商人曹氏所经营的字号，如锦霞明、锦泰亨缎庄，从河南购进曲绸，重新包装后，运销蒙古地区。[③]

3. 蒙古地区、俄罗斯

“蒙古南连汉地，北接俄国，界汉俄之间，故为中俄贸易之大关键。”[④] 清代，山西商人的对蒙古地区贸易，无论是在经营业务种类上，还是行商地域范围上，都是其他任何一个同时代商帮都无法比拟的。蒙古地区是山西商人从事贸易活动的主要地区，陈箓《蒙事随笔》称：“外蒙商务基础成于西帮……就中如公和全、庆和达两家，总行在张家口，分行则在北京、上海、恰克图及俄国之莫斯科、乌丁斯克、赤塔、伊尔库茨克等处。”[⑤] 旅蒙商——大盛魁“单是同蒙古的贸易额就不下九百万两或一千五百万两白银。为了运输货物，该店有一千五百峰自备的骆驼，经常往来于归化城与乌里雅苏台之间”[⑥]。库伦、多伦、乌里雅苏台和科布多等城是蒙古草原上山西商人的贸易聚集地，恰克图是中俄贸易的枢纽。

库伦，蒙古草原上的中蒙贸易商城，城内街市分三部分：中为宫殿区，西为喇嘛区，东为买卖城是商场所在。[⑦] 康熙二十八年（1689），《尼布楚条约》规定：“凡两国人民持有护照者，俱得过界来往，并许其贸易互市。”[⑧] 从此，库伦成为与俄国同上都会。据《内蒙地志》记

① 许檀：《清代河南的北舞渡镇》，《清史研究》2004 年第 2 期。

② 许檀：《清代河南赊旗镇的商业》，《历史研究》2004 年第 2 期。

③ 张巩德：《山西票号综览》，新华出版社 1996 年版，第 297 页。

④ 光绪《蒙古志》卷 3《贸易》。

⑤ 张正明：《晋商兴衰史》，山西古籍出版社 2001 年版，第 98 页。

⑥ ［俄］阿·马·波兹德涅耶夫：《蒙古及蒙古人》第 1 卷，刘汉明、张梦玲、卢龙译，内蒙古人民出版社 1989 年版，第 97 页。

⑦ 黄鉴辉：《明清山西商人研究》，山西经济出版社 2002 年版，第 91 页。

⑧ 王铁崖编：《中外旧约章汇编》第 1 册，生活·读书·新知三联书店 1957 年版，第 2 页。

载，清康熙年间，有12家晋商在库伦经商，“当时商会之组织，即为十二家各举一商董，成为十二甲首，在东营子造屋办公”①。陈箓《蒙事随笔》中称：“库伦西帮商号……统计山西商人一千六百三十四人……专为大宗批发营业者，其行栈麇集于东营子与买卖城。”②“库伦商户百余家，晋人十之六，顺（天）直（隶）人十之一，俄人十之三，其交易以皮张、哈喇、绸缎、布匹、茶叶为大宗，杂货次之。”③

乌里雅苏台在康熙年间成为屯防要地，乾隆三十二年（1767）筑城④，也是山西商人在蒙古地区的重要市场，其“街市，城之西距三里余，民人自建铺房一千余间，分东、西、北三街，贸易商民三千余名，俱不准携眷”⑤。其市场上的主要交易货物为驼、马、牛、羊四种牲畜，以及皮张、黄油和蘑菇等。⑥ 科布多在蒙古地区最西部，乾隆二十二年（1757）筑城，内有商铺数十家，⑦ 分“京庄、山西庄两大别”⑧。山西著名商号大盛魁就以乌里雅苏台、科布多为商业阵地，将其从全国各地贩运来的货物，经过归化城，以驼队运至乌、科两地，分向外蒙古地区各“和硕”销售；其从外蒙古地区各“和硕”贩运的牲畜，皮毛和其他产品，也都经过归化城，再转运到全国各地进行销售。⑨

① 张正明：《明清晋商资料选编》，山西人民出版社1989年版，第63页。

② （清）陈箓：《蒙事随笔》，转引自张正明《明清晋商资料选编》，山西人民出版社1989年版，第64页。

③ （清）李廷玉：《游蒙日记·闰四月初九日》清光绪三十二年（1906），中国社会科学院中国边疆史地研究中心编：《中国边疆史地资料丛刊》之《清末蒙古史地资料荟萃·蒙古卷》，全国图书馆文献缩微复制中心1990年版。

④ （清）佚名：嘉庆《乌里雅苏台志略》，嘉庆年抄本。

⑤ （清）《定边记略》道光二十二年（1842）（后有增补），中国社会科学院中国边疆史地研究中心编：《中国边疆史地资料丛刊》之《清末蒙古史地资料荟萃·蒙古卷》，全国图书馆文献缩微复制中心1990年版。

⑥ （清）《定边记略》道光二十二年（1842）（后有增补），中国社会科学院中国边疆史地研究中心编：《中国边疆史地资料丛刊》之《清末蒙古史地资料荟萃·蒙古卷》，全国图书馆文献缩微复制中心1990年版。

⑦ （清）富俊等辑：《科布多事宜》，道光年增补抄本。

⑧ （清）徐珂：《清稗类钞》第5册，中华书局1986年版。

⑨ 中国人民政治协商会议内蒙古自治区委员会编：《内蒙古文史资料》第12辑《旅蒙商大盛魁》，中国人民政治协商会议内蒙古自治区委员会，1984年。

晋商运销俄国的大宗商品主要是砖茶，据1851年的统计，当年茶叶占全部出口的93%。除茶叶之外，晋商对俄国的出口产品还有棉花、棉布、丝绸、烟叶、家具、日用品等。而从俄国进口的商品主要有毛皮、毛呢、哔叽、金属、牲口。

恰克图买卖城位于中俄边界，雍正五年（1727），“择恰克图地为互市场，今之买卖城是也。又以理藩院司官驻扎其地，管理通商事务，是蒙古沿边贸易，均归此处。俄国商人至京贸易者，亦取道于此。城内百货云集，商业繁盛，道路平坦，人口三千余，贸易品以茶为大宗”①。恰克图为中俄与蒙古地区陆路贸易之中心点，俨然都会。② 距库伦800里，距张家口4300余里。从内地赴恰克图贸易的商人大多为山西人，“所有恰克图贸易商民，皆晋省人，由张家口贩运烟茶缎杂货，输往易换各色皮张毯片等物”③。据何秋涛《朔方备乘》记载，“所有恰克图贸易商民，皆晋省人，由张家口贩运烟、茶、缎、布、杂货，前往易换各色皮张、毯片等物。初立时，商民俗尚俭朴，故多获利。”出口茶叶完全由50余家山西茶商所垄断。道光十七年至道光十九年（1837—1839），仅在恰克图一地，中国对俄茶叶出口每年平均达800余万俄磅，价值800万卢布，约合白银320万两之多；而同期俄国每年由恰克图向中国出口的商品仅600万—700万卢布，中国由此获得大量以白银支付的贸易盈余。④ 据相关资料统计，1821—1859年间，经过恰克图的俄对华贸易额占俄国对外贸易额的40%—60%。同时，中国出口俄国商品的16%，及从俄国进口商品的19%，也都是经过恰克图贸易的。因此，恰克图贸易为俄方带来了巨额的关税收入：1760年俄国从恰克图所收入的关税占全国收入的24%，1775年上升到38.5%。⑤

---

① 光绪《蒙古志》卷2《都会》。

② 光绪《蒙古志》卷3《贸易》。

③ （清）松筠：《绥服纪略》，载张正明《明清晋商资料选编》，山西人民出版社1989年版，第65页。

④ 葛贤慧、张正明：《明清山西商人研究》，香港欧亚经济出版社1992年版，第165页。

⑤ 孔祥毅、张正明：《山西商人及其历史启示》，《山西日报》1991年11月18日。

由张家口至恰克图的商路有三：东路自乌兰察布入察哈尔正蓝旗界，经锡林郭勒盟，入外扎萨克车臣汗部，到库伦，再达恰克图；西路自土默特旗翁棍坝、河洛坝，经四子部沙拉木楞图什业图汗旗，至赛音诺颜分为两路，其一，西达乌里雅苏台、科布多；其二，东达库伦至恰克图；中路自大境门外西沟之僧济图坝，经大红沟、黑白城子镶黄旗各游牧，入右翼苏尼特王旗，经图什图汗车臣部落之贝勒阿海公等旗游牧，渡克鲁伦河达库伦，抵恰克图。三路中以中路路程最短，俗称买卖路，乃山西商人最活跃的地方。① 乾隆年间，榆次常家在恰克图开设的大德玉商号对俄贸易，输出茶叶、绸缎、进口皮毛、牲畜、银锭。道光以后又陆续增设大升玉、大泉玉、大美玉、独慎玉等号，并在莫斯科设分店。在恰克图从事对外贸易的山西商号中，车辋常家经营长达150余年（乾隆至宣统），而且规模最大。②

此外，据路履仁《外蒙古纪闻》称："（晋商在恰克图开设的）各商号在莫斯科、多木斯克、耶尔古特斯克、赤塔、克拉斯诺亚尔斯克、新西伯利亚、巴尔纳乌、巴尔古金、比西克、上乌金斯克、聂尔庆斯克等俄国较大城市……都设有分庄。"③

4. 两湖、东南地区

山西商人在湖南、湖北以至江西、福建一带的商贸活动以茶叶为最，涉及种植、加工、运输等领域。19世纪山西茶商远赴福建武夷山一带贩茶，在这里与当地的茶商邹氏创办了商号"景隆号"，每年获利高达200多万两白银。江西铅山县河口镇也因为包括晋商在内的众多茶商前来办茶，而成为"货聚八闽川广，语杂两浙淮扬；舟楫夜泊，绕岸灯辉；市井晨辉，沿江雾布"的"铅山巨观"。④ 太平天国运动爆发之后，阻断了山西茶商与福建的茶场，他们在湖南、湖北的羊楼洞、羊

① 张正明：《晋商兴衰史》，山西古籍出版社2001年版，第88—89页。
② 张正明：《晋商兴衰史》，山西古籍出版社2001年版，第231页。
③ 转引自张正明《晋商兴衰史》，山西古籍出版社2001年版，第97页。
④ 郑维雄：《铅山县志》，南海出版公司1990年版，第27页。

楼司一带开辟新的茶叶生产基地。据《崇阳县志》记载："往年茶皆山西商客买于蒲邑之羊楼洞，延及邑西沙坪。其制采粗叶入锅，用火炒，置布袋揉成，收者贮用竹篓，稍粗者入甑蒸软，用稍细之叶洒面，压成茶砖，贮以竹箱，出西北口外卖之，名黑茶。"① 安徽霍山出产茶叶亦"多北运至亳州及周家口，半熏茉莉，转售京都、山西、山东"，或"由土人运潮枝至州境之流波礶，西商收买，自行焙制，运消［销］山西、口外、蒙古等处"。② 光绪中期，山西茶商在蒲圻等地建立起了茶叶加工作坊，进行较大规模的制茶作业。③ 山西商人销往恰克图的茶叶绝大部分取自湖北、湖南，而且数量庞大。

除茶叶外，山西商人在两湖及东南地区的经营还涉及食盐、布匹、烟草、粮油、皮货、绸缎、瓷器、桐油等行业。自明代中期，晋商就在扬州经营淮盐，并定居于此。清代，太原商人阎若琚在淮安五世祖居，④ 榆次人张可宁之妻侯氏亦曾随父往江南贸易，⑤ 扬州的个园和瘦西湖即当年大同黄家、临汾亢家的私家花园……凡此种种，不一而足。此外，布匹也是晋商在当地经营的重要行业之一，在湖南衡阳"山西、陕西大商以烟草为货者九堂十三号"⑥。长沙"贩卖皮货、金玉玩好、列肆盈廛，则皆山陕之客商"⑦。善化县"各省商于邑者，北客西陕……几遍城乡"⑧。

---

① 同治《崇阳县志》卷4《食货志·物产》，载《中国地方志集成·湖北府县志辑》第34册，江苏古籍出版社2001年版，第173—174页。

② 光绪《霍山县志》卷2《风土·物产》，载《中国地方志集成·安徽府县志辑》第13册，江苏古籍出版社1998年版，第52页。

③ 李三谋：《近代晋商与茶文化》，载《晋商史料研究》，山西人民出版社2001年版，第130页。

④ 光绪《山西通志》卷133《乡贤录十八》，上海古籍出版社编：《续修四库全书》第645册，上海古籍出版社1995年版，第27页。

⑤ 同治《榆次县志》卷10《列女传上》，载《中国地方志集成·山西府县志辑》第16册，江苏古籍出版社2001年版，第461页。

⑥ 同治《衡阳县图志》卷11《艺文》。

⑦ 乾隆《长沙府志》卷14《风俗》。

⑧ 光绪《善化县志》卷16《艺文》。

湖北汉口是山西商人汇聚之地，山西商人在此地建有山陕会馆，在汉口的山西商人包括：太原帮、汾州帮、红茶帮、盒茶帮、卷茶帮、西烟帮、闻喜帮、雅帮、花布帮、西药帮、土果帮、西油帮、陆陈帮、皮货帮、众账帮、核桃帮、京卫帮、均烟帮、红花帮、当帮、皮纸帮、汇票帮等。此外，票号创办之后，湖北省汉口也成为山西票号业经营的一个重要市场，“汉镇市面，银根活源以西号票借为最巨，统汉镇而言。……一经西号收现，势必顷刻牵动全局”①，到光绪七年（1881），汉口有山西票号 32 家。② 晋商在汉口的生意涉及茶叶、水烟、红花、棉花、川丝、白蜡、药材、桐麻油、各类杂货等。以茶叶为大宗，特别是清初晋商收购福建武夷茶之后，汉口是东南茶叶北上的重要中转站。清代中叶，晋商在湖北的羊楼洞、羊楼司，以及湖南的安化等地办茶，需从汉口北上运销各地，汉口因此而成为万里茶路的转运中心。湖北襄阳府属光化县老河口“濒临襄河，西达秦中，北连豫省，实为楚边要区。水陆交冲，商贾骈集”③，此处为晋商从湖北前往四川市场的必经之路，当地随处可见晋商身影。

此外，山西商人在两湖地区的经营活动遍及诸多州县，如湖北钟祥县、郧西县、随州、江陵、公安、当阳等地，湖南长沙、湘潭亦建有“山陕会馆”。

5. 江淮、岭南地区

明代，晋商就广泛活跃于江南地区，以盐业为主要经营行业。清代，晋商亦遍布江南，“其市肆贸迁，多系晋省之人”④。清中后期，随着商品贸易的兴盛，金融业成为晋商在当地从事的主要行当。同治年

① 中国人民银行山西省分行、山西财经学院：《山西票号史料》，山西经济出版社 2002 年版，第 313 页。

② 中国人民银行山西省分行、山西财经学院：《山西票号史料》，山西经济出版社 2002 年版，第 64 页。

③ 朱寿朋：《东华续录（光绪朝）》卷 208，光绪三十三年（1907）七月甲寅条，上海古籍出版社编：《续修四库全书》第 385 册，上海古籍出版社 1995 年版，第 641 页。

④ 《清圣祖实录》卷 139，康熙二十八年（1689）二月乙卯，中华书局影印 1986 年版，第 522 页。

间，先后有日升昌、元丰玖、谦吉升、蔚长厚、乾盛亨、协同庆等七家山西票号在上海设立分庄。[①] 光绪五年（1879），山西票号“在沪上者已有二十三家”[②]，光绪八年（1882），增至25家。[③]

山西商人在两广地区的商业活动以广州、佛山最盛。山西商人在广东设有广生远、广懋兴、广益义字号。[④] 佛山是山西商人在广东活动较为活跃的一个城镇，山西商人曾与陕西商人共同在这里修建山陕会馆，据道光三十年（1850）重修会馆碑刻资料可知，参与集资的两省商号达204家。[⑤] 山西票号在广东设有20多家分庄，其中广州13家、汕头2家、潮州1家、琼州1家、香港2家、九龙1家。在广西开设分庄10家，即桂林5家、梧州4家、南宁1家。[⑥] 此外，蔚长厚、新泰厚、蔚泰厚、协成乾等票号在同治年间先后在福州、厦门开设分庄。[⑦]

6. 西南地区

清代，山西是连接京师与西北、西南的通衢，为晋商前往西北、西南地区经商提供了便利条件。晋商从山西出发，向西南过陕西而达四川，再往南可抵云、贵，向西可入藏。清代，京师经晋、陕前往四川的驿路是：阳曲县驿分道向南，经徐沟县同戈、祁县贾令驿、平遥县洪善驿、介休县义棠驿、灵石县瑞石驿、灵石县仁义驿、霍州霍山驿、洪洞县普润驿、临汾县建雄驿、临汾县史村驿、曲沃县侯马、闻喜县涑川驿、安邑县泫芝驿、临晋县樊桥驿、永济县河东驿至陕西潼关厅潼关驿

---

① 中国人民银行山西省分行、山西财经学院：《山西票号史料》，山西经济出版社2002年版，第59页。

② 中国人民银行山西省分行、山西财经学院：《山西票号史料》，山西经济出版社2002年版，第59页。

③ 中国人民银行山西省分行、山西财经学院：《山西票号史料》，山西经济出版社2002年版，第59页。

④ 王尚义：《晋商商贸活动的历史地理研究》，科学出版社2004年版，第129页。

⑤ 张正明：《明清晋商资料选编》，山西人民出版社1989年版，第261—272页。

⑥ 曾桂蝉：《山西票号在广东》，广东文史资料委员会编：《广东文史资料》第69辑，广东人民出版社1992年版，第73页。

⑦ 中国人民银行山西省分行、山西财经学院：《山西票号史料》，山西经济出版社2002年版，第60页。

（上述为晋川驿路山西段）。[①]（以下为晋川驿路陕西段）由咸阳县渭水驿经兴平县白渠驿、武功县驿、扶风县驿、岐山县驿、凤翔县驿、宝鸡县驿、凤县草凉驿、留坝厅留坝驿、留坝厅武关驿、褒城县马道驿、沔县大安驿、宁羌州柏林驿抵四川广元县。[②] 从最近出版的一系列文献资料中，我们看到了一则《清代太谷锦泰蔚布庄办布规程》，该资料详细记录了太谷县晋商布庄“锦泰蔚”号从位于晋中的太谷县出发，前往四川成都购办布匹的路线。详细路线如下：太谷县→平遥县→介休县→韩侯岭→霍州→赵城县→洪洞县→赵曲镇→高显［县］镇→隘口→潘桥栈［樊桥镇］→吕芝村（此处过黄河为陕西地界，河东为蒲州府所属）→朝邑县→官［关］山镇→康桥→大成镇→三原县→岐山县→宝鸡县→黄牛铺［堡］→凤县→南星→留坝厅→马道驿→褒城县→沔县→大安驿→宁羌州→教场坝（四川所属，以七盘关为交界之所）→朝天关→广元县→新铺→剑门关→武连驿→梓童［潼］县→孟家店→汉州→城［成］都府。[③] 对比清代晋川驿路以及太谷县锦泰蔚入川办布路线，可见，彼时晋商入川的基本上与驿路吻合。亦即从晋中地区出发，一路向西南方向，经蒲州过黄河，到达西安，再向南翻越秦岭，到达汉中，过七盘关、朝天关等关隘进入四川，再走保宁府、绵州抵达成都。

四川物产丰富，盛产丝、茶、药材等“川夙为药材著名之区，生产地带，分布颇广，尤以中坝、灌县、雅安、合川等处，所产种类既伙，产量亦复可观”[④]。生丝产量也取之不竭“产于山而育于水者，亦莫不滋长繁盛”[⑤]，每年的二三月份，“山陕之客云集，马驼舟载，本银约百余万之多”，每临此时，川中子弟“有领共银各处换钱者，有

---

① 王文楚：《古代交通地理丛考》，中华书局 1996 年版，第 165—199 页。

② 刘文鹏：《清代驿站考》，人民出版社 2017 年版，第 408 页。

③ 《清代太谷锦泰蔚布庄办布规程》，刘建民主编：《晋商史料集成》第 68 册《规程二》，商务印书馆 2018 年版，第 185—188 页。

④ 江昌绪编：《四川省之主要物产》，民主实业公司经济研究室，1936 年，第 27 页。

⑤ 雍正《四川通志》卷 38《物产》，载《文渊阁四库全书》第 561 册，第 242 页。

领而代收丝者……熙来，极为热闹”①。四川位于西南诸省中央，因而是云南、贵州、甘肃、陕西等地物产的中转贩运之地“云南、甘肃、陕西诸省，大山环抱，交通不便，所产药材，多运办来川，转道出口”②。晋商在以四川为中心的西南市场，经营诸如茶叶、药材、夏布、井盐等买卖，在雅安、里塘、巴塘、自流井、打箭炉都开设商号。四川的生丝交易中心綦江扶欢坝丝市，南江县“春分即有山陕客民来山置买（茶），落经济人家，以便交易”③。在贵州主要经营丝、食盐、黑铅、水银等，同时兼办汇兑业务。④ 山西商人是云南铜的主要经营者，光绪三十二年（1906），云南成立省垣商务总会，参加商会组织的行帮有 59 个，山西商人是省外的主要商帮之一。⑤ 山西票号在西南地区设立多处分号，进行汇兑业务，“节次代解四川京饷、划拨滇省军饷，并由滇省汇兑”⑥。彼时，四川地区的山西会馆有 28 座，在西南地区居首。

7. 西北地区

山西商人在西北地区的行商范围包括陕西、甘肃、宁夏、新疆、青海、西藏等地。现在，我们从遗存下来的晋商商书中可以看到有许多自山西往甘、新等西北地区的商贸路线。晋商前往西北地区的路网主要有五条主路及若干条支线。五条主路分别为：自忻州至伊犁三路；自绛州至西宁府、自归化至西宁府各一路。自忻州至伊犁三路可以分南路、中路、北路，其中南路是最常行走的路线。南路从忻州往南至汾州府，西行自军渡过黄河，过陕北地区后继续一路向西经甘肃凉州府、甘州府、肃州、安西州等地到达新疆哈密，从哈密分路达伊犁、阿克苏、喀什噶

① 道光《綦江县志》卷 10《物产》，载《中国地方志集成》第 5 册《重庆府县志辑》，巴蜀书社 2017 年版，第 538 页。

② 江昌绪编：《四川省之主要物产》，民主实业公司经济研究室，1936 年，第 27 页。

③ 乾隆《南江县志》卷上《物产》。

④ 贵州省地方志编纂委员会：《贵州省志·金融志》，方志出版社 1998 年版。

⑤ 王尚义：《晋商商贸活动的历史地理研究》，科学出版社 2004 年版，第 125 页。

⑥ 中国人民银行山西省分行、山西财经学院：《山西票号史料》，山西经济出版社 2002 年版，第 61 页。

尔及叶尔羌等地。这样不仅可以在路遇艰险的时候趋利避害，更重要的是这些道路几乎覆盖了西北地区的所有城镇。

晋商在西北市场经营甚多，涉及茶叶、瓷器、丝绸、布匹、粮食、土产、货栈、金融等多种行业。陕西与山西隔黄河相望，山西商人在陕西主要经营盐、木材、绸缎、皮革等商品。乾隆《周至县志》载“行盐、贩木及开张绸缎、皮革皆属晋人”①。山西商人在新疆经营票号、茶庄、杂货行等，将内地的丝绸、布匹、茶叶、铁制器具等与新疆的牲畜、皮毛、粮食交换。据档案资料记载，在乾隆三十三年（1768）内地与新疆的丝绸贸易中，需“晋省泽绸三百匹”②，乾隆三十八年（1773），伊犁调取贸易泽绸二百匹移咨晋省织办。③ 巴里坤“城厢内外，烟户铺面，比栉而居，商贾毕集，晋民尤多”④。新疆叶尔羌的“八栅尔街长十里，每当会期，货若云屯，人如蜂聚，奇珍异宝，往往有之，牲畜果品，尤不可枚举”⑤。

晋商前往甘肃经商由来已久，明正德十三年（1518），山西汾州商人高志英捐资重修甘肃临夏河州城隍庙；⑥ 甘肃循化厅茶库修建于明季，为“山陕商民所公捐”⑦。兰州城的茶商分为东西两柜，东柜茶商皆山陕之人。清康熙四十七年（1708）在兰州城内的山子石文昌宫后面，建有山陕会馆（关帝庙），并于乾隆五十九年（1794）建山西义园，供死亡同乡及停柩之用。⑧ 山陕会馆自康熙创建以来，在乾隆、嘉庆、道光间屡次修葺，建筑规模日渐扩大，以致清人称之为“一郡巨

---

① 乾隆《周至县志》卷9《风俗》。

② 《陕甘总督吴达善奏请敕办庚寅年新疆贸易绸缎以备需用折》，故宫博物院编辑委员会编：《宫中档乾隆朝奏折》第32辑，故宫博物院1982年版，第370—371页。

③ 《署山西巡抚湖南巡抚觉罗巴延三奏报解伊犁之贸易详细事》，故宫博物院编辑委员会编：《宫中档乾隆朝奏折》第33辑，故宫博物院1982年版，第584—585页。

④ 文绶：《陈新疆情形疏》，《皇清奏议》卷59，凤凰出版社2018年版，第1189页。

⑤ （清）椿园：《西域闻见录》卷2《新疆纪略·叶尔羌》，中国西北文献丛书编委会编：《中国西北文献丛书》第117册，1991年，第196页。

⑥ 嘉靖《河州志》卷2《典礼志》。

⑦ 乾隆《循化厅志》卷3《仓廒》。

⑧ 光绪《重修皋兰县志》卷12《建置》。

丽”。此外，山西商人还在兰州城内经营外国商品，[①] 以及当铺、绸铺、衣铺、金铺、玉店、碗铺、钱铺、粮店、皮铺、染坊、杂货店等行业。[②] 肃州“商人以晋人为多，秦人次之，津人又次之，土著又次之”[③]。山西商人在酒泉开设的票号有，蔚丰厚、天成亨、协同庆三家，汇兑业务频繁，如“河东应解甘肃兰州饷银，三次发交平遥县商人汇兑银八万两”[④]，“甘肃省城只天成亨，协同庆开设汇兑号，该二号又在凉州府各设分店”[⑤]。兰州、永登、永昌、张掖等地的山西商帮以经营皮毛业为主。[⑥] 甘肃平番县（今永登县）境内的红城子是甘新驿道上的重要节点，来往客商云集，其中尤以晋商为多，并在城内中街建有会馆。[⑦] 此外，晋商在河州城南兴文街也建有山陕会馆。[⑧]

山西商人在青海也以经营皮毛业为主，他们在青海各地设庄，收购皮毛土产，在西宁和贵德两地较有实力的山西商号是德兴旺、世诚和、义成昌、瑞凝霞、天德玉、协成裕等。还在西宁从事布业，有资料表明，嘉庆六年（1801）有山西曲沃县人贾进玉曾至西宁，以贩布营生。[⑨] 由于在此经商的人数众多，晋商于光绪十四年（1888）在西宁城东门外重修山陕会馆，被焚毁后，又于光绪二十六年（1900）在西宁后街茶店重新修建。[⑩] 光绪二十八年（1902），西宁商会成立，设于山陕会馆内。

---

① ［俄］索斯诺索夫斯基：《1874—1875 年俄国商贸考察队在中国的考察》，转引自《甘肃通史（明清卷）》，甘肃人民出版社 2009 年版，第 307—308 页。

② 佚名：《□□□□王星仙楼殿施银姓名记》，转引自陈亮《明清时期甘青民族走廊经济发展研究》，博士学位论文，兰州大学，2019 年，第 234 页。

③ 林竞：《蒙新甘宁考察记》卷 1《由北京往新疆迪化》，甘肃人民出版社 2003 年版，第 119 页。

④ 中国人民银行山西省分行、山西财经学院：《山西票号史料》，山西经济出版社 2002 年版，第 61 页。

⑤ 中国人民银行山西省分行、山西财经学院：《山西票号史料》，山西经济出版社 2002 年版，第 61 页。

⑥ 王尚义：《晋商商贸活动的历史地理研究》，科学出版社 2004 年版，第 133 页。

⑦ （民国）杨巨川：《青城记·市场》，中共甘肃省委印刷厂，2004 年，第 35 页。

⑧ 民国《续修导河县志》卷 2《建置门·坛庙》。

⑨ 杜家骥：《清嘉庆朝刑科题本社会史料辑刊》第 2 册，天津古籍出版社 2008 年版，第 806 页。

⑩ 民国《西宁府续志》卷 10《志余》。

首任西宁商会会长是山西人张经如。[①] 清末民初，西宁城内晋商资本较为雄厚的商号有永丰、福兴、德源、聚益、福益等，以经营布匹、杂货为主，并从事批发业务，从西安、两湖、兰州、三原、四川等地将文具、绸缎、瓷器等货物接手，抽取佣金后，再运往青海本地各大商号出售。山西商人还在距离西宁50里外的哆坝（今多坝）从事贸易活动。[②] 清代，晋商在贵德县城正北街建有山陕会馆。[③]

山西票号在陕西的西安、三原、汉中，甘肃的兰州、甘州、肃州，以及宁夏、新疆、西藏等地的城市均开有票号。[④] 据统计，到同治年间，丹噶尔的汉族达2116户，男女共15712名，其中一半以上是在此地经商的外地人，其中就包括大量山西商人。[⑤]

8. 东北地区

清初到东北地区的山西人以务农为主，这与清政府为发展关外而采取的招垦政策有关，奉天地区“自清初，招徕直鲁豫晋之民，准其领地辟垦，中间虽有禁令，而踵来者仍属不绝”[⑥]。清雍正间，由于对蒙古地区“封禁”限制的宽松，山西北部民众和商人较早进入蒙地，并沿驿路和通商道路逐渐东进，进入东北定居和经商，主要分布在吉林和黑龙江，以齐齐哈尔市的山西商人“二十四牌”最为著名。[⑦] 至19世

---

① 《清末民初一九二十年建省前西宁市商业情况》，青海省图书馆油印本。

② 中国第一历史档案馆编：《雍正朝汉文朱批奏折汇编》25册，江苏古籍出版社1989年版，第855页。

③ 民国《贵德县志稿》卷2《庙坛》，青海省民委少数民族古籍整理规划办公室编：《青海地方旧志五种》，青海人民出版社1989年版，第744页。

④ 中国人民银行山西省分行、山西财经学院：《山西票号史料》，山西经济出版社2002年版，第61页。

⑤ 光绪《丹噶尔厅志》卷6《人类》。

⑥ 王树楠、吴廷燮、金毓黻等纂：《奉天通志》卷113《实业志・实业一・农业》，东北文史丛书编辑委员会，辽沈书社1983年版，第2524页。

⑦ （清）徐宗亮：《黑龙江述略》卷4，北京莱薰阁据光绪十七年（1891）本誊印。据《黑龙江述略》记载，齐齐哈尔最初是黑龙江将军驻地，是以满族官吏和军队为主体的城市。“黑龙江省不设民官，独齐齐哈尔土城内外，旗民杂处，一切讼狱，南城尤繁，于是设街道厅外城南西路，由将军、副都统，会派正、副二员驻厅管理，岁周则更。先是，省城街市，各旗分地建屋，间有汉民赁居贸易，历一二年后，屋主突来，尽驱屋中人，搜索一空，谓之“洗街”。道光初年，有汉军崔公为本旗巨族，官山西久，与西商熟悉，言于将军，严禁之，并招西商二十四家，力为保护，遂有二十四牌之名。日继月增，市声大起，一切差徭均归二十四牌承办，遇有新来民户，亦归牌长保予安居。以故街道厅员，比州牧县令，权势既重，陋规亦多，每奉委檄，辄相聚称贺云。”

纪初，黑龙江将军严禁了“洗街”旧俗，又招晋商24户前来经商并加以保护，促进了当地商业的繁荣。

随着关外经济的恢复，越来越多的山西人来到东北进行贸易，行商区域遍布整个东北地区。在沈阳“山西帮……纷至沓来，反客为主矣”[①]。“汉民到（黑龙江）省贸易，以山西为最早，市肆有逾百余年者，本巨而利亦厚，其肆中执事，不杂一外籍人。”[②] 其经营业务范围很广，涉及采参业[③]、典当业[④]、皮货及绒毛业[⑤]、煤矿[⑥]、杂货[⑦]、粮食、铁货业[⑧]、茶业[⑨]、盐、烧酒业[⑩]、榨油、当铺、颜料业[⑪]，以及后来的票号业。据清档案载：闯关东者，“吉林、宁古塔等处，（人参）刨夫除本地旗民外，多系山东、山西、直隶等处流籍”[⑫]。当时，清康熙朝设置的从喜峰口到齐齐哈尔的驿路，实际上成了山西商人北运茶、丝绸、布、瓷器，南贩皮毛、人参、麝香的重要商路。[⑬]《黑龙江外记》卷六记齐齐哈尔“商贩多晋人，铺户多杂货铺，客居应用无不备，然

---

① 民国《沈阳县志》卷7《风俗》。

② （清）徐宗亮：《黑龙江与述略》卷6，北京莱薰阁据光绪十七年（1891）本誊印。

③ 晋中市政协《晋商史料全览·晋中卷》编委会：《晋商史料全览·晋中卷》，山西人民出版社2006年版，第204页。

④ 晋中市政协《晋商史料全览·晋中卷》编委会：《晋商史料全览·晋中卷》，山西人民出版社2006年版，第456页。

⑤ 晋中市政协《晋商史料全览·晋中卷》编委会：《晋商史料全览·晋中卷》，山西人民出版社2006年版，第54、92页；（清）西清：《黑龙江外记》卷8，第248页。

⑥ 晋中市政协《晋商史料全览·晋中卷》编委会：《晋商史料全览·晋中卷》，山西人民出版社2006年版，第270页。

⑦ 吕梁市政协《晋商史料全览·吕梁卷》编委会：《晋商史料全览·吕梁卷》，山西人民出版社2006年版，第26页。

⑧ 阳泉市政协《晋商史料全览·阳泉卷》编委会：《晋商史料全览·阳泉卷》，山西人民出版社2006年版，第5、12页。

⑨ （清）西清：《黑龙江外记》卷8《物产》，黑龙江人民出版社1984年版，第176页。

⑩ 晋中市政协《晋商史料全览·晋中卷》编委会：《晋商史料全览·晋中卷》，山西人民出版社2006年版，第484页。

⑪ 晋中市政协《晋商史料全览·晋中卷》编委会：《晋商史料全览·晋中卷》，山西人民出版社2006年版，第164页。

⑫ 清档军机处录副，金简、福康安《查办参务》，转引自张正明《晋商兴衰史》，山西古籍出版2001年版，第292页。

⑬ 转引自张正明《晋商兴衰史》，山西古籍出版社2001年版，第75页。

稍涉贵重，或贩自京师，若绸缎之类，恐入势要手致折阅，则深藏若虚，非素亲厚不能买，既卖尤数嘱毋令某某知也”①。吉林盛产人参，“每十月间”，“有苏州、山西参商来买者”。帽业也多晋商，《黑龙江外记》称：“商贩春秋毡帽、夏草帽，唯晋商帽皆有缨。”② 山西票号在盛京地区主要集中在沈阳、营口、锦州三地。咸丰十一年（1861），“在奉天等二十七个城镇设立总分号数百处”③。晋中商人侯家票号—蔚字号在沈阳、哈尔滨等城镇设立分庄。合盛元票号先后在奉天（沈阳）、营口④、安东（丹东）⑤、哈尔滨⑥设庄。日升昌在营口、沈阳开设分号。锦生润票号也在锦州、营口、沈阳设庄。⑦

**表 1－5　　　　　清代辽宁地区山西会馆统计表**

| 地区 | 位置 | 修建年代及其他 |
| --- | --- | --- |
| 海城 | 西门外大街路北关帝庙内 | 康熙二十一年（1682），知县郑绣立，屡经晋商捐资修建，改为山西会馆。⑧ 同治十一年（1872）做过大规模修葺，清末为山西“同乡会”会址 |
| 沈阳 | 外攘关外迤北⑨ | 有雍正四年（1726）、乾隆元年（1736）、嘉庆二十二年（1817）、咸丰元年（1851）、同治五年（1866）重修碑⑩ |
| 铁岭 | 铁岭城内中街关帝庙 | 初建于康熙二年（1663），乾隆至光绪年间曾三次重修⑪ |
| 新民 | 县治西大街 | 嘉庆三年（1798）建⑫ |
| 辽阳 | 辽阳城西门外关帝庙 | 始建于明成化九年，清乾隆四十二年（1777）由晋商赵大智集资重建 |

① （清）西清：《黑龙江外记》卷 6《服食》，黑龙江人民出版社 1984 年版。

② 张正明：《晋商兴衰史》，山西古籍出版社 2001 年版，第 89 页。

③ 中国人民银行山西省分行、山西财经学院：《山西票号史料》，山西经济出版社 1990 年版，第 802—803 页。

④ 张正明：《平遥票号商》，山西教育出版社 1996 年版，第 64 页。

⑤ 张正明：《晋商兴衰史》，山西古籍出版社 2001 年版，第 176 页。

⑥ 阳泉市政协文史资料委员会编：《晋商史料与研究》，山西人民出版社 1996 年版，第 317 页。

⑦ 中国人民银行山西省分行、山西财经学院编：《山西票号史料》，山西经济出版社 2002 年版，第 551 页。

⑧ 王树楠、吴廷燮、金毓黻等纂：《奉天通志》卷 92《建置六・祠庙一》，第 2113 页。

⑨ 王树楠、吴廷燮、金毓黻等纂：《奉天通志》卷 92《建置六・祠庙一》，第 2103 页。

⑩ 民国《沈阳县志》卷 10《古迹》，载《中国地方志集成》，凤凰出版社 2006 年版，第 192 页。

⑪ 刘文峰：《山陕商人与梆子戏考论》，北京时代华文书局 2015 年版，第 220 页。

⑫ 民国《新民县志》卷 17《古迹・寺庙》，载《中国地方志集成》，凤凰出版社 2006 年版，第 442 页。

续表

| 地区 | 位置 | 修建年代及其他 |
| --- | --- | --- |
| 兴城 | 县城西门外 | 明代崇祯年间晋商捐资重修 |
| 盖平 | 东门外 | 不详 |
| 义县 | 义州城南门外 | 康熙二十年（1681）、四十年（1701）山西阖会士庶英贤募化在城山西军民人等同众捐资修葺。① 五十三年（1714）置石狮一对，五十八年（1719）创建戏楼；雍正六年（1728）创建正殿，前圈栅三间，七年（1729）竖旗杆，九年（1731）创建山门马殿三间，十年（1732）金装神像；乾隆四年、十七年两次重修戏楼，二十六年（1761）创建后殿、崇圣寺三间，两廊六间。② 乾隆二十九年（1764）山西合会人等重修关帝庙圈栅。③ 乾隆四十八年（1783）山西会重修关帝庙、马殿及西廊、东西钟鼓楼。④ 嘉庆十六年（1811）重修南关关帝庙崇圣寺。⑤ 道光二十一年（1841）山西会众并满汉八旗重修关帝庙。⑥ 咸丰十一年（1861）、同治五年（1866）山西会重立旗杆鼓楼。⑦ 光绪十四年（1888）山西合会等筹集资金兴工重修，至十六年（1890）完成⑧ |
| 东港 | 岫之东南（东港市）大孤山 | 乾隆十二年（1747）建；道光四年（1824）山后商贾人等及四方诸同人捐资重修。⑨ 有重修大孤山关帝庙碑 |
| 岫岩 | 商会东院 | 山西客籍商人劝募捐资修筑⑩ |

资料来源：据《中国地方志集成·辽宁府县志辑》有关方志祀庙、碑刻、艺文等部分记载，并参考王晶辰《辽宁碑志》，王建学、王申、邓濯等主编《辽宁寺庙塔窟》整理。

① 民国《义县志》中卷14《艺文志中》，载《中国地方志集成》，凤凰出版社2006年版，第200页。

② 民国《义县志》中卷14《艺文志中》，载《中国地方志集成》，凤凰出版社2006年版，第235—236页。

③ 民国《义县志》中卷14《艺文志中》，载《中国地方志集成》，凤凰出版社2006年版，第218页。

④ 民国《义县志》中卷14《艺文志中》，载《中国地方志集成》，凤凰出版社2006年版，第225页。

⑤ 民国《义县志》中卷14《艺文志中》，载《中国地方志集成》，凤凰出版社2006年版，第235页。

⑥ 民国《义县志》中卷14《艺文志中》，载《中国地方志集成》，凤凰出版社2006年版，第246页。

⑦ 民国《义县志》中卷14《艺文志中》，载《中国地方志集成》，凤凰出版社2006年版，第249页。

⑧ 民国《义县志》中卷14《艺文志中》，载《中国地方志集成》，凤凰出版社2006年版，第260页。

⑨ 王晶辰主编：《辽宁碑志》，辽宁人民出版社2002年版，第79页。

⑩ 民国《岫岩县志》卷3《商业》，载《中国地方志集成》，凤凰出版社2006年版，第390页。

## 二　经营行业

清代，随着农副产品、工矿产品商品化进程的加快，晋商逐渐分化为各专业化商人群体，所经营的行业相应也有了进一步发展。晋商经营行业广泛，某些行业在全国独占鳌头，他们经营的行业主要有金融业、茶业、烟业、棉布业、铁货业、皮毛业、粮油业、杂货业、运输业、货栈业、酒饭行及牙行。其中又以金融业、茶业、烟业、棉布业、铁货等行业为最。晋商既是商品的生产者，又是商品的长途贩运和销售者。山西盛产各种铁器，铁货散布全国；临汾、襄陵的麻纸制造业，官民通用，初所产麻纸还曾作为咸丰宝钞的官用纸张；曲沃县盛产烟草，境内有烟坊上百家，所产旱烟远销京津、蒙古地区、俄罗斯，曲沃烟商仅在京师开设的烟店就有500多家。平遥县的颜料商人在平遥本地和京师都设有颜料加工场，垄断京师的颜料和桐油市场。山西茶商在湖北蒲圻、湖南临湘一带开设茶场，所产茶叶销往俄罗斯等欧洲国家。明代以前，中国的金融业只有古老的典当铺，明中叶以后，兴起了钱庄和银号，至清中后期首创票号。

1. 金融业

与全国其他地区一样，当铺是山西金融业最早的形式，清康熙以后，为适应商品经济发展需要，各种形式、规模不等的金融机构在山西得到迅速发展。除当铺、钱庄、银号外，印局（印票庄）、账局（账庄）、票号等金融机构相继出现。

典当业，即当铺，又称典铺、质库、押店等，是从事消费抵押信贷的金融机构。在全国的典当业中，“江以南皆徽人，曰徽商。江以北皆晋人，曰晋商”[①]，操半壁江山。山西典商在京师、天津、汉口，以及湖北的黄陂、襄阳、光化等地均开设当铺。咸丰三年（1853），京师有当铺159家，其中山西典商开设109家，占当铺总数的68.5%。[②] 天津

① （清）李燧：《晋游日记》卷3，乾隆二十一年（1756）七月丙申条，山西经济出版社2003年版。

② 转引自黄鉴辉《明清山西商人研究》，山西经济出版社2002年版，第159页。

的锅店街设有山西当商建立的当业会馆。① 山东临清州在乾隆年间“乡合城存十六七家（典当铺），皆西人”②。汉口有山西介休县商人开设的当铺15家，分别是咸益祥、福来同、广泰福、庆泰成、锦春发、永顺厚、永昌瑞、庆春隆、源丰涌、益昌升、天裕丰、晋泰恒、萃升源、福美尊、大元裕。③ 湖北的黄陂、襄阳、光化三县，道光二十三年（1843），共开设有当铺50家，其中20家为晋商所开设。④ 乾隆中叶在盛京地区开设的十数家当铺中，大部分为晋商所经营。⑤ 汾州府介休县从事典当业商人为数众多，“介休商业以钱、当两业为最，其他各行商号，均系兼营并骛，绝少专业，亦无大资本家。至邑人出外贸易者，在京则营当商、账庄、碱店，在津则营典质转账，河南、湖北、汉口、沙市等处，当商、印行邑人最占多数”⑥。

钱庄最初是从事钱币兑换业务的金融机构，后来业务扩展，办理存放款业务。由于山西“陆路多而水路少，商民交易，势不能尽用银桩；现钱至十千以上，即须马驮车载，自不若钱票有取携之便，无盘运之烦”，而使用钱票可以免去现银运输之烦，故而“甚便于民”⑦。在全国许多地方都有晋商开设的钱庄或钱铺，京师开设钱铺者“多为山东、山西铺商”⑧。直隶无极县有钱铺40余家，从业人员300余人，其中有将近200人来自山西汾阳、平遥、太谷、祁县、孝义、文水等县；⑨ 乾隆三十年（1765）在苏州有山西人开设的

① 民国《介休县志》卷7《物产》。

② 乾隆《临清州志》卷11《市廛志》。

③ 《汉口山陕会馆志》卷下，光绪辛卯夏月，转引自黄鉴辉《明清山西商人研究》，山西经济出版社2002年版，第159页。

④ 清档《湖北省绅士商民捐输海疆经费银钱数目并请议叙姓名清单·财捐》卷33，道光二十三年（1843）。

⑤ 辽宁省地方志编纂委员会办公室主编：《辽宁省志·金融志》，辽宁科学技术出版社1996年版，第14页。

⑥ 民国《介休县志》卷7《物产》。

⑦ 道光十八年（1838）七月初七山东巡抚经额布奏折，第一历史档案馆藏档案。

⑧ 清档《朱批奏折》，清咸丰三年（1853）四月初三日，《鸿胪寺卿祥泰为拟变通章程的奏折》。

⑨ 穆雯英主编：《晋商史料研究》，山西人民出版社2001年版，第538页。

钱庄 81 家；[1] 光绪年间，晋商在奉天开设有 50 余家钱庄。[2] 由于东三省官银号的设立，大量钱庄因业务缩减而关门歇业，至光绪末年（1908），奉天仅剩钱庄 17 家，其中八家钱庄为晋商所有，且资本额巨大。[3] 山西钱商在北方的很多城市的钱行中都居于垄断地位，在很多地方均有自己的行会组织，现存于代县雁门关的立于宣统初年，记录参与募化修雁门关道路的《太谷县布施碑》中，就记录了在归化城的钱庄行会——“宝丰社”[4]。

银炉即炉房，有私铸权。[5] 乾隆二十三年（1758）和嘉庆十八年（1813）两次重修市楼时均有银炉参与集资。[6]

印局是办理短期小额信用放款的金融机构，其借贷以铜钱货币为主。光绪年间，在全国许多省份均有晋商从事印局生意，《益闻录》记载：“以穷民之汗血为鱼肉……则各省晋人所放之印子钱是已。”[7] 张焘在《津门杂记》中记载：“印子钱者，晋人放债之名目也。”[8] 在河南、湖北、汉口、沙市等地“印行邑人（介休人）最占多数”[9]。

账局也称作账庄、账行，是从事放款的金融机构，主要对商家铺号进行存款、放款，发生借贷关系，“各行铺户皆借此为贸易之资”[10]；有时兼营对官僚的放款，“候补候选官员在京借用重利私账”[11]。在京师，

---

① 苏州历史博物馆：《明清苏州工商业碑刻集》，江苏人民出版社 1981 年版，第 395 页。

② 黄鉴辉：《明清山西商人研究》，山西经济出版社 2002 年版，第 171 页。

③ 奉天兴信所编：《满洲华商名录》第 8 回《奉天商工兴信录》，第 83—86 页。

④ 现存于山西省代县雁门关，笔者曾于 2005 年前去抄录。

⑤ 中国人民银行山西省分行、山西财经学院：《山西票号史料》，山西经济出版社 2002 年版，第 6 页。

⑥ 据乾隆二十三年（1758）《今将捐资姓名开列于后》和嘉庆十八年（1813）《重修市楼碑记》统计，史若民、牛白琳编著：《平、祁、太经济社会史料与研究》，山西古籍出版社 2002 年版，第 157—190 页。

⑦ 《益闻录》，光绪六年（1880）六月十二日。

⑧ 中国人民银行山西省分行、山西财经学院：《山西票号史料》，山西经济出版社 2002 年版，第 8 页。

⑨ 民国《介休县志》卷 7《物产》。

⑩ 清档，翰林院侍读学士宝钧，咸丰三年（1853）三月十四日奏折。

⑪ 《清仁宗实录》，卷 308，嘉庆二十年（1815）七月丁酉。

"汾（州）平（阳）两郡……富人携资入都，开设账局"①。咸丰三年（1853）北京有账局268家，其中晋商开设的有210家。② 汉口亦有"山西汾州府众账帮"③ 的记载。账局大抵产生于清雍乾之交。雍正七年（1729），清廷在中俄边境——恰克图设立市集与俄国通商。乾隆时，因"北京贸易停止"，恰克图成为彼时中俄"两国通商之咽喉"④。而"内地商民至恰克图贸易者，强半皆山西人，由张家口贩运烟、茶、缎、布、杂货，前往易换各色皮张、毡片等物"⑤。晋商从东南地区将茶叶运至北方，经东、西二口销往西北及蒙古地区和俄罗斯。南茶北运，每周转一次，大约需时一年，必然需要大笔周转资金。使得大小商人均需要社会信贷的融通和支持。这时，钱铺和银号等仅以货币兑换为主的金融机构不能满足这一要求，另一种金融机构——账局就应运而生了。账局的业务以对工商铺户开展存放款为主。借贷的原则是到期本利见面。账局必须每年见到本金，续借是另立新券。这种贷款，对短期周转不灵的铺户而言，能起到很好的融资作用。在票号从兼营汇兑商业的组织中分离出来之前，账局为商品交换和流通的发展作出了积极的贡献。其业务行为对其后票号的产生起到某种启发和示范的作用。

票号是晋商首创的专门从事汇兑业的金融机构，中国的第一家票号是成立于道光三年（1823）的日升昌，不数年，大获其利。其后，晋商纷纷投资票号。如介休侯氏财东先后将其开办的蔚泰厚、蔚盛长、天成亨、新泰厚、蔚丰厚五家绸缎庄均改组为票号，并形成以蔚泰厚为首的"蔚"字五联号。山西票号在道光年间兴起，光绪时达到鼎盛。据史料载，"光绪年间全盛时期，分号共414家，分布于21行省及蒙古、

---

① （清）李燧：《晋游日记》，乾隆六十年（1795）闰二月二十一日，山西经济出版社2003年版，第73页。

② 据黄鉴晖《明清山西商人研究》，山西经济出版社2002年版，第197页《表4-6京城咸丰三年268家帐局商人籍贯统计表》统计。

③ 黄鉴辉：《明清山西商人研究》，山西经济出版社2002年版，第196页。

④ 刘选民：《中俄早期贸易考》，载《燕京学报》1939年第25期。

⑤ 何秋涛：《朔方备乘》卷37，第18页，转见《中国近代对外贸易史资料》第1辑，第100页。

新疆等地方。一般来说，票号的势力以黄河流域为基地，兼及长江流域一带……票号业务最盛的年份，在光绪二十八年至三十二年间，每年汇款总额达1000万两，多的多达2000万左右”①。据统计，清光绪年间，设有山西票号分庄的城市有：北京、张家口、天津、奉天、济南、扬州、江宁、苏州、芜湖、屯溪、河口、广州、长沙、常德、湘潭、汉门、沙市、重庆、成都．西安、三原、开封、周家口、上海、杭州、福州、厦门、汕头、营口、南昌、九江、桂林、梧州、昆明、贵阳、镇江、巴塘、里塘、打箭炉、自流井、迪化、甘州、南宁、解县、新绛、介休、曲沃、烟台、包头、兰州、肃州、归化、周村、张兰、宁夏、潮州、文水、汾阳、万县、雅安、康定、正阳关、通州、赊旗、兴化镇、禹县、清化、怀庆、寿阳、交城、喇嘛庙、凉州、孟县、库伦、吉林、长春、黑龙江、锦州、安东、安庆、运城、徐州、亳州、道口、济宁、获鹿、承德、多伦、赤峰、香港等。晋商除在国内设立票号外，还在朝鲜新义州和日本大阪、神户、横滨、东京等地设立了票号分庄。彼时的山西票号，号称平遥、祁县、太谷三帮票号。而三帮之中，又以平遥帮最早，资本最为雄厚。其次为祁县和太谷两帮。

**表1－6　　　　历年山西票号家数比较表**

| 年份 | 家数 |
|---|---|
| 道光三年（1823） | 1 |
| 道光六年（1826） | 6 |
| 道光十七年（1837） | 7 |
| 咸丰元年至咸丰五年（1851—1855） | 10 |
| 咸丰六年（1856） | 11 |
| 咸丰九年（1859） | 13 |
| 咸丰十年（1860） | 15 |
| 咸丰十一年（1861） | 14 |
| 同治元年至同治十三年（1862—1874） | 26 |

① 萧清：《中国近代货币金融史简编》，山西人民出版社1987年版，第52页。

续表

| 年份 | 家数 |
| --- | --- |
| 光绪元年至光绪八年（1875—1882） | 28 |
| 光绪五年（1879） | 29 |
| 光绪九年（1883） | 30 |
| 光绪十年（1884） | 28 |
| 光绪十一年（1885） | 27 |
| 光绪十九年（1893） | 28 |

资料来源：根据中国人民银行山西省分行、山西财经学院《山西票号史料》，山西经济出版社1990年版，第21、213页数据统计得到。

2. 茶业

茶货贸易发端于明代经营边镇茶马贸易，清代山西茶商由明代的边镇一线向整个中国北部地区发展，山西茶商也进而成为当时国内重要的茶叶商帮之一。彼时，山西茶商人数众多，按籍贯分成“榆次帮”“太谷帮”和“祁县帮”等茶商群体。据清人衷榦记载：“清初（武夷）茶叶，均系西客经营，由江西转河南，运销关外。”山西茶商在东北至关外瑷珲（黑龙江城）、嫩江、齐齐哈尔、海拉尔、宁古塔、吉林、奉天；北至蒙古地区的乌里雅苏台、科布多、库仑、归绥；西至新疆的哈密、巴里坤、乌鲁木齐、伊犁、塔尔巴哈台、阿克苏、叶尔羌等地的广阔的范围内进行贸易活动。

山西茶商所贩之茶来自南部各省，清代前期前往福建武夷山的星村、赤石、下梅村等地；湖南安化；浙江建德；安徽霍山一带贩茶。清初，福建武夷山的“茶市在下梅”，附近各县所产茶，均集中于此，“竹筏三百辆转运不绝……”，“茶叶均系西客经营，西客者山西商人也。每家资本约二三十万至百万，货物往还络绎不绝，首春客至，由行东赴河口欢迎，到地将款及所购茶单，点交行东，恣所为不问。茶事毕，始结算别去”。① 安徽霍山“土人素不辨茶味，惟晋、赵、豫、楚

① （清）衷榦：《茶市杂咏》，彭泽益编：《中国近代手工业史资料（1840—1949）》第一卷，生活·读书·新知三联书店1957年版，第304页。

需此日用，每隔岁，经千里，夹资裹粮，投牙预质”①。浙江建德“为产茶之区……向由山西客贩至北路归化城一带出售”。在武夷山采茶，经营红茶、绿茶、乌龙茶、白茶，以及经过加工的花茶和砖茶等。彼时，晋商在武夷山地区不仅种植茶叶，还进行茶货的加工、包装、运输、运销等工作。随后通过陆路和水路将其运送到国内外进行销售。其茶市在福建省崇安县下梅镇。茶由产地陆运至江西省铅山县老河口，再水运经信江、鄱阳湖、长江至汉口。咸丰时，受太平天国运动影响，产茶地区北移至湖北的羊楼峒，蒲圻县与湖南临湘县交界的羊楼司、临湘县的聂家市，安华及咸宁等处。“在湖北省之羊楼洞，山西茶商每年常设立临时办事处开设工厂，该地数千农民及其家族从事制造砖茶，大都推销于俄国及亚洲市场。”②

在始于雍正五年（1727）的恰克图贸易中，晋商在其中占有绝对优势，而茶叶则是晋商在恰克图经营的主要商品之一。晋商的茶叶贸易在乾隆朝进入了鼎盛，晋商所开设的100多家专营茶叶的商号中的50多家常驻恰克图。彼时，恰克图贸易量迅速增长，年平均贸易额由71万卢布增加到464万卢布。19世纪上半叶，中国输往俄国的茶叶逐年增多。茶叶出口以价值计，嘉庆年间每年为228499卢布，同治年间每年出口增至5976204卢布，③ 为嘉庆年间年茶业出口额的26.15倍。另据恰克图税关调查，道光二十一年（1841）以后，十年间所收茶税4808084卢布。咸丰元年（1851）以后，十年间收茶税4827990卢布。④由此，晋商茶业在恰克图贸易规模可见一斑。此时，晋商茶业发展到极盛时期，贯穿中蒙俄的“万里茶道”也在这一时期形成，成为国际商品大通道。

太平天国运动爆发后，闽赣等省受战争影响，“万里茶道”南段中

---

① 顺治《霍山县志》卷2《土产》。

② 彭泽益编：《中国近代手工业史资料（1840—1949）》第二卷，生活·读书·新知三联书店1957年版，第101页。

③ 光绪《蒙古志》卷3《贸易》。

④ 光绪《蒙古志》卷3《贸易》。

断。清廷为镇压太平天国运动而实施厘金制度，对长途贩运的百货商品重复征厘。上述情况均大幅度增加了晋商的运茶成本。有鉴于此，晋商在长江中游一带开辟新的茶叶生产基地。彼时，晋商在羊楼洞指导红茶制作，促使当地茶叶种植迅猛发展，并带来了资本集聚和人口集聚。羊楼洞茶庄字号曾多达300家，票号20多家，人口3万多人，被时人誉为“小汉口”。

晋商茶业的迅速发展，带动了制茶技术和工具的革新，许多晋商茶庄开始使用螺旋式攀盘压榨机以及锅炉。同时也推动了管理制度的完善，在茶庄内部出现了组织明确的专业分工：晋商茶号之内部组织，设经理1人，账房1—2人，正票、秤手、买手、看样、盖印各1人，对样发毛票各2人，厨房守夜杂役各1人或数人，压砖厂尚有照拣、照筛、照压、看砖等职工。还有原料收购人员、包装工人若干等。①

值得一提的是，晋商茶业中的祁县商人占比很大，他们开设为数众多的茶庄。咸丰、同治年间，祁县有长裕川、巨贞川、永聚祥、大玉川、裕盛泉、德逢源、大德诚、巨盛川、大德川、宝聚川、长源川、宏源川、通川盛、福廉泰、大德兴等茶庄近20家。大者资本10万两（长裕川、大玉川），小者2万两。

**表1－7　　清代山西茶庄相关统计表②**

| 茶庄名称 | 创立年代 | 财东 | 地址 |
|---|---|---|---|
| 长顺川 | 乾嘉年间 | 渠映璜 | 祁县城 |
| 长源川 | 乾嘉年间 | 渠映璜 | 祁县城 |
| 长裕（玉）川 | 咸丰年间 | 祁县渠家 | 祁县城 |
| 巨贞川 | | | 祁县城 |
| 大玉川（三玉川） | | 大盛魁 | 祁县城 |
| 永聚祥 | | 祁县何家 | 祁县城 |

① 叶瑞廷：《莼蒲随笔》，上海古籍出版社1986年版，第56页。

② 据史若民、牛白琳编著《平、祁、太经济社会史资料与研究》，山西古籍出版社2002年版，第134—135页。

续表

| 茶庄名称 | 创立年代 | 财东 | 地址 |
|---|---|---|---|
| 大德诚 | | 祁县乔家 | 祁县城 |
| 大德川 | | 榆次常家 | 祁县城 |
| 大德兴 | 咸丰年间 | 祁县乔家 | 祁县城 |
| 宝巨川 | | 祁县张怀谦，阎寿山 | 祁县城 |
| 天恒川 | 民国十六年（1927）前后 | 祁县阎维芳 | 祁县城 |
| 巨盛川 | | 大盛魁 | 祁县城 |
| 亿中恒 | | 祁县乔家 | 祁县城 |
| 合盛元 | 嘉庆年间 | 郭源逢等 | 祁县城 |
| 福生达 | 1888 年以前是茶庄后改票号 | 乔兰生 | 祁县城 |
| 大德玉 | 1727 年 | 榆次常家 | 恰克图 |
| 大升玉 | 1826 年 | 榆次常家 | 恰克图 |
| 大升玉 | | | 张家口 |
| 大泉玉 | 1842 年 | 榆次常家 | 恰克图 |
| 大泉玉 | | | 张家口 |
| 大美玉 | 1867 年 | 榆次常家 | 恰克图 |
| 独慎玉 | 1880 年 | 榆次常家 | 恰克图 |
| 独慎玉分号 | | 榆次常家 | 莫斯科 |
| 大昌玉 | 1882 年 | 榆次常家 | 汉口 |
| 锦泉涌 | 乾嘉之际 | 太谷北洸曹家 | 恰克图 |
| 锦泰亨 | 乾嘉之际 | 太谷北洸曹家 | 恰克图 |
| 三晋川 | | | 临湘桃林 |
| 大涌玉 | | 榆次常家 | 聂家市 |
| 大涌玉 | | 榆次常家 | 临湘横溪 |
| 怡和 | | | 临湘横溪 |
| 怡和 | | | 临湘五里牌 |
| 晋裕川 | | | 临湘横溪 |
| 晋裕川 | | | 聂家市 |
| 兴隆茂 | | | 临湘五里 |
| 天顺长 | | | 临湘五里 |
| 兴华 | | | 临湘羊楼司 |
| 顺记 | | | 羊楼司 |

续表

| 茶庄名称 | 创立年代 | 财东 | 地址 |
|---|---|---|---|
| 顺记 | | | 聂家市 |
| 新记 | | | 聂家市 |
| 德泰隆 | | | 临湘五里牌 |
| 和记 | | | 临湘清水源 |
| 义兴 | | | 临湘百里畈 |
| 义兴 | | | 临湘横溪 |
| 义记 | | | 临湘桃林 |
| 瑞和祥 | | | 羊楼司 |
| 德泰 | | | 羊楼司 |
| 乾丰和 | | | 临湘滩头 |
| 春生利 | | | 临湘滩头 |
| 春生利 | | | 临湘五里牌 |
| 德生祥 | | | 临湘云溪 |
| 德裕昌 | | | 临湘五里牌 |
| 祥发永 | | | 张家口 |
| 广全泰 | | | 张家口 |
| 广全泰 | | | 库伦 |
| 恒隆广 | | | 张家口 |
| 公和全 | | | 张家口 |
| 祥发源 | | | 北京丰台 |
| 祥发源 | | | 汉口 |

3. 烟业

烟草为山西本地所产。中国自古无烟草，明代传入福建和广东。至明末，烟草种植“今艺及江南北”，或“北土亦多种之。一亩之收，可以敌田十亩，乃至无人不用”。[①] 山西曲沃种植烟草，是明季“乡民张士英自闽中携种植之”，从此，农民“尽赖此颇有起色”。[②] 从曲沃种植以来，烟草在山西得到推广，蒲州、绛州、汾州、潞安、代州

① （明）杨士聪：《玉堂荟记》卷4，齐鲁书社1995年版。

② 乾隆《续修曲沃县志》卷1《舆地志》。

相继种植①，保德州在乾隆年间也“悉种烟草”②。

曲沃县是山西最主要的烟草产区和加工中心，其品种之多，配料之精，非他乡所能比拟。曲沃所产烟叶是晒烟，即把收获的烟叶用绳子拴成一串，悬挂晾干。这种晒烟，颜色黄绿，色泽光亮，油性大，弹性强，易燃火。在曲沃北荣裕、杨谈、北白集、城关等地均建有烟坊，这些烟坊是以加工制作旱烟为起点，兼在各地设店铺经营批发零售业务的综合性企业。曲沃存在过大大小小数百家烟坊，尤以裕顺永、魁太和、东谦亨、西谦亨、南谦亨、北谦亨等号为著。表 1－8 为清代曲沃规模较大的烟坊，及其主要产品和销路。

清中期以后，山西其他地区的商人也开始经营曲沃烟，其中平遥烟商人数较多，他们在曲沃进行投资，烟草加工完成后运回晋中的祁县、平遥，通过总号向邻近地区，甚至省外推销。乾隆二十三年（1758）《重修金井楼记》碑载，彼时平遥城内有元盛、日升、日新、广裕、丰盛、四顺、万全、天成、大合等 9 家烟铺参与捐款。③ 彼时，山陕商人在华中地区的烟草市场中也占有很大份额。例如湖南衡阳县所产名烟——衡烟，在清代同治年间，其销售就基本被山陕商人所垄断。

曲沃及邻近县份经营旱烟业的商人，被称为“河东商人”。京师广安门大街的河东会馆为山西烟商所建，该会馆始建于雍正五年（1727），初建时“前后四层，过道一方，楹列屋翼其旁，共计肆拾陆间。凡深长三十五杆零五寸，北阔十三杆零三寸，南阔十二杆零七寸”④。从乾隆二十五年（1760）至嘉庆二十二年（1817）共整修、扩

① 光绪《山西通志》卷 100《风土记下》。

② （清）陆耀：《昭代丛书本》卷 46，引自李文治《中国近代农业史资料》第 1 辑，生活·读书·新知三联书店 1957 年版，第 84 页。

③ 乔南：《清代山西商业市镇，平遥——以平遥市楼碑刻资料为中心的考察》，《晋阳学刊》2006 年第 6 期。

④ 李华编：《明清以来北京工商会馆碑刻选编》，文物出版社 1980 年版，第 46 页。

建四次，参与集资商号众多。[①] 参见表1－8：

表1－8　　清代规模较大的曲沃烟坊[②]

| 字号 | 掌柜 | 地址 | 主要产品 | 主要销路 |
|---|---|---|---|---|
| 北谦亨 | 张大湜 | 东凝村 | 北生烟、北生定烟、北生青烟 | 绥远、张家口、大同、太原、榆次 |
| 东谦亨 | | 东凝村 | 东生烟 | 蒙古地区、俄罗斯 |
| 西谦亨 | 李济雍 | 东关 | 天生烟、天生定烟、紫生定烟 | 内蒙古地区 |
| 南谦亨 | | 南关 | 仁生烟、仁生定烟 | 绥远、大同 |
| 永和成 | 杜敬甫 | 西关 | 永和成皮烟、成生烟、杂拌烟 | 曲沃、新绛、运城、包头 |
| 天和茂 | 原有毅 | 北关 | 和生烟、和生定 | 绥远、张家口 |
| 蔚生源 | | 西关 | 蔚生烟、蔚生定 | 忻县 |
| 祥云集 | 张侗 | 席村 | 祥生烟、祥生定、杂拌烟 | 祁县、汾阳、忻县、绥远、张家口 |
| 谦亨永 | 刘占亨 | 席村 | 予生烟、予生定 | 大同、张家口、绥远 |
| 奎盛盖 | 阎树祯 | 席村 | 奎盛皮烟、云生烟 | 洪洞、赵城、介休 |
| 大德庆 | | 席村 | 庆生烟、庆生定 | 蒙古地区、绥远 |
| 裕顺永 | | 苏村 | 裕丰皮烟 | 灵石 |
| 新隆奎 | 董启祥 | 席村 | 新隆皮烟 | 平遥 |
| 兴隆昌 | | 北白集村 | 王梦龙皮烟、兴隆皮烟 | 碛口、柳林、陕北、平遥 |
| 日生昌 | 王辑瑞 | 高村 | 日生烟、日生定、日生皮烟 | 蒙古地区、绥远、张家口、平遥、介休 |
| 玉通永 | 庞子玉 | 西许村 | 明生定、明生烟 | 张家口 |
| 裕源宏 | | 西许村 | 宏生烟、宏生定 | 绥远、张家口 |
| 福生庆 | | 西许村 | 福生烟 | 蒙古地区、绥远 |
| 永发和 | 刘琳 | 东凝村 | 月生烟、月生定 | 张家口地区 |
| 天盛张 | | 东凝村 | 张生烟 | 介休、孝义 |
| 永和久 | 秦子坚 | 东凝村 | 永和久皮烟、久生烟 | 新绛、运城、介休 |

① 李华编：《明清以来北京工商会馆碑刻选编》，文物出版社1980年版，第77页。

② 段士朴：《曲沃烟史简述》，中国人民政治协商会议山西省委员会文史资料研究委员会编：《山西文史资料全编》第2卷，中国人民政治协商会议山西省委员会文史资料研究委员会，1998年。

续表

| 字号 | 掌柜 | 地址 | 主要产品 | 主要销路 |
|---|---|---|---|---|
| 奎泰和 | 郭爱堂 | 高显 | 奎生烟、奎生定、奎泰皮烟、拔苯皮烟 | 内外蒙古地区、张家口、宁夏、甘肃、平遥 |
| 长盛源 | 张永绥 | 高显 | 原生定、晋生定、杂拌烟 | 绥远、张家口、祁县 |
| 德新和 | 仝存窦 | 高显 | 新生烟、新生定 | 绥远 |
| 福德生 | | 高显 | 福德皮烟 | 沁县 |
| 益顺永 | | 北王村 | 益顺皮烟 | 霍县 |
| 义和泰 | | 北赵村 | 义和皮烟 | 沁县、襄垣 |
| 永兴和 | 郑世宽 | 下坞村 | 晶生、永兴皮烟 | 长子、屯留 |
| 世昌和 | | 杨谈村 | 世昌皮烟 | 洪洞 |
| 协成顺 | | 杨谈村 | 协成皮烟 | 临汾、洪洞 |
| 福昌公 | | 城内 | 福昌皮烟 | 曲沃、绛县 |
| 谦德亨 | 赵武 | 西凝村 | 昌字皮烟、谦生烟 | 太原 |

**表 1－9　　乾隆嘉庆年间在京山西烟商数量变化表**

| 年份 | 商户数 | 捐银（两） |
|---|---|---|
| 乾隆二十五年（1760） | 532 | 863 两 6 钱 4 分 |
| 乾隆四十四年（1779） | 480 | 773 两 5 分 |
| 嘉庆七年（1802） | 402 | 969 两 1 分 |
| 嘉庆二十二年（1817） | 263 | 1328 吊（折银 1021 两 5 钱 4 分）[①] |

资料来源：据李华编《明清以来北京工商会馆碑刻选编》，文物出版社 1980 年版，第 46—85 页资料统计。

从上表可以知道，在从乾隆二十五年（1760）至嘉庆二十二年（1817）的 57 年间，河东会馆共整修、扩建四次，虽然参与集资商号数量有所减少，但集资数额呈上升趋势。光绪年间奏报称，至光绪三十二年（1906），京师尚有山西烟商 295 家，且烟商生意“全在以银买烟，以烟卖钱，再将卖烟之钱，收买银两，用以买烟，往来周转，可获蝇头之利，此中营业之性质然也”[②]。因此烟商多数兼营兑换银钱业务，

① 杨端六编著：《清代货币金融史稿》，生活·读书·新知三联书店 1962 年版。

② 清巡警部档，《烟钱铺商人呈巡警部徐正堂禀》，光绪三十二年（1906）九月，转引自黄鉴辉《明清山西商人研究》，山西经济出版社 2002 年版，第 242 页。

自称“烟钱铺”，“夫北京烟钱铺数百年，其赖此生活者殆万有数千人”①。山西烟商除在山西省内及蒙俄地区经营烟草外，还活跃于南方省份。同治年间，湖南省衡阳县“山西，陕西大商以烟草为货者有九堂十三号，每堂出入资本岁十余万斤，号大于堂，兼通岭外，为飞钞交子，皆总于衡阳”②。

4. 棉布业

棉布业是明清时期山西民间手工纺织业的重要组成部分，且山西境内已有许多地区可以产布，但是山西本省所产棉布并非山西布商所资贩卖的大宗，他们深入到全国各个产布区收购棉花和布匹，行商全国进行售卖。

山西布商所贩之布大都来自湖北、直隶、山东、河南等省。湖北是清代兴起的棉布产区，云梦县是湖北棉布转贩西北的必经之路，山西布商多在此地晾晒、改捆，道光《云梦县志略》记载，云梦城内：“宽闲屋宇，多赁山西布商作寓……凡山西客来楚贩布，必经云城，捆载出疆历运，布不变色，若不由云城改捆，至河南渡黄河，布多微黯，故西商于云立店号十数处。本地贸易布店，亦借以有无相通。”③汉阳也是棉布产地，其所产棉布“四方来贸者，辄盈千累百”④，且“远者秦、晋、滇、黔贾人争市焉”⑤。此地亦为山西布商的重要商贸市场，晋商在汉阳收购的棉布，“卖至汉口加以染造”，以应“远贾之需”⑥。棉花自湖北逆汉水、丹水而上，通过河南，转运西北和山西北部地区。⑦

---

① 清巡警部档，《烟钱铺商人呈巡警部徐正堂禀》，光绪三十二年（1906）九月，转引自黄鉴辉《明清山西商人研究》，山西经济出版社2002年版，第242页。

② 同治《衡阳县图志》卷11《货殖六》。

③ 道光《云梦县志略》卷1《风俗》。

④ 乾隆《汉阳府志》卷28《物产》。

⑤ 同治《续辑汉阳县志》卷9《物产》。

⑥ 乾隆《汉阳县志》卷10《物产》。

⑦（清）陈宏谋：《培远堂偶存稿·文檄》卷27《大兴业氏》，清道光二十二年（1842）刻本。

直隶产布区如元氏县“郡近秦陇，地既易棉，男女多事织作，晋贾集焉”[①]。南宫布“其输出，西自顺德（府）以达泽潞，东自鲁南以达徐州”。该县建成村所产棉布，“西达太原，北至张家口；而郝家屯布店尤多，自古北口输出内外蒙古”[②]。正定府无极县，在县城、郭庄等集镇和产布的甄村、南马、南侯坊等村镇开设布店60余家，从业人员1000人左右，其中四五百人是山西忻州、五台、繁峙、代县、宁武、大同人。[③] 栾城县“地四千余顷，稼十之四……棉十之六，晋豫商贾云集”[④]。此外，河南新乡多地皆产棉花，延津县棉花产量大且质量好，山陕商人竞相来此购办棉花。位于河南中部的禹州盛产禹布，畅销山陕等周边省份。彼时，河南境内出现了一些棉业专业镇，例如许州五女镇就是当地热闹的棉布交易市场，彼时全镇有“染工三四百人，终岁操作供给秦晋布客之所需要”[⑤]。再如后石固镇，该镇所产二八布畅销各地。“故二八布几成石固镇专销之特产，其销额不减当日五女镇之销丈六布。秦晋布商，终岁搬运。”[⑥] 河南北部的内黄县产棉花，“山西客商多来此置局收贩”[⑦]。

当时甘肃、宁夏、蒙古地区、青海等少数民族聚居区需要棉布，多由山陕商人收购于各产布区而贩往。湖北棉布为“西贾所收”[⑧]，四川夏布由“西客携赀收买”[⑨]；荣昌夏布“富商大贾购贩京华，遍逮各省。百年以来，蜀中麻产，惟昌州称第一”，“山陕直隶各省客商每岁必来荣采买，运至京都发卖”。[⑩] 此外，山西布商还将本省平阳、绛州等地

---

① 光绪《元氏县志》卷1《风俗方音》。

② 民国《南宫县志》卷3《物产》。

③ 黄鉴辉：《明清山西商人研究》，山西经济出版社2002年版，第246页。

④ 道光《栾城县志》卷2《食货志·物产》。

⑤ 朱又廉等：《许昌县志》，中州古籍出版社1987年版，第349页。

⑥ 朱又廉等：《许昌县志》，中州古籍出版社1987年版，第350页。

⑦ （清）王凤生撰，崔述著：《河北采风录》卷2《内黄县水道图说》，广陵出版社2006年版。

⑧ 康熙《鼎修德安府全志》卷8《物产》。

⑨ 乾隆《将乐县志》卷5《土产》。

⑩ 同治《荣昌县志》卷16《风俗·物产》。

所产的棉布贩往陕北山区的延长县等地。①

山西布商行商范围遍及全国的许多城镇和地区。如山东齐河、聊城、馆陶等县，均有晋商开设的布庄。齐河县棉布以“齐河大布”著称，有山西客商在城镇设庄收买，销往北口外，以乾嘉年间最盛。②河南洛阳山西潞泽商人经营绸布的店铺、作坊达130余家。③周口也有晋商所设布行。④山西翼城县商人在京师多业布匹，并修建多座会馆，乾隆四年（1739）《创建翼城会馆碑序》共记录捐银字号和商人103个，其中布店11家，共施银353两6钱。道光十七年（1837）《新建布行公所碑记》中记录捐银布店14家，共捐钱700千文，⑤按银1两折制钱1500文算，⑥共捐银约467两。布商在省内许多地区活动频繁，如汾州府的孝义县“男妇皆能纺织，鬻于西北州县外”⑦，棉花“经平遥东来，南行灵隰，则自孝义转贩”⑧。泽州府阳城县，所用棉布“来自远方，约行千余万匹”⑨。朔平府左云县的布商多“代州、崞县寄民”⑩。

山西布商还从事国际棉布贸易。在明代潞绸兴盛之时，山西布商就将其贩运到国外，时“潞绸流行于外夷，号称利薮”⑪。清前期，介休范氏帛商就将中国的丝绸、布帛、瓷器等商品输入日本。太谷曹家锦泰亨商号将曲绸运往库伦、恰克图、伊尔库茨克等地销售，据保守估计，彼时锦泰亨曲绸国际贸易量有1.2万余匹，价值白银36万余两。除此

---

① 乾隆《延长县志》卷4《食货志·服食》。

② 许檀：《明清时期山东商品经济的发展》，中国社会科学出版社1998年版，第328页。

③ 许檀：《清代中叶的洛阳商业》，《天津师范大学学报》（社会科学版）2003年第4期。

④ 许檀：《清代河南的商业重镇周口》，《中国史研究》2003年第1期。

⑤ 李华编：《明清以来北京工商会馆碑刻选编》，文物出版社1980年版，第32—39页。

⑥ 杨端六编著：《清代货币金融史稿》，生活·读书·新知三联书店1962年版。

⑦ 乾隆《孝义县志》卷4《物产·民俗》。

⑧ 乾隆《孝义县志》卷4《物产·民俗》。

⑨ 民国《阳城乡土志》卷3《商务》。

⑩ 光绪《左云县志》卷2《风俗》。

⑪ 顺治《潞安府志》卷1《地理四·气候·物产》。

之外，锦泰亨还经营花素绸、缎、罗、绢、纱等商品。[①]

5. 铁货业

潞安府和泽州府是清代山西冶铁及铁器制造的重要产区。明代就曾有“明宣大总督王崇古疏请，以潞锅与诸部互市”[②] 的记载。明清县志中也对潞泽地区的铁器生产屡有记载：“铁行炼石铸山，货于不涸之府。”[③] “潞之西山中，有苗化者富于铁冶，业之数世矣，多致四方之贾，椎凿、鼓泻、担挽，所借而食者常百余人。”[④]

入清之后，山西民营冶铁生产及铁矿的开采虽受到清政府的种种干预，但仍然继续发展。全省铁矿产地，除明代的 25 县外，又增加了闻喜、解县、隰县、大同、宁武、临县、中阳、赵城、安泽、辽县、和顺、昔阳、保德、灵石、陵川、虞乡 16 县。山西遂出现了一批出产优质铁制品城镇。例如陵川县城盛产铁钉，在清雍正时期专门生产铁钉的作坊有 12 家。晋东南之阳城、晋城、荫城（长治县属），当时号称三城，以出产优质铁货闻名：阳城以生铁货为主，如大小锅、笼盖、笼圈，以及犁、耙齿、炉条等。晋城以板铁货为主，如大板铁、小板铁、三股铁等。荫城以熟铁货为主，如铁锅、炒瓢、马勺、菜刀、斧头、锯条及锄、镰等，荫城为潞泽铁货集散地，清乾嘉年间，即有“荫城铁水奔流全国”之说，长治县荫城镇已经成为铁货集散中心。这些铁货，从产地驮运至位于汾水下游的绛州；或用陆运至翼城，再用大车运到绛州，估计年运铁货 1000 万斤以上。[⑤] 清代的方志中大多以“荫城铁货”来命名山西潞泽地区的铁货。长治县荫城镇，为高平县和长治县交界，清代已成为潞泽地区铁货集散地，共有铁行 30 余家，制造铁器之炉

① 聂昌麟：《太谷曹家资本兴衰记》，中国人民政治协商会议山西省委员会文史资料研究委员会编：《山西文史资料》第 12 辑，中国人民政治协商会议山西省委员会文史资料研究委员会，1983 年。

② 光绪《长治县志》卷 8《风土记》。

③ 顺治《潞安府志》卷 1《地理四・气候・物产》。

④ （明）唐甄：《潜书》下篇《富民》，清光绪三十一年（1905）刻本。

⑤ 黄鉴辉：《明清山西商人研究》，山西经济出版社 2002 年版，第 263 页。

300余家。[①] 凤台县的西北部的大阳镇煤铁储量丰富，清代至民国时期，当地以生产生铁为主，产量极大。其生产的缝衣针“柔轻易屈，不经琢磨。……几乎全国所需用的缝针是由这里来供应……并且运销中亚一带”[②]。凤台府阳城县城东的润城镇古称“小城”，亦是清代著名的铁货集散中心。泽州府城西南7.5千米的南村镇是清代至民国时期重要的铁货集散中心，亦为晋东南地区生铁铸造的主要区域，村内各种加工铁器的厂子“数以百计，如铸造厂，化铁炉，打钉厂，拉丝厂等等”[③]。此外，当地铁锅制造业也很发达，采用旧式土法制造，主要有大小两种，大锅一般每口重二十斤至三十斤，以二十五斤左右的为最多，小锅一般在十斤上下，[④]“这种锅在中国家家户户不能缺少的，并且由于铁非常之薄且耐久，极获欧洲行家们的赞许”[⑤]。

此外，平定府盂县四面多山，故矿产资源品种繁多，储量丰富，其中铁矿资源仅次于煤炭，主要分布在南娄、下曹、路家村、牛村、仙人、北下庄、东木口、土塔、苌池、榆林坪等乡镇的200多个村庄。康熙《盂县志》载：“其利之取不尽而用不竭者，独炭与铁与瓷土而已。”[⑥] 清代末期，冶铁业的发展更为兴盛。光绪二十四年（1898），牛村、白土坡、南流、赵家垴、清城等村，有焖铁炉60余座，年产生铁4500吨。瑞典学者丁格兰也感慨：“山西铁矿在清季成为中国最大铁业者。”[⑦]

山西铁货行销范围甚广，至少包括陕西、河南、山东、直隶等省，

---

① 彭泽益编：《中国近代手工业史资料（1840—1949）》第二卷，中华书局1962年版，第145页。

② 彭泽益编：《中国近代手工业史资料（1840—1949）》第二卷，中华书局1962年版，第178页。

③ 彭泽益编：《中国近代手工业史资料（1840—1949）》第二卷，中华书局1962年版，第139页。

④ 山西省史志研究院编：《山西旧志二种》，中华书局2006年版，第667页。

⑤ 彭泽益编：《中国近代手工业史资料（1840—1949）》第二卷，中华书局1962年版，第140页。

⑥ 康熙《新修盂县志》卷3《风俗》。

⑦ 丁格兰：《中国铁矿志》谢家荣译，引自彭泽益编《中国近代手工业史资料（1840—1949）》第一卷，生活·读书·新知三联书店1957年版，第54页。

在陕西鄠县，“铁货，如铁钉、铁锁之类，除自制外，由山西泽州、潞安等府，水运至河口，由河口陆运至雩，每年共销六七万斤。铧由山西河津樊村镇水运至咸阳，由咸阳至雩，每年共销十万叶……铁锅由山西运来，每年约销五百口”①。澄城县“铁器及铁由山西运入朝邑，由朝转入境内”②。河南林县“铁器自（山西）壶关县来”③，河南清化镇自明代就是著名的商品集散地，山西铁货云集于此，转运各地。明代史学家王世贞在《适晋纪行》中记载：“余以庚午六月起于家……抵清华镇，山西之冶器集焉。”④ 咸（丰）同（治）年间，德国人李希霍芬说：“成千上万的人和牲畜年复一年地把凤台这个重要煤铁产区的产品运往清化。”⑤ 此外，直隶束鹿县，“铁器……多由获鹿、山西泽州、潞安等处运来”⑥。山东聊城，“铁货自山西贩来”⑦；潍县也有“铁器，山西客商贩来，销售岁约五千金”的记载。在北京的山西潞安府铁货商人还与在京同籍的经营铜、锡和烟袋业的商人一同建立了潞安会馆。⑧ 山西铁器不仅行销北部省份，在南方也有一定市场，《山西通志》记载：“潞铁作钉为南省造船所必需，取其易绣（锈）也。”⑨

6. 皮毛业

山西多山，畜牧业历来比较发达，皮毛产量颇丰，形成了大同、忻州、交城、寿阳、潞安等多处皮毛加工生产和集散中心。《中国实业志·山西卷》载：“山西以牧羊著称，硝皮业也随之发达，全省硝皮业之发轫，以大同、交城两地最早，在明末清初之际，已有硝皮场之经营。”⑩

---

① 光绪《鄠县乡土志》卷2《风俗》。

② 咸丰《澄城县志》卷4《土产志》。

③ 咸丰《续林县志》卷3《风土》。

④ 乾隆《凤台县志》卷15《艺文》。

⑤ 彭泽益编：《中国近代手工业史资料（1840—1949）》第二卷，中华书局1962年版，第142—143页。

⑥ 光绪《束鹿乡土志》卷12《物产志》。

⑦ 光绪《聊城县乡土志》卷2《商务志》。

⑧ 李华编：《明清以来北京工商会馆碑刻选编》，文物出版社1980年版，第40页。

⑨ 光绪《山西通志》卷100《风土记下》。

⑩ 杨纯渊：《山西历史经济地理述要》，山西人民出版社1993年版，第377页。

其中，交城主要加工产自甘肃的滩羊皮，[①] 当地皮商贩洗皮革，腥秽填壅，地方官为此发布告示，禁止在圣母庙前溪水中沤制皮革，其文曰："照得交城，依山为邑，所少者水，城内东南隅，离相寺圣母庙前，清流一曲，地属离震，实启文明，何为洗皮浸革之需，居民苦之。暮春初夏，秽气满城，见者伤心，行人掩鼻，遂使清净法坛，终年齷齪，风雅圣地，昼日腥膻。"[②] 由此可以看出，当时皮革加工已经比较普遍。硝皮业发达时期，在光绪二十一年至光绪二十四年（1895—1898）之间，其时皮货国外贸易兴旺，交城、大同两地每年销售总值各在百万两以上，交城硝皮庄由 10 家增至 100 余家，大同由 10 余家增至 80 余家，可谓晋省皮货业之黄金时代。[③]

晋商除将本地皮货运至他处贩卖之外，还从蒙古地区、俄国大量进口，"进口货以兽皮为大宗，织物次之，大都转输于汉地，蒙古人所用甚少，每年贸易最盛时在二三月间"[④]。张家口是内地较大的皮毛交易市场，"口外出产如驼马、牛羊及各色皮张、毛片……均为入口转售宣府十属三厅及京津或山西一带之货……由俄销售蒙境及内地者，以哦噔绸（即哈喇），金线毕兔绒、回绒、牛皮并各色皮张、驼毛、黄芪、蘑菇、木板为大宗，口上设细皮作坊，凡由俄进口之水獭、海龙、银针、灰鼠、紫貂、白狐、元狐、红狐腿及乌城、库伦所来之黄狐、猞猁、沙狐、貂毛、羔儿皮等均由该作坊制之，乃能分批运销各处。其粗皮张以山羊、绵羊为最多。而鹿茸一项，口上设有专庄"[⑤]。

归化城也是北方重要的皮毛市场，其"物产以家畜为大宗，若毛

---

① 杨大金编：《现代中国实业志》第 1 编，商务印书馆 1938 年版，第 263 页。

② 张正明：《明清晋商资料选编》，山西人民出版社 1989 年版，第 18 页。

③ 解光启：《交城县民间硝皮业历史资料综述》，中国人民政治协商会议山西省交城县委员会文史资料研究委员会编：《交城文史资料》第 9 辑，中国人民政治协商会议山西省交城县委员会文史资料研究委员会，1990 年。

④ 光绪《蒙古志》卷 3《贸易》。

⑤ （清）李廷玉：《游蒙日记》，清光绪三十二年（1906）四月十八日，中国社会科学院中国边疆史地研究中心编：《中国边疆史地资料丛刊·蒙古卷》之《清末蒙古史地资料荟萃》，全国图书馆文献缩微复制中心 1990 年版。

网、毡毯、制皮等亦均著名”[①]。城内“屠宰牧畜，剥取皮革，就近硝熟，分大小皮货行”，均集中在城南门外十字街。[②] 牲畜、皮毛是西包头镇集散的大宗商品。光绪年间包头开办的皮毛业商号有20多家，皮毛来源扩展到宁夏、肃州、青海、库伦等地。[③] 上述二城中经营皮毛业的商人中有为数众多的晋商。

氆氇是手工编织的一种毛纺制品，清代山西盂县商人经营此行者甚多，并于嘉庆二年（1797）在京师煤市街小椿树胡同建有会馆。该会馆东院厅事三楹，北屋三楹，毗连小院一座，内设庖厨，地基计1亩2分，共费银2300多两。[④] 当时盂县在京六家氆氇行共同出资修建盂县氆氇行会馆，其集资方式为：“每售氆氇一匹，恭除香资银一钱。迄今凡九阅春秋，日积月累，合计得二千三百余金。”[⑤] 六号出银数额分别是义兴号536两5钱、永兴号529两3钱、大成号433两9钱、大顺号453两、义成号176两、义和号184两1钱，合计银2312两8钱。按《碑记》中“每售氆氇一匹，恭除香资银一钱”计算，在北京的盂县籍氆氇行九年间共售氆氇23000余匹，平均每年销售量近2600匹氆氇，每家商号每年的平均销售量为430匹。

7. 粮食业

山西地区自古三分田地七分山岭，粮食产出不足食用。乾隆年间，太原盆地的太谷[⑥]、平遥[⑦]等县所产粮食已经远远不够当地食用。晋南绛州同样“产收之粮，恒不敷本地居民之食”[⑧]，浮山[⑨]、曲沃[⑩]、

① 光绪《蒙古志》卷2《都会》。

② （清）张曾编纂：《古丰识略》卷20，清咸丰十年（1860）刻本。

③ 内蒙古自治区地方志编纂委员会：《内蒙古自治区志·商业志》，内蒙古人民出版社1998年版，第218页。

④ 李华编：《明清以来北京工商会馆碑刻选编》，文物出版社1980年版，第89页。

⑤ 李华编：《明清以来北京工商会馆碑刻选编》，文物出版社1980年版，第89页。

⑥ 乾隆《太谷县志》卷3《风俗》。

⑦ 光绪《平遥县志》卷1《地舆志·风俗》。

⑧ 民国《新绛县志》卷首。

⑨ 光绪《浮山县志》卷26《风俗》。

⑩ 道光《（新修）曲沃县志》卷10《风俗》。

荣河[①]等县都感到土狭人满，粮食匮乏。山西粮食主要取给于陕西关中地区；归绥、河套地区；以及东南各省。陕西米麦沿渭水输往晋南是一条传统输粮路线。每至麦熟，山西富商便赴关中大量收买麦石，在陕的山西盐商也抽资收麦输晋，乾隆八年（1743），关中麦熟后一月间，运销山西“已不下二十万石”[②]。北路归绥各厅粮食经水路、陆路运往山西省内。太原府“得食归化之粮”[③]，平定州所属的寿阳县市场上的小麦，亦“有归化城来者”[④]。乾隆初年，归化城利用“牛皮混沌”编筏装米，沿河而下，至壶口起岸陆行十里复行装船，运至晋南。[⑤] 乾隆中后期，赴归化粮贩多造小型“圆底船”运粮以便通过急流、漩涡，至壶口连船起运陆行后再下水，至禹门镇转换成容量较大、可载米数百石的方底船、平底大方船再运至荣河、永济入市粜卖。[⑥] 陆路则“自北而南委输络绎不绝，近至省城，运输韩侯岭”[⑦]。北路粮食输入规模很大，以致太原、汾州二府米价低昂要“恒视北路之丰歉为准”[⑧]。山西境内许多县份的民人从事粮油业，“（左云）邑缸油布当粟店多系代州、崞县寄民”[⑨]，晋中临汾、襄陵两县百姓多在外地从事此业。此外，东南各省运至山西的粮食“由江淮溯河而北，聚集豫省之河南、怀庆二府，由怀庆之清化镇太行山口运入山西”[⑩]。

山西粮商在外省也十分活跃，如河南周口是重要的商品转运枢纽，粮食是当地集散的最大宗的商品，晋商在此建有陆陈会馆，为粮业会

---

① 光绪《荣河县志》卷2《风俗》。

② 《陕西巡抚塞楞额为遵旨查复本省麦石粜卖出省情形奏折》乾隆八年八月二十五日，《历史档案》1990年第3期。

③ （清）岳震川：《赐葛堂文集》卷3《赠单雪樵先生序》。

④ 光绪《续修寿阳县志》卷10《风土》。

⑤ 《山西巡抚刘于义为筹划将口外之米以牛皮混沌运入内地事奏折》，乾隆八年十月十八日，《历史档案》1990年第3期。

⑥ 曹新宇：《清代山西的粮食贩运路线》，《中国历史地理论丛》1998年第2期。

⑦ 曹新宇：《清代山西的粮食贩运路线》，《中国历史地理论丛》1998年第2期。

⑧ 曾国荃：《曾文襄公奏议》卷8《申明栽种罂粟旧禁疏》，台北：文海出版社1982年版。

⑨ 光绪《左云志稿》卷4《风俗》。

⑩ （清）朱轼撰：《朱文端公文集》补编卷4，彭林主编，复旦大学出版社2021年版。

馆。每至麦熟，“遂有山西富商大贾挟其厚赀，乘麦收价贱之时，在码头集镇广收麦石，开坊踏曲。每商自数十万以至百余万块不等，车载船装贩运他省，皆渊薮也”①。北舞渡镇亦有晋商经营陆陈行（即粮行），此外油坊业也是晋商在此主要经营的行业，油业众商曾单独集资于咸丰二年（1852）修建老君庙。② 在朱仙镇从事粮食贸易的晋商也有不少，在此地开设有白米行和陆陈行，此外，酒曲也是当地晋商所经营的商品之一。③

8. 杂货业

杂货行是清代晋商经营较多的一个行业，它经营的商品种类繁多，包括酒、鞋、油、面、南货、首饰、药材、丝绸、颜料、瓷器、糖、手工业制品、农业生产器具等，行商范围较广。乾隆年间朱仙镇经营杂货业的晋商有 90 余家；④ 洛阳有来自潞、泽二州杂货商 14 家；⑤ 在周口经营杂货业的晋商数量更多，道光年间周口重修山陕会馆集资中，参与集资的杂货业商号达 180 余家，共捐银 7900 余两，占各行捐资总数的 3/4。⑥ 宣统元年（1909）重修雁门关道路时，碑刻中也有杂货行参与集资的记载。⑦ 在京师经营杂货业的多为临汾、襄陵两县商人，建有临襄会馆和临汾东馆。⑧ “凡晋省商人，在京开设纸张、颜料、干果、烟行各号等，夙敦乡谊，共守成规，同在临汾乡祠公会。”⑨ 乾隆三十二年（1767）修建临汾东馆时有在京临汾杂货商 35 家参与集资，共捐银 907 两 8 钱，均每号捐银 26 两。光绪十四年（1888）《重修临襄会馆碑》有 52 家商人和商号参与集资。在光绪九年（1883）该会馆的干果行之永顺义，

① 许檀：《清代河南的商业重镇周口》，《中国史研究》2003 年第 1 期。
② 许檀：《清代河南的北舞渡镇》，《清史研究》2004 年第 1 期。
③ 许檀：《清代河南朱仙镇的商业》，《史学月刊》2005 年第 6 期。
④ 许檀：《清代河南朱仙镇的商业》，《史学月刊》2005 年第 6 期。
⑤ 许檀：《清代中叶的洛阳商业》，《天津师范大学学报》（社会科学版）2003 年第 4 期。
⑥ 许檀：《清代河南的商业重镇周口》，《中国史研究》2003 年第 1 期。
⑦ 该碑现存雁门关，笔者曾于 2005 年夏前去抄录。
⑧ 李华编：《明清以来北京工商会馆碑刻选编》，文物出版社 1980 年版，第 23—29 页。
⑨ 李华编：《明清以来北京工商会馆碑刻选编》，文物出版社 1980 年版，第 88 页。

颜料行之全升李，烟行之德泰厚等协助纸行星记、洪吉、源吉、敬记四号共同抵制牙行讹诈行为，“在大兴县将牙行呈控。五月内，经大、宛两县会讯断结，谕令纸张众行等，各守旧章，并不准牙行妄生枝节”①。直至民国年间，仍有较强实力，民国二十一年（1932）《临襄馆山右馆财神庵三公地重修建筑落成记》载：“吾乡自前朝，即有山右会馆。既而临襄会馆，广安门外财神庵、平水义园，统由临襄会馆管辖……各处屡次兴工构造屋宇，以及增产所费洋四万三千元有奇，历年积储洋三万五千元有零。并由同乡诸公商号捐助洋二千五百元，除一切需用外，尚有不敷洋五千四百五十元，俱从经理人及各会首分担垫办。”②

在众多杂货品类中，药材是比较特殊的一种。从事杂货业的晋商中有不少从事药材生意，例如保德州商人，他们主要经营甘草业，清同治年间，保德州城东关的“义成德”杂货铺，由当地杨姓商人创办，该字号有分号十多处，经营商品涉及粮油、布匹、甘草等。同时，在包头开设“义成功”、太原开“义成全”、郑州开“义成贤”等字号，并在湖南、新疆、山东、广州、宁夏等处开设商号10余个，主营甘草及其他40余种药材。③ 保德州商人隋氏于清末民初，在包头召庙租用喇嘛草场，种植甘草，并曾与天津东莱银行展开合作，并于上海与英国人合作开设经营甘草的股份有限公司。保德州卢氏，则在民国年间，于宁夏地区开设“仁家和”草场，并垄断盐池县甘草业，后在包头开设“天和成”百货店。④

清代，在辽宁地区也有为数不少的晋商在从事杂货业。清初就有晋中武姓商人在盛京从事杂货业，先后开设20多家商号，经营行业涉足

① 李华编：《明清以来北京工商会馆碑刻选编》，文物出版社1980年版，第88页。

② 李华编：《明清以来北京工商会馆碑刻选编》，文物出版社1980年版，第28页。

③ 傅景英：《保德巨商杨家》，山西省政协编辑委员会编：《晋商史料全览·忻州卷》，山西人民出版社2006年版，第76页。

④ 傅景英：《新中国成立前的保德县商业》，山西省政协编辑委员会编：《晋商史料全览·忻州卷》，山西人民出版社2006年版，第56—57页。

粮食、绸缎、当铺、烧锅、药材等。① 山西盂县李氏在锦州开设万德店，经营杂货买卖。② 山西平定州荆氏在营口、承德、海城经营杂货。③ 此外，山西平定州的蔡氏、张氏均在东北经营包括杂货业在内的多种买卖，其中张氏在锦州创办了“永和公”，经营棉布、洋货与杂货，并在赤峰、盛京、营口、大连等地也开办了兼营杂货的字号。④

此外，山西是北方生产农具较为集中的地区。晋北大同府、朔平府、宁武县等地的农民，往往前往蒙古地区进行农业垦殖及商品贸易活动，“每岁粜卖粮食，置办农具”⑤，并从山西向蒙古地区运销农具。同时，直隶沧州地区所使用的铁器也多“来自潞、汾”⑥ 两地。彼时，有许多农具从山西运到直隶，再转运至山东。“贩铁器者农器居多，西至自获鹿，东至自临清、泊头”⑦。

9. 运输业

山西的运输业包括陆路运输和水路运输两种。陆路运输的工具主要是马、牛、骆驼、驴、骡等牲畜，晋商大量从事对蒙、俄贸易，使用的主要交通和运输工具为驼、马，因此牲畜行在中蒙贸易中充当十分重要的角色。晋商经雁门关至杀虎口，再出走口外，经过长途运输将货物运至库伦及恰克图，此段运输路程，夏秋二季（6—11 月）共 5 个月，以马和牛为主。马可驮 80 公斤左右，牛车可载 250 公斤左右。马队需行 40 日以上，牛车较缓慢，约 60 日。冬春二季（11—6

---

① 山西省政协编辑委员会编：《晋商史料全览·晋中卷》，山西人民出版社 2006 年版，第 86 页。

② 山西省政协编辑委员会编：《晋商史料全览·阳泉卷》，山西人民出版社 2006 年版，第 92 页。

③ 山西省政协编辑委员会编：《晋商史料全览·阳泉卷》，山西人民出版社 2006 年版，第 494 页。

④ 山西省政协编辑委员会编：《晋商史料全览·阳泉卷》，山西人民出版社 2006 年版，第 102 页。

⑤ 乾隆二十九年三月二十二日山西巡抚和其衷奏，载故宫博物院编辑委员会编《宫中档乾隆朝奏折》第 20 辑，故宫博物院 1982 年版，第 842 页。

⑥ 乾隆《沧州志》卷 4《风俗》。

⑦ 雍正《阜城县志》卷 12《风俗·末俗》。

月）共7个月，由骆驼运输，可驮200公斤，日行40公里以上，一般35日左右到达库伦。此外，还有一种由骆驼拖拉的拖车也参与运输。乾隆二十年（1755），大学士陕甘总督黄廷桂在山西境内，“见商人运货驼甚多”，与山西布政使蒋洲商议在当地购办“三四百匹”①。又，明德奏称“晋省归化城、朔平府一带，商贩驼只甚多”，请敕令在此地“采买一二千只”②。在太谷县，清道光二十二年（1842）“重修大观楼捐银碑”所镌施银商号中，亦有车铺、驼店的捐资记载。③此外，在宣统元年至宣统二年（1909—1911）重修雁门关道路碑记中有牲畜行参与捐资的记录，其中包括3家驼社，还有马行、马店和马店社各1家，共捐资71两。

水路运输，嘉庆十八年（1813）重修平遥市楼碑记中有通源船行和合兴船行各捐银一两的记载。④ 位于汾河岸边的太原、平遥、绛州，黄河上西包头镇、河曲、碛口镇、永济等商业城镇均为航运业较为发达的城镇，由蒙区转运而来的粮食、盐⑤、胡麻油⑥等均可由水道南下。关中输往山西的粮食依靠渭、汾两水之航运入晋。⑦ 其运输工具见于记录的有圆底船、平底船和牛皮混沌等。

此外，山西境内黄河的若干河段、汾水等流域还可运送木材等生产资料。山西吕梁山脉关帝山一带的木材，沿文水运至武元城纳税后，或水运开栅堡货卖；或沿文水入汾水南运；或陆运至其他地方售卖。武元城在汾水旁，“为水旱总路。其水全滩地势宽平，水陆驮运之木悉聚于此”。由于经年砍伐，森林距武元城越来越远。乾隆年间，木材集散地

---

① 《清高宗实录》，卷502，乾隆二十年十二月戊申，中华书局影印本1986年版。

② 《清高宗实录》，卷502，乾隆二十年十二月庚戌，中华书局影印本1986年版。

③ 史若民、牛白琳编著：《平、祁、太经济社会史料与研究》，山西古籍出版社2002年版，第364—371页。

④ 史若民、牛白琳编著：《平、祁、太经济社会史料与研究》，山西古籍出版社2002年版，第188页。

⑤ 同治《河曲县志》卷5《风俗》。

⑥ 同治《河曲县志》卷5《风俗》。

⑦ 曹新宇：《清代山西的粮食贩运路线》，《中国历史地理论丛》1998年第2期。

移至故交村。[①] 雍正十年（1732）于武元城设立税关，[②] 到道光初的90余年间，每年在文水县开栅堡、峪口二村货卖的“交易银两不下十余万两”[③]，可见采伐数量之大。乾隆时，晋南穆纳山有木材从解州平陆县扎筏水运至灵宝县，入河南境，历经八州县至荥泽县，又须拆筏起旱，运至新乡县，复行扎筏，由运河直达通州。[④]

10. 货栈业和酒饭行

货栈业，主要从事存放来往商旅货物、商客住宿以及协助运输等业务。清代，晋商往来于蒙俄与内地，贩运大量货物，由于是长距离贩运，而口外自然环境较为恶劣，因此需要在沿途市镇进行休整，故中俄商道上的货栈旅店行较为发达。平遥城在清代中叶是晋中重要的商品集散市场，南省运来的茶叶、蒙古地区出产的皮货、潞泽地区生产的铁器，以及省内各地出产的各种土特产品均集中于此，故货栈旅店业十分发达，从乾隆二十三年（1758）《重修金井市楼碑》可以看出，当时参与集资的货栈旅店有存仁店、信成店、天元店、和盛店、恒裕店等五家。另据《平遥古城志》记载：乾隆四十二年（1777），城内著名货栈旅店有13家。[⑤] 嘉庆十八年（1813），栈店有50余家。[⑥] 此外，重修雁门关道路碑记中镌有店行和驻店的捐资记录，[⑦] 两店共捐银6两，钱42千文，折白银27两。[⑧] 在归化城有餐饮业的行会性质组织，即“仙翁社”和“聚仙社”，该行业也称“酒饭行”[⑨]，为来往商旅或当地居民提供餐饮服务。

---

① （清）安颐等：《晋政辑要》卷12《户制·关税二》，清光绪十五年（1889）刻本。

② 乾隆二十八年（1763）正月二十五日山西巡抚明德奏，载故宫博物院编辑委员会编《宫中档乾隆朝奏折》第16辑，故宫博物院1982年版，第670页。

③ （清）安颐等：《晋政辑要》卷12《户制·关税二》，清光绪十五年（1889）刻本。

④ 乾隆二十年（1755）五月二十四日河南巡抚辅德奏，载故宫博物院编辑委员会编《宫中档乾隆朝奏折》第17辑，故宫博物院1982年版，第810页。

⑤ 杜拉柱：《平遥古城志》，中华书局2002年版，第178页。

⑥ 史若民、牛白琳编著：《平、祁、太经济社会史料与研究》，山西古籍出版社2002年版，第161—194页。

⑦ 该碑现存雁门关，笔者曾于2005年夏前往抄录。

⑧ 据杨端六编著《清代货币金融史稿》，生活·读书·新知三联书店1962年版。

⑨ 该碑现存雁门关，笔者曾于2005年夏前往抄录。

11. 牙行业

牙行，是经营中介业务的商行，牙行亦可理解为牙人的同业组织。牙人主要以中介和为买卖双方提供服务而向所服务对象收取佣金，因此也被称为牙佣。他们几乎遍布城镇、集、场、墟的各行各业。即使在房地产业、债务、人口买卖中，以及在广东等地的外贸交易中，也都有牙行介入。①

清代由政府批准牙行的设立，“贸易货物设立牙行，例给观帖使平准物价”②，“凡城市乡村诸色牙行，及船之埠头，并选有抵业人户充应。官给印信文簿，附写（逐月所至）客商船户住贯、姓名、路引字号，物货数目，每月赴官查照……凡客店每月置店簿一本，在内赴兵马司，在外赴有司署押讫，逐日附写到店客商姓名、人数、起程月日，各赴所司查照”③。“官帖”“印信”也叫“牙帖”，里面明确记录牙人姓名、执业范围、营业地点等信息。因“照货设行”“各行各帖，例有分别，货有专责”④ 等规定，因此可以说，牙帖相当于牙人的经营许可证或营业执照。

清代山西的各县城乡市场中均设有牙行，如乾隆年间，解州安邑县收牙帖税银156两8钱，比额外商税、匠价银、田房正税、头畜税、当税等杂课均多；⑤ 闻喜县乾隆年间牙帖税为128两4钱；⑥ 蒲县牙税7两2钱；⑦ 平陆县牙帖税银23两8钱；⑧ 道光年间，大同城乡牙行共计310人，其行业涉及斗行、牲畜贩卖、泥靛补衬、棉麻、铁、炭货、水

① 方行、经君健、魏金玉：《中国经济通史·清代经济卷》，中国社会科学出版社2007年版，第1311页。

② 《清圣祖实录》卷238，康熙四十八年六月庚子。

③ 光绪《钦定大清会典事例》卷765《刑部，户律市廛》。

④ 四川省档案馆编：《清代乾嘉道巴县档案选编》上，四川大学出版社1989年版，第386页。

⑤ 乾隆《解州安邑县志》卷4《田赋·杂课》。

⑥ 乾隆《闻喜县志》卷3《田赋·杂课》。

⑦ 乾隆《蒲县志》卷3《赋役·额外杂税》。

⑧ 乾隆《平陆县志》卷3《田赋·杂课》。

果、烧酒业、车辋、棺板、木材、脚力等。再如山西临晋县之夹马口，“有刘姓者聚族而居，口岸滩地系刘姓之业，领帖开行”，“凡客商载木植到口上岸，堆贮牙行木厂发卖者，抽取牙用【佣】”。①

各地还制定法令规范牙行的商业行为。例如，山西解州安邑县衙门给牙行制定约法：“粮食到市，每石止许牙用【佣】一升。斗户不许调鬼语欺哄乡愚。客贩任赴行家，不许斗户远接。斗遵官较，禁置副斗及铲削口底，并用鸡子木刮。籴米先尽穷民。斗户止许正身，不许朋伙窝籴，生员、衙役、宦仆不许揽充斗户；市棍不许插身把持。集场务于东、西、北三关，十日一轮，摆到通衢，不许隐藏场院之内。”②

12. 酿酒业

山西酿酒业发展历史久远，所产汾酒是享誉海内外的名酒。山西所产白酒大多以高粱为原料。清康熙以降，东北辽宁地区农业经济有所恢复发展，大豆、高粱等农作物产量逐年增加，前往东北地区经商的山西商人遂就地取材，在当地办起烧锅坊。彼时，在盛京城（沈阳）及周边地区享有盛誉的“老龙口”酒厂就是晋商——孟子敬所创办的。嘉庆三年（1798），山西太谷县商人在盛京开设“万隆泉”“万隆合”两个烧锅坊；同治五年（1866），山西徐沟县商人在盛京出资兴建“醴泉涌”烧酒坊；光绪年间，山西商人在盛京又接连开设了“义盛泉”和“广合源”烧锅坊。③清末，晋商又出资在盛京开设“平罗堡”“砺泉涌”酒坊，在四平开设“富盛泉”烧锅坊，在锦州开设“平罗堡”“醴泉涌”烧锅坊。④明末清初，来青海经商的山西客商在威远堡开设酿酒作坊，利用山西杏花村白酒的酿制工艺，配

---

① 雍正八年十一月初九日巡抚觉罗石麟等奏，载故宫博物院编辑委员会编《宫中档雍正朝奏折》第17辑，故宫博物院1982年版，第152页。

② 乾隆《解州安邑县运城志》卷3《城池》。

③ 奉天兴信所编：《满洲华商名录》第8回《奉天商工兴信录》，南满洲铁道株式会社1933年版，第111、112、113、110、112页。

④ 山西省政协编辑委员会编：《晋商史料全览·晋中卷》，山西人民出版社2006年版，第64、70页。

合当地盛产的青稞，酿制出独具特色的互助大曲（俗称威远烧酒），该酒绵软醇和，透明澄澈，香气扑鼻，数百年来，深受当地各族百姓欢迎。[①]

① 崔永红：《青海经济史（古代卷）》，青海人民出版社 1998 年版，第 203 页。

# 第二章　晋商与明清山西城市的深化发展

## 第一节　社会演变过程中的城市发展

### 一　大城市的活跃

明清两代，山西城市的发展，虽因社会环境的兴旺交替而经历的曲折过程，总体上呈现晋南晋中地区大城市发展较快的特点，其突出表现是，以太原、运城为代表的大城市的活跃和繁盛。城市中的商业资本异常活跃，雇佣关系得到发展，城市的建设也得到相当改善。特别是类似于省城、府城、州城，还有一些因商而兴的县城、专业类城市等，其城市类型、城市机能都较前代有显著的发展和变化。

1. 太原

太原，为明清两朝山西省治所在，彼时山西地区最主要的政治中心，是山西省会、太原府府治、以阳曲县为附郭，省、府、县三级官署衙门聚集一地的城市。城内有巡抚部院署、提督学政署、布政使司署及下属各所、按察使司署、冀宁道署（后裁）、太原府署及下属各司、阳曲县署等衙门。① 上述各级官署的文武官员，隶属书吏、人役、眷属等为数众多，是构成太原人口的重要部分。

明代，太原城周长 24 里，城墙高 3 丈 5 尺，包砖，护城河深 3 丈，

---

① 乾隆《太原府志》卷 12《公署》。

城门8座：东曰“宜春”、曰“迎晖”，南曰“迎泽”、曰“承恩”，西曰“阜城”、曰“振武”，北曰“镇远”、曰“拱极”。由迎泽门至承恩门2里，由承恩门至宜春门4里有奇，由宜春门至迎晖门2里，由迎晖门至拱极门4里有奇，由拱极门至镇远门2里，由镇远门至阜城门5里有奇，由阜城门至振武门1.5里，由振武门至迎泽门3里有奇。[①] 城内主要街道有：大东门街、小东门街、大南门街、新南门街、水西门街、旱西门街、大北门街、小北门街8条分别直对8座城门的大街，以及位于城内的鼓楼大街等。

晋王在城内修建了“晋王府”，有“东华门”“西华门”“南华门”三座大门。宫城的外城墙依据方向不同而分别称为东萧墙、西萧墙、南萧墙、北萧墙。萧墙内建有为晋王服务的各种设施：天地坛、典膳所、杏花岭、松花坡等。后晋王的王室分封为王，纷纷占地建造宁化府、临泉府、方山府、大小濮府等王府，此外城内还建有钟楼、鼓楼、庙宇等建筑。

清代的太原城基本上维持明代的规模。在城西南角修满洲城，周围843丈，驻八旗兵。[②] 由于经历了明末战乱，清初太原城市廛萧条。清中期以后，太原城的商业达到鼎盛。城内“民居比栉，铺业鳞排”[③]。主要的商业区在大钟寺、大南关、大北关一带，[④] 以大钟寺最盛，“寺内及东西街，货列五都，商贾云集，踞街巷之胜”[⑤]。同治二年（1863）重修位于太原北部的“窦大夫祠”的捐款提名碑中记录，其时有省城商号100家参与集资，其中可以直接从名称中看出所经营行业的有：香房、药店、车铺、石场、烟店、当铺、布行公局、银炉。[⑥] 随着彼时太原城内商业的繁盛，出现了一系列延续至今的老字号：如创办于嘉庆年

① 道光《阳曲县志》卷3《城池》。
② 杨纯渊：《山西历史经济地理述要》，山西人民出版社1993年版，第380页。
③ 道光《阳曲县志》卷2《舆地图下》。
④ 杨纯渊：《山西历史经济地理述要》，山西人民出版社1993年版，第380页。
⑤ 道光《阳曲县志》卷2《舆地图下》。
⑥ 据《重修英济侯庙募化捐银碑记》统计，该碑现存于太原市北上兰村窦大夫祠内。

间的太原宁化府街的“益源庆”醋坊；创办于道光年间的自制酱、醋、腐乳、腐干的大兴号；开办于同治年间的永寿亨酿酒作坊；开办于光绪年间的榨油坊——丰盛泉、金银首饰作坊——福泰诚珠宝行；经营干菜业的世兴号；生产销售各种布鞋的亨升久，还有其他如信丰成、恒玉成、裕德成、泰和成等字号。①

2. 运城

运城兴建于元末，是明清时期发展起来的一座盐业专城。明中叶以来，随着盐业的迅速发展，人口的增加，运城商业发展较快。清初，运城城内人口较前代明显增加，商业更为活跃，集场由明代时期的东西北三关轮集改变为东西南北四关轮集。到清前期，运城已是“商民辐辏，烟火万家”②，“人集五万”③ 的商业城市了。乾隆年间运城“五方杂处，富商大贾，游客山人骈肩接踵”④，且“顾商贾聚集处，百货骈集，珍瑰罗列，几于无物不有。是合五方物产即为运城物产”⑤。从而使运城吸纳了更多的资金和劳动力，成为晋南经济中心。这样使得运城“五方杂处，富商大贾游客山人骈肩接踵……至安邑缙绅运城居半。或以科第奋迹，或以货郎起家，是亦晋省一都会也”⑥。从而使得“本邑（安邑）渐形零落，仅成为县政中心，商肆居民不是增益，游观者或消为荒堡”⑦。由于运城的兴起，使得解州日渐衰落。并且，这种势头早在明代就初见端倪，乾隆《安邑县志》载，明人袁翱说：“（商人）纷纷然皆都于潞村（运城），而居解之民浸以凋落。”⑧

清代运城“周围九里十三步，计一千七百丈，高二丈。四门，东

① 许一友、王振华：《太原经济百年史》，山西人民出版社 1994 年版，第 14 页。
② （清）蒋兆奎：《河东盐法备览》卷 8《运城》。
③ 乾隆《安邑县志》卷 1《序》。
④ 乾隆《解州安邑运城志》卷 2《风俗》。
⑤ 乾隆《解州安邑运城志》卷 2《物产》。
⑥ 乾隆《解州安邑运城志》卷 2《风俗》。
⑦ 民国《安邑县志》卷 2《城邑考》。
⑧ 乾隆《解州安邑县志》卷 12《艺文・复盐池西禁门记》。

曰放晓，西曰留晖，南曰聚宝，北曰迎渠”①。城内设有巡盐察院，运司署，运同署，分驻运城州判署，中场、东场、西场三大使署，都司署。此外，还有经历司署、知事署、库大使署、把总署、运学教授署等官僚机构，建有运储仓、运漕仓、养济院、司艺所、公桑园等。② 城内设9坊，分为4街。9坊是：厚德、和睦、宝泉、货殖、荣恩、贤良、甘泉、永丰、里仁。4街是城内规定的集市之处。③ 街坊棋布，衙署星罗，仓库坛庙无不备具。④ 在城市体制上，运城“其地属安邑县辖”，但除“一切编户保甲悉于安（邑）就理”外，其盐政并不在县政治理范围内，而体制自备，“坛壝学校、官师武备、坊市保甲及报祭宾兴诸典礼，俨与邑等”⑤。

值得注意的是，随着商业的发展，运城的人口数量在不断增加的同时，结构也发生了变化。元末明初，运城的人口主要是官吏兵丁。明中叶“商贾之懋迁，羁人之旅食与夫工执业、民赴役者，纷纷然皆都于路村”。清前期，运城人口数量已达5万之多，且人口构成较前朝复杂，由于池盐发展及相关衙门的设立，官署文武官员、隶属书吏、人役等成为构成运城人口的特殊部分。而“或以科第奋迹，或以赀郎起家”的安邑缙绅，半数以上在运城居住，⑥ 是运城人口的另一组成部分。此外，“每岁浇洒之时，工作人夫盈千累万”⑦，因此以捞采池盐为生的盐丁也是运城人口的重要组成部分。此外，运城内还有“富商大贾”和“游客山人”等。

3. 大同

大同，明代为“九边”之“大同镇”所在，是一座军事城堡。清

① 乾隆《解州安邑运城志》卷3《城池》。
② 乾隆《解州安邑运城志》卷3《公署》。
③ 杨纯渊：《山西历史经济地理述要》，山西人民出版社1993年版，第383页。
④ （清）觉罗石麟、朱一凤等：《敕修河东盐法志》卷8《运城》。
⑤ 乾隆《解州安邑运城志》卷1《序》。
⑥ 乾隆《解州安邑运城志》卷2《风俗》。
⑦ 乾隆《解州安邑运城志》卷2《风俗》。

代，随蒙汉关系的缓和，大同的军事地位逐渐废止，而由于其北临口外，地逼边墙的地理位置的优越性而成为蒙汉贸易的要冲。清代，大同是位于晋北的大同府治所在地，以大同县为附郭。大同城，城周长 13 里，高 4 丈 2 尺，有四座城门，东曰和阳、南曰永泰、西曰清远、北曰武定。①

清代，大同城内街坊以四牌楼十字街为适中之地，街口四面建坊，街东曰和阳，街西曰清远，街南曰永泰，街北曰武定，四条大街直抵四座城门②，将大同城分为四隅，城内共有大小街巷 136 条。③

明代，大同特殊的军事地位，使得城内兵丁人数众多，因而消费能力巨大，商业繁荣，有“大同地方，军民杂处，商贾辐辏”④“至若陆驮水航之物，藏山隐海之珍，靡不辐辏而至者，大都多东南之产”⑤、其“繁华富庶，不下江南”⑥的记载。清初，“城之有南关也，是商贾货财之所凑集”⑦。清中叶，城内商贾云集，“邑之懋迁者太原、忻州之人固多，而邑民之为商者亦不少”⑧。在乾隆三十四年（1769）《云冈堡石佛寺历年续修工程并历年施舍银钱春瞻地亩碑记》中就有布行、杂货行、干菜行、帽行、皮行、缸行、当行和钱行的捐款记载。至道光十五年（1835）《重修下华严寺碑记》中的捐银记载，大同城内的行业有了更为细致的划分，分别是：棉布行、粟店行、钱行、碾行、当行、油行、南宫行、估衣行、口米行、银行、木店行、口袋行、帽行、毡行、毛袄行。⑨

由于大同城内人口日益增多，使“城中四角街巷一百三十六条，

① 道光《大同县志》卷 5《营建·城池》。
② 道光《大同县志》卷 5《坊表》。
③ 道光《大同县志》卷 8《风俗》。
④ （明）戴金编：《皇明条法事类纂》卷 42，科学出版社 1994 年版。
⑤ 万历《山西通志》卷 6《风俗》。
⑥ （明）谢肇淛：《五杂俎》卷 4《地部二》，中华书局 1959 年版。
⑦ 顺治《云中郡志》卷 13《艺文》。
⑧ 道光《大同县志》卷 8《风俗》。
⑨ 黄鉴晖：《明清山西商人研究》，山西经济出版社 2002 年版，第 54 页。

房舍比栉，毫无隙地”。且城内房屋还在不断修建和增多，需要大量修建房屋的匠人，使得匠人“盖一人之身而百工之所为备”①，故城内房牙和泥靛补衬牙活动活跃。此外，大量当商的存在也是对当地商业发展繁荣的一个重要反映。

4. 归化城

归化城，蒙语为“库库和屯”，万历初赐名“归化”，清雍正元年（1723）置归化城厅，归化是漠南的政治经济中心和交通枢纽，也是沟通漠北、漠西、天山以北各地区的经济联系的总汇。乾隆年间随着蒙古各部的经济发展，蒙汉之间物资交流日益扩大，归化城“商贾云集，诸货流通，而蒙古一带土产日多，渐成行市”②。乾隆二十六年（1761）清政府在该城设关，抽收“油、酒、烟三项与皮张、杂货税银，及土默特牲畜税钱”。定例：“凡商贩货物按驮科税为多”，也有按数量征税者；“油、酒铺房分上、中二则按年科税；土默特蒙古牲畜税每价银一两收制钱八文”。③ 归化城税关初由杀虎口监督兼管，乾隆三十一年（1766）改为专设归化城监督管理。乾隆三十三年（1768）又定：归化城一带“出产油、酒、烟、皮张等项及关东等处发来商货，从草地行走，未经杀虎口征税者俱为口外土产，归化城按则抽收；其内地一切杂货贩运出口，经由杀虎口纳过税银，到归化城入铺零星发卖者不再重征。若货物运抵归化城以后，商贩车载驮运又贩往他处售卖者，则无论土产与外来货物，均于出栅时按则收税”。乾隆三十五年（1770）定归化城落地税银15000两，牲畜税钱9000串；嘉庆四年（1799）增盈余银1600两。④

归化城“是一个聚集着不少巨贾富商的地方，他们在这里做着百万巨额的生意。总共卖出十万多箱茶叶，将近一百万匹布及其他物品”⑤。

---

① 道光《大同县志》卷8《风俗》。

② 张正明、薛慧林：《明清晋商资料选编》，山西人民出版社1989年版，第50页。

③ 光绪《大清会典事例》，卷236、卷234，中华书局影印本1991年版。

④ 光绪《大清会典事例》，卷239、卷237、卷238，中华书局影印本1991年版。

⑤ ［俄］阿·马·波兹德涅耶夫：《蒙古及蒙古人》第2卷，刘汉明、张梦玲、卢龙译，内蒙古人民出版社1983年版，第103—104页。

归化城最大的商号都是经营蒙区贸易的，主要往来于乌里雅苏台、科布多和古城等地。其中最大的一家是大盛魁，它在科布多、乌里雅苏台、库伦、张家口等地均设有分号。单是同蒙古地区的贸易额每年达900万—1000万两。他们运往蒙古各地销售的货物主要有茶叶、绸缎布匹、皮货、铁器、木器等。① 归化城商人从蒙古地区各部落换回的主要是驼马牛羊等牲畜。仅北京的夏盛和、夏和义、天和德、三和成等几家商号每年从归化城购买的羊就达50万头。②

金融业也是归化城的重要行业。在雁门关的集资中，宝丰社捐钱155千文，当行捐钱60千文，而大裕当则在行业之外又单独捐钱5千文，这三者合计已达220千文，占全部捐款的22.8%。又如，前述的大宗牲畜交易并不在归化城内，来自蒙古各部的牲畜和其他商品多运往包头和克克伊尔根，而货款则在归化城结算，“因为这里有许多家银号，支付货款比较方便”③。此外，大盛魁、天义德等商号在蒙古各部落也经营放款业务。④

## 二　一般城市的发展与局限

相对于大城市的活跃，明清时期，山西地区，一般城市的发展也十分引人瞩目，尤其以各地县城为代表。但同时，有些城镇受社会环境波动的影响较大，又受制于自身固有的限制，加上农村市镇兴起所带来的辐射空间的挤压，因而显得发展较为滞缓，有些城市的工商业活动甚至出现了一定程度的衰退。

从山西城市发展的地域格局来看，晋中和晋南地区明显走在各地的

① ［俄］阿·马·波兹德涅耶夫：《蒙古及蒙古人》第2卷，刘汉明、张梦玲、卢龙译，内蒙古人民出版社1983年版，第97、340页。

② ［俄］阿·马·波兹德涅耶夫：《蒙古及蒙古人》第2卷，刘汉明、张梦玲、卢龙译，内蒙古人民出版社1983年版，第98—99页。

③ ［俄］阿·马·波兹德涅耶夫：《蒙古及蒙古人》第2卷，刘汉明、张梦玲、卢龙译，内蒙古人民出版社1983年版，第98—99页。

④ ［俄］阿·马·波兹德涅耶夫：《蒙古及蒙古人》第1卷，刘汉明、张梦玲、卢龙译，内蒙古人民出版社1989年版，第293页。

前列。平遥在明代已有相当的发展，经历明末清初的社会动荡后，人口、商业发达程度都大不如前。进入清代，经济逐渐复苏，至乾隆以降，商业贸易逐步进入鼎盛时期，随着票号的创办，逐渐执全国金融业之牛耳，由晋中商品集散市场渐渐成为中国金融中心。随着山西自身经济的发展和区域之间经济联系的加强，平遥借助其地理位置优势，逐渐成为山西与南北商品流通的一个重要枢纽，尤其在票号产生之后，平遥更加成为华北地区，乃至中国的金融中心。平遥城在乾隆年间已有货栈旅店行、铁铺、烟铺、麻店、油店、花店、木厂、驴柜店、当行、钱铺、银炉、漆铺、帽店、箱店、酒店、锡铺、酱铺等行业。嘉庆年间除了货栈旅店行、铁铺、麻店、油店、花店、木厂、驴柜店、当行、银炉、酒店等行业外，平遥城内还增加了盐店、布铺、银楼、染料庄、颜料庄、洋货行、缎店、粉房、茶行、药材店、珠局、翠局、料铺、账局、染房、面铺、干铺、押铺、印局、荷苞店、缸房、衣铺、船行、磨坊、铜铺、肉铺等行业。①

太谷县城，位于平遥东部。清代中叶是太谷商业发展的鼎盛时期，当时的太谷县城是山西中部重要的商业城镇之一，其城内“栋雨云连，阛阓鳞次，民物殷阜，商贾辐辏”②，有“旱码头”“小北京”“金太谷”之誉。城内街巷大部分为东西、南北走向，少数为斜巷。有东街、西街、南街、北街四条主要街道，其中东、西、南三条街道为主要商业街。鼓楼筑于城中心，辐射东、南、西三条大街，北大街与西大街中段相交。楼北为县衙，民宅集中于城内四隅。清同治、光绪年间，太谷县成为省内的金融中心，“俨然操全省金融之牛耳”③。卫聚贤称：“山西之金融中心，确系太谷。”④ 由于太谷的在金融业中的重

---

① 据乾隆二十三年（1758）《市楼重修碑记》、嘉庆十八年（1813）《重修市楼碑记》等碑统计，此二通碑现存于平遥市楼下。

② 乾隆《太谷县志》卷1《序》。

③ 民国《太谷县志》卷1《序》。

④ 中国人民银行山西省分行、山西财经学院：《山西票号史料》，山西经济出版社2002年版，第17页。

要地位，使得当时“太谷标”成为省内金融界放宽利率的一项重要指标。“山西之标，分为两种：一为太谷标，即为太谷一县之标；一为太汾标，即太原府所属之祁县、榆次、与汾州府所属平遥、介休之标。……实系太谷县在当时经济上占大势力，其一县之势力可抵榆次、祁县、平遥、介休等数县，故独立一标。且各路汇来之现银，先集中太谷，办收交，开利率，悉以太谷为先为准。又省库所收之银，其元宝上有太谷县孟家银炉所印的‘孟合’二字，即当做十足银使用而不化验，可知太谷县在当时经济实力之大。”[①] 也正因为太谷县经济地位的重要，清末各行省组建商会时，山西省商务总会最初曾设在太谷县城。

祁县，地处山西省中部，“扼汾潞之要，控豫引雍”[②]，地当要冲，交通便利，历来为山西交通枢纽之一。整个城区布局以十字街口为中心，东、南、西、北四条大街垂直交叉，四条大街路面均宽 6—7 米，以十字交叉为骨架，全城辅以 28 条街巷。城内商业街以东、西、南、北四条大街为主，店铺鳞次栉比，商贾辐辏，其中东、西二街最为繁荣。大德诚茶庄、亿中恒钱庄均坐落于西街，且毗邻；祥云集烟店、巨贾渠家宅院、大德恒票号、宏晋银号、谦和诚杂货店等字号均坐落于东街。清道光十七年（1837），合盛元票号在祁县城创立，随后大德兴、大德通、元丰久、三晋源、存义公、大德恒等票号相继成立。至光绪十九年（1893）祁县城内先后创办票号 13 家，[③] 形成祁县帮票号，祁县城逐渐成为山西省金融中心之一。此外，平遥帮日升昌票号、蔚泰厚票号、蔚丰厚票号、新泰厚票号、协同庆票号、百川通票号、乾盛亨票号、永泰庆票号和太谷帮锦生润票号都在祁县城里设有分号。[④] 祁县城

① 中国人民银行山西省分行、山西财经学院：《山西票号史料》，山西经济出版社 2002 年版，第 17 页。

② 光绪《祁县志》卷 2《疆域·城池》。

③ 中国人民银行山西省分行、山西财经学院：《山西票号史料》，山西经济出版社 2002 年版，第 1279 页。

④ 祁县志编纂委员会编：《祁县志》，中华书局 1999 年版，第 369 页。

是清代南茶北运在山西境内重要的中转站，城内开有多家茶庄，极盛时达到十数家，分号遍布于各大城市。其中，较为著名的是大德诚和长裕川。大德诚茶庄设在西街北路，是祁县富商乔氏投资的生意，兼营茶庄和钱庄。这家茶庄专办三和茶（又称千两茶）、德和贡尖。[①] 长裕川茶庄的前身是长顺川，在城内段家巷，其东家是城内富商渠氏，专营砖茶和红茶。[②] 茶叶的广泛外销，不仅为茶庄积累了雄厚的资金，还给财东带来丰厚的利润。“长裕川”财东渠氏在城内东大街修建富丽堂皇的“渠家大院”。“永聚祥”财东在东街街巷修建豪宅“何家宅院”。除茶庄、票号外，祁县城内零售商业亦十分活跃，销售烟货的有“祥云集”和“长盛源”。“祥云集”开设于道光年间，坐落在东大街路北，是曲沃总号设在祁县的分庄，经营手工旱烟，主要产品有祥生烟、祥生定、杂拌烟等。[③] “长盛源”开设于咸丰五年（1855），其前身是“长盛德”，兼营花布庄和烟店，号址城内西大街路北，主要经营各种杂烟和包烟。[④] 此外，祁县城内还有烟、酒、油、面、南货、首饰、药材等商行存在。[⑤]

榆次，明清两朝均属太原府，地处山西腹地，晋中盆地的东北边缘，南邻太谷，西北与太原接壤，东南与榆社毗连。明洪武三年（1370）即在鸣谦堡设置驿，[⑥] 并在景泰年间（1450—1457）后修建驿城，于清乾隆四十三年（1778）增设王胡驿，规模同鸣谦驿。并且在通往周边和顺、太谷、阳曲、寿阳、徐沟、鸣谦等地的道路上设置递铺，使得榆次

---

① 史若民、牛白琳编著：《平、祁、太经济社会史料与研究》，山西古籍出版社 2002 年版，第 481 页。

② 中国人民政治协商会议祁县委员会、文史资料研究委员会编：《祁县文史资料》第 4 辑，1987 年，第 57 页。

③ 中国人民政治协商会议祁县委员会、文史资料研究委员会编：《祁县文史资料》第 4 辑，1987 年，第 68—69 页。

④ 中国人民政治协商会议祁县委员会、文史资料研究委员会编：《祁县文史资料》第 4 辑，1987 年，第 61 页。

⑤ 《山西文史资料全编》第 95 辑，山西文史资料编辑部，2002 年，第 1050 页。

⑥ 万历《榆次县志》卷 3《赋役志》。

成为交通发达，连接晋省南北的通衢。清代，榆次城周 5 里 30 步，城门 3 座，东曰迎曦、南曰观澜、北曰望岳。[①] 城内有东、南、西、北四条主要街道，以十字交叉，市楼位于城中心之四街交叉之处。城隍庙、财神庙、思凤楼、县衙、市楼、文庙、凤鸣书院等在东西街上依次排列。城内主要商业区集中在南大街、北大街和富户街。此外，榆次手工业较为发达，当地所产苇箔、土布均贩于远近村镇，“苇箔，出要村，其地多苇荻，伐而编之，多为箔，以贸于远近，民借以给衣食”，“榆人家事纺织成布，至多以供衣服、租税之用，而专其业者，贩之四方，号榆次大布，旁给西北诸州县，其布虽织作未及精好，而宽于边幅紧密，能久，故人咸市之”[②]。而本地农耕所用生产资料也多来自其他地区，“其民无畜牧杂扰之饶，以牛马服耕，多买之旁县，鸡豚列肆亦半从外来，其无田者编柳织苇为器与席，或多树果，时瓜岁资之为利，以供衣食租赋云”[③]。

解州，位于晋南，境内有河东盐池。明代，解州城内“商贾辐辏”“百货云集”，是晋南的经济中心之一。清代解州城内有药材行、柏木行、玉器行、茶行、线行、当行、粉局、麻行、木厂、粟店、山货行、彩局、皮货行、扫帚行、皮箱局、油店、钱局、票号、针行、钱局、缎店、金局、银局、纸局、盐店、花炮局、草帽行、香房、靛行、油布局、夏布行、烟店 32 类店铺，工商业类别比较齐全，商品经济发展较快。

除发展较快等县城外，山西地区的一些城市出现衰退的迹象。例如解州安邑县城，该城为一地政治经济文化中心，城内设有县衙，但随着明清时期其境内河东盐业的发展及运城的兴盛，从而使运城吸纳了更多的资金和劳动力，使得运城“五方杂处，富商大贾游客山人骈肩接

---

① 同治《榆次县志》卷 2《城池》。
② 同治《榆次县志》卷 15《物产》。
③ 同治《榆次县志》卷 7《风俗》。

踵……至安邑缙绅运城居半……是亦晋省一都会也”①。而安邑县城“渐形零落，仅成为县政中心，商肆居民不是增益，游观者或消为荒堡”②。再如归化城，于光绪中叶在牲畜贸易方面被西包头镇所取代。据清光绪十九年（1893）的记载称：“近十几年以来，呼和浩特（归化城）的牲畜交易比过去减少了一半以上，不仅在购买牲畜方面，而且在购买蒙古的各种原料方面，归化城的作用都已让位于包头和克克伊尔根。目前来自蒙古的牲畜和原料主要是运往后两个地方。现在呼和浩特之所以参与这类贸易，只是因为这里有许多家银号，支付货款比较方便。”③

## 第二节　晋商及传统都市文明的确立

目前对清代山西城镇的研究大都集中在城市发展水平、城镇集聚及城内商业等方面，而对彼时传统都市文明的发展关注较少。城市作为一种文明发展的形态，有着自身发展的路径。从山西历史上的都市文明演进来看，清代在社会多方面所表现出来的特点在很大程度上影响了后来山西都市文明的发展轨迹。

学界对都市文明这一概念的争论一直存在，但是并没有一个明确的定义，比较普遍的认同是：都市文明是以机械文明和商业文明为代表的，有别于传统农业文明的一种形态。而中国传统的都市文明由于受政治制度及文化传统等因素影响，则是一个相对复杂的概念，笔者认为：中国的传统都市文明是一种构建在社会文明与商业文明之上的，完全有别于农耕文明的，且具有部分现代性文明特征的形态。它包括很多个层面，内容纷繁复杂，总的来说概括为：市民阶层的发展、城市社会角色

---

① 乾隆《解州安邑县运城志》卷2《风俗》。

② 民国《安邑县志》卷2《城邑考》。

③ ［俄］阿·马·波兹德涅耶夫：《蒙古及蒙古人》第2卷，刘汉明、张梦玲、卢龙译，内蒙古人民出版社1983年版，第99页。

的调整、城市扩展与市民文化扩散三方面内容。

中国古代早期的府、州、县城，其设立与发展主要依赖于行政体系。亦即，这些城市先充当了政府各级统治中心的角色，使得城市之间有着不可逾越的等级关系，从而大大限制了城市的自主发展。清代的山西，随着商品经济大环境的发展，晋省商人的贸迁及国际商贸活动的繁荣，府、州、县城逐渐突破了原有政治性质的限制，经济、社会、文化功能显著增强，呈现与以往不同的发展形态。城市经济已不再是政治的附属，而是与乡村经济相对应的独立形态。

因此，在彼时的山西境内出现了数量众多的商业城市，除了府、州、县城之外，还出现了大量资源、商贸、运输等城市，甚至一些村、镇也因为商业活动频繁而大大区别于其他同等行政级别的村和镇。而这些城市和村镇的人口、商业及城建规模亦有相当的发展和扩大。山西的传统都市开始呈现新的特征，经历了一个从统治中心到文明实体的转变过程。

## 一　市民阶层的崛起与壮大

城市居民和市民是两个既有联系又有区别的概念：前者是指生活于城市地域范围内的所有人员；后者是指城市居民中具有城市意识和商业化特征的社会群体。历史上，城市居民是随着城市的产生而出现的，而作为具有相对独立性和群体特征的市民阶层则是城市发展到一定阶段后才逐渐形成的。明清时期山西地区的城市变革，从表面上看是工商业活动突破传统坊市制下的各种限制而获得前所未有的自由度和发展空间，其实质是以商业精神为核心的城市意识的觉醒，城市文明终于突破以小农意识为特征的农耕文明一统天下的格局，确立起自身的内在体系和社会地位。正是在这一过程中，市民阶层作为具有相对独立性和自主意识的社会群体开始崛起，并越来越多地显示自身的影响力。

从社会构成来看，明清时期山西城市的市民阶层包括工商业人员以及部分具有商业观点和市民意识的官吏、文人、农民等。其中，工商业群体无疑是市民阶层的主体，而且伴随城市经济的发展，其规模不断扩大。值得注意的是，工商业群体内部专业分工的发展。这种专业分工不仅表现为行业划分的日趋精细，也反映在同一行业不同经营活动的专门化。比如在商业领域，既有流通、批发、零售在专业分工，也有不同类型商品交易的专业分工，在此基础上形成的产业体系，使得不同类型和不同经营规模的商业人员在加强自主性的同时，又彼此紧密地联合起来，共同构成利益互动的产业群体。官吏和文人一直是古代城市居民的重要组成部分，但在传统社会环境下，他们往往是城市中思想最保守的。随着明清商品经济的快速发展和平民意识的增强，促使其中一部分人从贵贱有序、农商有别的观念中摆脱出来。山西历来地狭人稠，农业生产不足供给，从明代起，即有大量人口外出经商。商人地位逐渐上升，“经商”观念渐渐被大众所接受。明人李维祯记陕西商人王来聘告诫子孙：“四民之业，惟士为尊，然无成则不若农贾。”[①] 韩邦奇记山西商人席志铭：“幼时学举子业，不成，又不喜农耕，”曰：“丈夫苟不能立功名于世，抑岂为汉粒之偶，不能树基业于家哉。”[②] 于是做了商人。归有光则指出：“士与农商常相混。”[③] 由此可以看出，明清之际，商人四民观的排列顺序已经是：士商农工，四民可以分为两大类：士、商为社会上层，农、工为社会下层。这种观念在商人势力比较强的地区表现得尤为突出，人们纷纷外出经商，山西尤然，境内重商风气浓重。万历时汾州府“多商贾……罔事本业”[④]。至崇祯“汾阳、临县，两县多商贾”[⑤]。临县民“勤于商贾”[⑥]。平阳府“服劳商贾”[⑦]。泽州与蒲州二府

① （明）李维祯：《大泌山房集》卷106《乡祭酒王公墓表》。

② （明）韩邦奇：《苑落集》卷6《大明席志铭》。

③ （明）归有光：《震川先生集》卷13《白庵程翁八十寿序》，清光绪元年（1875）归氏重刊本。

④ 万历《山西通志》卷7《风俗》。

⑤ 万历《山西通志》卷6《疆域》。

⑥ 万历《山西通志》卷6《疆域》。

⑦ 万历《山西通志》卷7《风俗》。

"浮食多者、民去本就末"①。上述参与到商业活动及市场活动中的官僚、文人等，在思想意识层面和社会生活方面都呈现出市民化的特点。明清山西城市文化和娱乐业发达，汇集了许多文化演剧人员，他们所从事的各种剧目及技艺表演，完全采用商业化模式，面向广大市民，雅俗共赏，与传统的局限于上层社会的演艺活动有着很大区别。同时，异域的戏曲艺术也逐渐随商人贸迁而进入山西，客观上促进了本土戏曲的发展及新剧种的诞生：如太谷秧歌、凤台小戏、曲沃碗碗腔、翼城目连戏等都是在与外来戏种进行交流之后，成为雅俗共赏的民间技艺。

市民阶层中的农业人员，主要是指寓居城镇的地主和郊区从事商业化农副业的农民。明清时期，乡村地主寓居城镇的现象比较常见。这些居住在城里的地主不仅在经营活动上，与丹乡村地主有很大不同——他们往往直接参与工商业活动，并以市场方式经营在乡村的土地，而且生活方式也与市民无异。至于城市郊区的农民，其生产和生活更是与工商业结合在一起，他们的生产生活实际上已经成为城市经济的组成部分。

行、团、社、会馆之类城市社会组织的大量涌现和日趋活跃，是山西地区市民阶层崛起的另一个重要表现。行、团、社、会馆等组织形式古已有之，并非明清时期才出现。明清以前的"行"作为政府控制和管理城市商业活动的一种形式，有着鲜明的官方性质。徐松的《唐两京城坊考》卷三，载，唐代都城长安的东市，"市内货财220行，四面立体邸，四方珍奇皆所积集。"也就是说市场内按不同类型的经营活动，划分为220个不同交易区分别在管理。山西的商业行会发生于何时已经不可考证，但在明万历年间，晋商行会就已经很完善了。据张正明先生研究，山西人在异地建立行业会馆，最早始于明隆庆万历时期，据《藤荫杂记》卷六《东城》记载："尚书贾公，治地崇文门外东偏，作客舍以馆曲沃之人，回乔山书院，又割宅南为三晋会馆。"② 明代随着

① （明）郭子章：《郭青螺先生遗书》卷16《圣门人物志序》，清代木刻本。
② 张正明：《晋商与经营文化》，世界图书出版社1998年版，第63页。

开中法的实施，晋商逐渐成为彼时最有势力的商人群体，京师也就成为晋商活动的重要场所。明清时期，在北京的晋商行会，有颜料会馆、临襄会馆、临汾东馆、临汾西馆、潞安会馆、河东会馆、太平会馆、晋冀会馆、盂县会馆、平定会馆等40余座会馆。此外，晋商还在国内其他城市，如天津，河南社旗、开封、洛阳、北舞渡、朱仙镇、淅川、舜阳，广东佛山、广州，湖南长沙、湘潭，广西南宁，青海西宁，新疆巴里坤，安徽芜湖、涡阳，山东聊城、馆陶、东阿、济南，上海，江苏扬州、南京、徐州、苏州、盛泽镇、镇江，湖北汉口、钟祥、当阳、郧西、随州、江陵、公安、沙市，浙江杭州，甘肃兰州，四川成都、灌县，重庆，福建福州，内蒙古多伦诺尔，辽宁沈阳，吉林等地设有会馆，明清晋商会馆几乎遍布全国各省、商埠。清乾隆十一年（1746）《重修炉神庵老君殿碑记》载："吾山右之贾于京者，多业铜、铁、锡、炭诸货。以其有资于炉也，相沿尸祝炉神。其伏魔殿、佛店前后，修举于潞商。"① 民国九年（1920）《潞郡会馆纪念碑文》载："广渠门内，东兴隆街，今名土地庙，旧有潞郡会馆炉神庵一座。院外余地，是潞人坟茔。例如祭祀会议，养病停柩，向为郡人铜、锡、烟袋三帮经理。"② 此外，洛阳建有潞泽会馆。③ 山东周村的山陕会馆是山西潞泽地区商人所建。

晋商不仅在外开设会馆，在山西省内各个城市也开有大量的商业行会。例如在归化城的晋商会馆，多称为"社"。有生皮社、仙翁社、得胜社、药王社、钉鞋社、纸坊社、聚锦社、净发社、金炉社、鲁班社、吴真社、成衣社、集锦社、宝丰社、银行社、忻州社、太谷社等行业协会。这些行业协会还会组成"大行"，除了处理商务活动以外，甚至协助地方政府"巡查弹压，拘捕人犯"，成为当地社会秩序的实际维护

---

① 李华编：《明清以来北京工商会馆碑刻选编》，文物出版社1980年版，第40页。

② 李华编：《明清以来北京工商会馆碑刻选编》，文物出版社1980年版，第41页。

③ 许檀：《清代中叶的洛阳商业——以山陕会馆碑刻资料为中心的考察》，载《天津师范大学》（社会科学版）2003年第4期。

者。再如，清末包头在相当长的一段时间内，有关帝庙的大行及东河的农铺社维持社会和商业秩序。它们甚至拥有自己的武装，在保护商人财物之余，还协助清军正规部队作战。此外，在包头城内也有山西各地的商人按照祖籍或行业自发组织起来的各种行社，计有河曲社、代州社、忻定社等。

此外，清代运城的“集义会”也具有上述性质。“集义会”由河东坐商集资所成，清道光十八年（1838）《集义会碑》载：“我坐商等仰承优恤，诸荷栽培……以期同舟共济哉，是以集义会之设也。带众齐心，每遇春秋，竭诚祭祀，所以祈神福，报明赐也。”① 由此可知，“集义会”为坐商行会组织，每年春秋两次祭祀池神。碑铭中镌刻彼时参与成立“集义会”坐商 16 人的姓名、籍贯及捐资额，另据该碑所载“碣小难以悉镌”可知，由于碑碣面积所限，有部分参与集资之坐商未镌于碑铭之上。因此，参与集义会的坐商规模应不止 16 人。参看下表：

**表 2－1　　清道光十八年（1838）集义会捐资统计表**　　单位：两

| 姓名 | 籍贯 | 捐银 |
|---|---|---|
| 王有于 | 解州 | 70 |
| 杨殿邦 | 解州 | 10 |
| 刘登霄 | 解州 | 8 |
| 惠双盛 | 安邑 | 30 |
| 王长太 | 安邑 | 12 |
| 朋成春号 | 安邑 | 12 |
| 乔文斗 | 本城 | 24 |
| 弓百亨 | 本城 | 12 |
| 张鹏 | 本城 | 12 |
| 姚长盛 | 临晋 | 24 |
| 杜双盛 | 临晋 | 12 |

① 清道光十八年（1838）《集义会碑》，今在山西省运城市池神庙。

续表

| 姓名 | 籍贯 | 捐银 |
|---|---|---|
| 杨同新 | 太谷 | 50 |
| 王道生 | 虞乡 | 40 |
| 张三兴 | 猗氏 | 36 |
| 赵万镒 | 渑池 | 36 |
| 陈永顺 | 夏县 | 20 |
| 合计 | | 408 |

从表 2－1 可知，“集义会”主要由解州、安邑、运城、临晋县、太谷县、虞乡县、猗氏县、夏县及河南渑池县等地的坐商组成。其中解州、安邑和运城最多，各有坐商 3 人，共捐银 190 两。其次为临晋县，有坐商 2 人，共捐银 36 两。其余为太谷县坐商 1 人，捐银 50 两；虞乡县坐商 1 人，捐银 40 两；猗氏县坐商 1 人，捐银 36 两；河南渑池县坐商 1 人，捐银 36 两；夏县坐商 1 人，捐银 20 两。此 9 地 16 位坐商共捐银 408 两。

除上述各类行会外，我们还可以从解州关帝庙会的日常管理中对彼时山西城镇中商人行会的行为略知一二。立于清同治九年（1870）的《重修关帝庙碑记》记载：每遇庙会之期，前来交易的客商均须向关帝庙值年董事领取执照，登记备案，始可卖货；且各地客商多赁取关帝庙廊房充当铺面。庙会期间的廊房租金是关帝庙的一项重要收入，除去祭祀等费用外，每年租银可存留 1000 余两，用于大修关帝庙、荒年赈济灾民或资助解梁书院生童膏火等项。① 同时，参与庙会贸易的商人行会还积极参与关帝庙的重修。据清乾隆二十七年（1762）《重修解州关圣庙记》载，此次重修施银总数为 6572 两 1 钱 6 分 6 厘，其中“四月会客商共捐银二百零三两六钱一分七厘，绸行廊租二百八十九两，故衣行廊租一百七十四两一钱五分，又捐银一十二两”②。此外，平阳府襄陵

① 清同治九年（1870）《重修关帝庙碑记》，今在山西省运城市解州关帝庙。
② 清乾隆二十七年（1762）《重修解州关圣庙记》，今在山西省运城市解州关帝庙。

县“商会创办于清宣统元年，至民国四年正式组织，全县商号联为一气，嗣邓庄另组商会，汾东汾西分权办事。南关商会于民国八年将桐树店地址改筑永远租占，邓庄商会租占市房，各带正副会长、会董”①。

晋商行会是被官方承认的民间组织，它们有行业管理的职能，同时又加强同业者、同地区商人之间的联系，维持市场秩序。形式多样的行会，在很大程度上反映出市民阶层群体意识的增强。市民阶层兴起和壮大，改变了城市原有的社会结构和文化体系。不断壮大的工商业群体和日趋市民化的官僚、文人、地主、农民等推动城市社会关系的重新组合，促使传统宗法观念下的世袭性、身份性等级划分思想，逐渐向商业观念下的职业性、财富性等级划分观念转变。另外，以“重商”为核心的市民思潮和具有大众化、世俗化特征的市民文化的兴起，对长期以来作为城市意识形态主流的儒家思想和士人文化也产生较大冲击。

## 二 城市社会角色的调整

从城市化的角度讲，明清时期山西城市的繁荣和转型，其意义并不只是城市自身发展形态的变革，更重要的是，城市社会关系发生重大调整。一方面，随着城市普遍突破原有政治和军事性质所构成的限制，经济社会和文化功能不断增强，其在地区社会体系中的影响力显著扩大；另一方面，城市的扩张和市民文化的扩散，都市文明开始冲破农耕文明的樊篱，向社会各个层面渗透，引发思想意识文化生活的相应变动。与早期城市主要充当各级政治中心的情况不同，明清山西城市对社会的影响力显著提高，影响范围明显扩大，在继续发挥其政治功能的同时，越多地承担起不同层次经济中心、社会中文化中心的角色，从而引发社会领域的一系列相应变革。

从经济领域来看，城市的影响主要表现为推动商品经济的全面兴起和区域市场体系的发育成长。应该说，历史上商品经济在山西地区的出

---

① 民国《襄陵县志》卷5《生业》。

现并非始于明清，但在此之前，商品经济只是社会经济体系中的孤立和偶然现象，城市则主要属于纯消费中心。明清时期城市在区域经济活动中的地位和作用发生了很大变化。

首先，城市是以市场流通为基础的商品。在早期郡县城市，官吏及相关政府服务人员构成居民的主体，请物资部应主要通过政府行为，即赋税的征收户调过来进行，市场流通只是一种有限的补充形式。因而城市虽是消费中心，却没有成为推动商品生产的动力，在某种程度上，甚至可以说是抑制了商品生产。明清时期，山西城市的物资供应虽仍保留了原来的方式，但随着市民阶层的兴起，市场因素发挥出越来越大的作用，城市消费呈现市场化趋势。这意味着城市消费活动的主体逐渐由非商品性转向市场性，开始与商品生产和流通紧密结合起来。同时，城市规模的扩大和人口的大幅度增加，带来相关物资和商品的需求，特别是农副产品需求的大增，主要是通过市场来保证供应。但增长的城市市场性消费需求不仅引发了城乡之间商品流通的活跃，也促使广大农民想方设法多生产，将更多的产品投放市场，从而有力地推动了农村专业化、商品化生产发展。

其次，城市是商品生产中心。城市经济的产业化和多样化，特别是手工业及相关行业的日趋兴盛，使城市不再是单纯的消费地，而是集商品生产与消费于一体的经济中心，而在一定程度上，改变了以往乡村供应物品，城市消费物品的模式，城乡之间的商品流通由单向转为双向，在此基础上，进而出现了彼此间的商品生产分工。城市手工业的兴盛，必然影响到作为家庭副业的农村手工业生产，使之朝着专业化的方向发展，并与相应的市场活动结合起来。

最后，城市是商品流通中心。由于城乡市场并不只限于满足城市居民的消费需求，也发挥着城乡之间地区之间商品流通的职能，使各级城市朝着真正意义上的地区性中心市场转变，不仅城市之间的经济联系空前加强，而且越来越多地将农村生产纳入市场活动之中。其中县级城市的商品流通规模大多相对有限，其市场辐射范围主要局限于周边地区，并与广泛分布于乡村的镇级市场，成为区域市场的基础。地方中心城市充当着所在地区中心市场的职能，它们一方面将所属县、镇市场结合起来，构成本地区相对完整的城乡市场体系；另一方面又与其他地区中心城市一起，构成更大规模的市场体系。部分繁华的大中城市，如太原、归化城、运城等，属于跨地区的中心市场，发挥着连接若干州府市场体系的作用。清代的归化城，是口外最高层次的中心市场。它是口外东西，向南北向商品流通中心，其消费能力也很大。从蒙古地区、俄罗斯、西伯利亚等地区北部来的药材、皮毛、牲畜等商品，从中原腹地运来的手工业品、茶叶等商品，均汇聚该城，或就地消费，或转运其他地区。

从社会领域看，城市走向繁荣的过程，也是区域社会结构和形态发生一系列变革的过程。一方面，人口向城市的集中，既是人口空间分布格局与职业结构的变化，更意味着越来越多的人口由农业领域转向非农领域，以及在此基础上，工商业开始突破作为自然经济附属的地位，逐渐成为区域经济的重要组成部分。另一方面，市民阶层的全面兴起，不仅在一定程度上改变了地主阶级和农民阶级为主体的传统阶级结构，而且推动相应的新文化、新思想、新观念、新风气的出现。不断壮大的市民阶层要求承认工商业在社会经济发展中所起到的作用，承认他们在社会中所处的地位，使重商观念和风尚日渐流行。

### 三　城市扩张与市民文化的扩散

早期州郡城市主要通过独特的政治地位实现社会活动向自身的集中，具有很强的封闭性。于是在整个社会体系中，一个个城市成为点状分布的“孤岛”。明代，特别是清代山西城市在进一步强化社会聚合功能的同时，由封闭走向开放，呈现出多层次的扩张和扩散。

城市的扩张既是有形的，又是无形的。有形的扩张主要表现为两种形式：一是城区空间区域的扩展，结果是城郊都市化现象的出现，系原本属于农村的城郊地带，成为城市的一部分，进而使城乡界限趋于模糊。如运城东南部的茅津镇，由于地理位置的重要及路盐的运销而成为

“市廛鳞次，商贾云集”的“巨镇”①。运城西关村，亦称运城西门外，清以降至民国时期，曾有多家过载盐店开设于此，从事路盐出场后的存放及往陕西的发运业务，西关村由此而一度成为繁荣的盐运小镇。② 二是经济活动的扩张，包括市场活动、生产活动、投资活动等向乡村地区的渗透。其中市场活动的渗透主要表现为城乡市场向乡村扩展和城乡市场的结合。绛州城内商户店铺大多集中在城关、南樊、横水、大交四镇。行业齐全，有京货、花行、典当铺、木器行、铁货、六陈行、饭铺等23行。其时，南樊镇已成为绛县、曲沃、翼城三县商品集散地，镇内店铺林立，市井繁荣，客商云集。最盛时，仅南樊镇西堡就有72家绸缎店。③ 生活的渗透主要表现为城市居民直接经营农村生产，使之成为商品化建设的一部分。如阳城“乡人治丝，以贸于中州，故无缣帛之出。”④ 解州出产一种黄丝，“妇女勤者饲蚕作茧，取丝成绢，朴素无花，六月二十三日关庙会中，贸鬻成市”⑤。投资活动的渗透主要表现为城市商业资本参与农民的生产过程。如晋商在包头，采取“买树梢”的方法，与当地农民进行具有早期期货性质的交易。

城市无限扩张主要是市民意识、社会风气和文化生活的扩散，这当中比较突出的有三方面：

一是与活跃的商品经济相联系的逐利之风的盛行。山西地狭人稠，农业生产不足供给，从明代起，即有大量人口外出经商。商人地位逐渐上升，“经商”观念渐渐被大众所接受。明万历时汾州府“多商贾……罔事本业”⑥。至崇祯“汾阳、临县，两县多商贾”⑦。临县民“勤于商贾”⑧。平

① 光绪《平陆县续志》卷之下《艺文》。

② 席瑞卿：《运城盐池·晒商·陕岸运商及其他》，载《山西文史资料全编》第6卷，《山西文史资料》编辑部，1998年。

③ 绛县志编纂委员会：《绛县志》卷13，陕西人民出版社1997年版。

④ 乾隆《阳城县志》卷4《物产》。

⑤ 乾隆《解州全志》卷2《物产》。

⑥ 万历《山西通志》卷7《物产》。

⑦ 万历《山西通志》卷6《疆域》。

⑧ 万历《山西通志》卷6《疆域》。

阳府“服劳商贾”[①]。泽州与蒲州二府“浮食多者、民去本就末”[②]。清代，山西重商习贾风潮更劲，“晋俗以商贾为重”[③]，“晋省向称财富之区，实则民无恒业，多半携资外出，贸易营生”[④]。多数县份有民人外出经商或在本地习贾。“太原汾州所称饶沃之数大县，及关北之忻州，皆服贾于京畿，三江，两湖，岭表，东西北三口，致富在数千里或万余里外，不资地力”[⑤]。寿阳县“贸易于燕南塞北者亦居其半”[⑥]。平定府“（民）贾易于燕赵齐鲁间者，几十之五。[⑦] 盂县“往往服贾于远方，虽数千里不辞远”[⑧]。介休县“人民繁庶，重迁徙，服商贾”[⑨]，榆次县“人操田作者十之六七，服贾者十之三四”[⑩]，太谷县“向以田少民多”，故“谷地故商于外者甚夥”[⑪]，县人重商习贾，“经商异域，讲信耐劳，足迹遍天下，执各大埠商界之牛耳，起家至数十百万者尤为谷人之特色”[⑫]。“自有明迄于清中叶，商贾之迹几遍行省。东北至燕、蒙、俄，西达秦陇，南抵吴、越、川、楚。”[⑬] 经商所得为“惟谷地向以田少民多，故商于外者甚夥，中下之家除少数薄有田产者得以耕凿外，余背恃行商为生，涓涓滴滴为本地大宗来源”[⑭]。高平县“四郊东务农，西服贾”[⑮]。绛州“负贩贸迁以为谋生之计”[⑯]。曲沃县“重迁徙，服商贾”[⑰]。解州运城

---

① 万历《山西通志》卷7《物产》。
② （明）郭子章：《郭青螺先生遗书》卷16《圣门人物志序》，清代木刻本。
③ 光绪《五台新志》卷2《生计》。
④ 《光绪朝东华录》，光绪三年四月丙午，宣统上海图书集成公司铅印。
⑤ 光绪《五台新志》卷2《生计》。
⑥ 光绪《寿阳县志》卷10《风土·风俗》。
⑦ 光绪《平定州志》卷5《食货·风土》。
⑧ 光绪《盂县志》卷6《地舆考·风俗》。
⑨ 乾隆《介休县志》卷4《风俗》。
⑩ 乾隆《榆次县志》卷6《风俗》。
⑪ 民国《太谷县志》卷4《生业·商会》。
⑫ 民国《太谷县志》卷1《新修太谷县志序》。
⑬ 民国《太谷县志》卷1《新修太谷县志序》。
⑭ 民国《太谷县志》卷4《生业·商会》。
⑮ 雍正《泽州府志》卷11《风俗》。
⑯ 乾隆《直隶绛州志》卷17《艺文·绛民疾苦记略》。
⑰ 乾隆《新修曲沃县志》卷23《风俗》。

“阛阓之夫率趋盐利握算，佣工不务本业”①。甚至连晋北都有百姓外出经商，左云县“（民）大半皆往归化城，开设生理或寻人之铺以贸易……且有以贸易迁居者大半”②，偏关县“关民多有出口谋生”③。保德州“习俗惟利是趋，而不以五谷为本计也”④，河曲县“业农者多开油店，此商贾之业”⑤。就连雍正皇帝也说：“山右积习，重利之念，甚于重名。子弟之俊秀者，多入贸易一途，其次宁为胥吏。至中才以下，方使之读书应试。”⑥“山右大约商贾居首；其次者犹肯力农；再次者谋入营伍；最下者方令读书。”⑦

二是竞奢之风的盛行。太原“少年学业者，崇尚服饰，侈谈应酬，二岁工资不敷一年衣食耗费，无出者揽外事而荒本业”⑧。介休县“四方商贾辐辏，物务日就奢靡”⑨。运城“商民相习成风，贫富相耀成俗。乘坚策肥争奢斗靡”⑩。大同“近颇奢侈”⑪。偏关县“起居服物竞尚华靡，习尚为之一变”⑫。宁武府“比户相耀……被绮罗者几十五六矣”⑬。此外，被誉为“中国华尔街”的太谷，其富商每年要“花费至一万余金”用于待客。⑭ 而当地的婚丧嫁娶，待客迎宾变得更为复杂和排场。

---

① 乾隆《解州安邑县运城志》卷2《风俗》。

② 光绪《左云县志稿》卷4《风俗》。

③ 道光《偏关志》卷上《风土》。

④ （清）陆耀《烟谱》，《昭代丛书》卷46，引自李文治《中国近代农业史资料》，生活·读书·新知三联书店1957年版，第84页。

⑤ 同治《河曲县志》卷5《风俗》。

⑥ 《雍正朱批谕旨》第47册，雍正二年（1724）五月九日刘於义奏疏，中国第一历史档案馆编，江苏古籍出版社1986年版。

⑦ 《雍正朱批谕旨》第47册，雍正二年（1724）五月十二日朱批，中国第一历史档案馆编，江苏古籍出版社1986年版。

⑧ 道光《阳曲县志》卷2《舆地图下》。

⑨ 乾隆《介休县志》卷1《序》。

⑩ 乾隆《解州安邑县运城志》卷2《风俗》。

⑪ 道光《大同县志》卷8《风俗》。

⑫ 道光《偏关志》卷上《风土》。

⑬ （清）魏元枢、周景桂纂修：乾隆《宁武府志》卷9《风俗》，清乾隆十五年（1750）刻本。

⑭ 刘大鹏著，乔志强标注：《退想斋日记》，山西人民出版社1990年版，第26页。

例如太谷富商武氏小姐出阁，首饰皆为“赤金、玉翠、玉宝石、珍珠”，衣服皆为“花缎、縠绸、锦绣、绮纨”，“约值五六千金”。[①] 太谷富商还非常热衷于戏曲。不仅在自家宅邸修建豪华戏台，邀请各地名伶前来表演，更有太谷曹氏富商出资创立“自乐班”、王姓富商出资创办“全胜和”等戏班自娱自乐。太谷曹氏富商除平日邀请好友欣赏外，每年冬季更邀集各地晋剧名伶前来唱堂会，时长达一个月，每年前来参加的晋剧名家不下百余人。其间，除每天丰盛宴席款待外，还奉送高额酬金及贵重礼物。由此可见，彼时山西地区民风“竞尚奢靡”，而老百姓“已非良士”矣。[②]

三是大众文化的活跃。市民阶层的崛起和壮大，不仅推动都市文化的兴盛，而且引发社会文化走向大众化。所谓大众化，是指原本粗糙、自然的民间文化，突破下层社会的活动空间，栖身主流文化，实现由俗到雅的转变，表现为戏曲演艺活动空前的繁荣。山西地区是汉族戏曲艺术的发祥地之一，明代出现于晋南的“蒲州梆子”逐步发展成为今天山西的四大剧种：晋剧、蒲剧、北路梆子、上党梆子。明代中叶以后，山西汉族民间戏曲蓬勃兴起，民间唱戏之风日盛。各村镇都有大小不同的村社娱乐组织，它们不仅各自拥有如百戏技艺、吹弹歌舞、民间小戏等种类繁多的传统节目，还时常邀请梆子戏团唱大戏。除职业戏班外，不少村社还组建了自己的“什好班”“自乐班”等。逢年过节、迎神赛社、宗祠祭祖、天旱祈雨、消灾免病、晚年得子、婚丧嫁娶等都要举办演剧活动。

## 第三节　城市化的困境

与城市的发展状况相对应，明清时期山西地区城市化，在前代的基

① 刘大鹏著，乔志强标注：《退想斋日记》，山西人民出版社 1990 年版，第 109 页。
② 民国《太谷县志》卷 4《礼俗·风俗》。

础上有所深入，并表现出一些新的特点和趋向，但这种升华是在历史的延续和完善的基础上进一步产生的。

## 一　城市化走向深入的三个层面

明代中后期至清前期，山西城市化的发展就地域层面而言，是都市区的形成，是传统市民阶层的成熟，就经济层面而言，是商品经济的活跃。

都市是现代城市化理论所提出的一个概念，它是指“包括一个大的人口聚集核心和附近区域联系为一体的社区”[①]。是城市化由城市扩张，上升为城乡一体化的反映，每个都市区一般由两部分组成，一是具有一定规模的都市，二是一定范围的城市地区，即已实现城市化的乡村地区。如果按照这个标准，明清时期，山西大中城市自身城区规模的扩张基本完成，已经出现都市区的基本雏形。城市周边乡村地区的发展主要表现为大量城镇的新区兴盛，并与大城市呈网状联络。

市民阶层作为一种社会群体力量兴起较早，但早期市民阶层的群体意识尚不突出，不同职业群体之间联系较为松散。到明清时期，山西市民阶层不仅在人口数量上进一步增加，群体规模进一步扩大，更重要的是其群体的意识和社会意识的增强，从而在社会体系中发挥出超越行业范围的影响。各种社、会馆、公所是彼时山西各地城市广泛出现的工商业组织。与宗族组织的发展状况不同，在山西各地的民间组织——村社却在商人的积极参与下，不断地扩展其职能和权威，成为乡村乃至部分城市最重要的制度。晋商行会对地方社会及市场秩序的维护起到了十分重要的作用。

首先，组织市场公平交易。不仅是因为晋商做生意需要有一个稳定的市场环境，同时也是行会取信政府，维护本行会员利益所必需的。行

① 成德宁：《城市化与经济发展——理论模式与政策》，科学出版社 2005 年版，第 22 页。

会经常根据需要，在政府支持下，制定相应的管理办法并付诸实施。例如，清雍正二年（1724），河南赊旗镇因市场上的戥秤问题，经行会协商后规定："赊旗店，四方客间集货兴贩之虚。原初，码头买卖行户原有数家，年来人烟稠多，开张实载者二十余家，其间即有改换戥秤，大小不一，独网其利，内弊难除。是以合行商贾会同集头，齐集关帝庙，公议秤足十六两，戥依天平为则，庶乎校准均匀者，公平无私、俱遵依。同行有和气之雅，宾主无棘戾之情。公议之后，不得暗私戥更换，犯此者，罚戏三台。如不遵者，举秤禀官究治。惟日后紊乱规则，同众禀明县主蔡老爷，发批钧谕，永除大弊。"①

其次，协助政府整顿货币，维持市场秩序。清末，归化城市场上有不法之徒私造沙板钱，以次充好，冒充法定制钱流通，严重扰乱当地市场金融和商业秩序。为维护经济秩序，归化城各行会遂配合当地衙门整顿货币。经各行会负责人协商，决定在归化城三贤庙内设立交换所，让百姓以同等重量的沙板钱换取制钱，并将沙板钱全部熔毁，铸成铜碑，上书"严禁沙钱碑"，并立于三贤庙内，以示警醒。

第三，处理商务纠纷。晋商在外地经商，不免与行内、行外人员或组织发生业务纠纷，对此，行会有调解与仲裁的义务及权利。归化城马王社是当地马车业行会。清末，归化城外来马车业者与会员勾结，抢劫乘客财物之事屡屡发生。这些事件有损归化城马车业者的名誉，使遵纪守法会员的利益受损。于是，在清宣统年间，归化城马王社在当局支持下，处罚违法乱纪的外来车业者，并向会员赔礼道歉。马王社遂将这一事件刻碑立于海窟龙王庙内广而告之。

第四，维护社会秩序。包头原是一个名为西脑包的小村子，后来因水运、粮食业、皮毛业，包头城市得到发展，但由于行政建制只是一个镇而仅驻有一个巡检。清末民初，包头商民五六万人，社会治安基本是依靠各商业行会和农民的"农圃社"所维持，具体为：大行（商业行

---

① 《同行商贾公议戥秤定规概碑》，《文史研究》1995 年第 1、2 期。

会）出代表四人，农圃社出代表一人，组成议事机构，在大行内办公。该议事机构受萨拉齐厅委托，由巡检和巡官监督协助，处理包头地方各种事务，此时的大行基本代替了行政机构。

进一步来看，明清时期的会馆和公所不仅在协调行业之间和同业者之间的关系，维持工商业和市场秩序，处理与政府的关系，推动社会救济和慈善事业等方面发挥出积极的作用，而且其内部管理和运作机制也酝酿着近代社会自治和民主政治的某种萌芽。例如，在归化城的商人行会，设一正一副两位会首，为大行的总管，由各“小行”会首轮流义务担任，其威信资格不是以个人能力来决定的，而是由所在的“小行”地位决定。每年春季庙会，改选大行会首，任期一般为一年。大行会首之下还有若干办事人员，处理会内事务。大行拥有自己的武装卫队，他们除处理商务活动外，还协助地方政府，维持市面秩序。并且规定了具体的开会日期，便于处理事务：“兹定于每月初一、十五两日为大会之期，准于上午十一钟聚会，下午一钟散会，同业各家执事齐集到会，或有益于商务者，或有病于商务者，即可公平定议，禀请大部核夺施行。如同业中有重要事宜，尽可由该号将情告知商会董事，派发传单随时定期集议。”① 此外，商会内部还定有会规，也称“规碑”。主要规定会员义务、行为、会费及惩罚办法等，如归化城鲁班社清道光九年（1829）的《新立规碑记》载：“兹因世道不古，人心不齐，有亏于圣事者多矣……严立新规，严其责于铺头、工头，董其事于值年会首。”② 并立下新规，具体对会费缴纳、支出，以及不守会规的惩罚等进行了具体规定。

明清时期城市工商业的兴盛和市场发达，有力地推动了山西区域商品经济的发展，商品生产领域不断扩大，专业化水平进一步提高，而且还出现了生产过程中诸多环节的专业化分工，每个专业生产环节及产品都有相应的市场和流通体系，这在相当程度上突破了前代以自然分工为

① 中国人民银行山西省分行、山西财经学院《山西票号史料》编写组编：《山西票号史料》，山西经济出版社 1990 年版，第 677—678 页。

② 孔祥毅：《金融贸易史论》，中国金融出版社 1998 年版，第 161—162 页。

特色的商品生产格局。这一时期，山西冶铁业在前代发展的基础上继续发展，除冶炼生铁的“方炉”，炒炼熟铁（低碳钢）的“炒炉”之外，铸造铁器的“货炉”，锻打铁器的“烘炉”“条炉”，以及打制铁钉的“钉炉”等也大量出现。道光年间，凤台（即晋城县）一县有生铁炉1000多座，熟铁炉100多座，铸锅炉400余座，实际铁产量应在12.5万—13万吨之间[①]。高平县最盛时有各种铁业炉1076个，从业人员约3.9万人。德国人李希霍芬说：“在欧洲的进口货尚未侵入以前，是有几亿的人，是从凤台县取得铁的供应的……大阳（晋城大阳镇）的针供应着这个大国的每一个家庭，并且远销中亚一带。”[②] 当时，山西的潞安和泽州是北方最大的铁器制造中心。

另一方面，商品流通范围和规模不断扩大，从山西内部的商品流通看，前代主要是基于地理特征的差异和生产的自然分工形成的简单商品流通，明清时期则更多地受专业化商品化生产的影响。

## 二　内外因素的制约

明清时期，在山西城市化进一步深化的同时，所遭受的阻力也越来越大。这种阻力既来自发达的农耕文明对都市文明的多重束缚和限制，更与传统城市固有局限性的日益暴露直接相关。

明清时期，山西一些大城市和部分中小城市的工商业较为发达，经济结构也趋于完整，影响也较大，但这种工商业发展主要限于“量”的增长，而非“质”的提升：首先，城市商业的兴盛和商品流通的活跃并没有导致市场体系的升级，市场活动仍停留于简单化的空间范围，扩大了流通环节的初级分工。其次，商品经济的发展和专业化程度的提高，并没有导致规模化商品生产和工厂化经营方式的普遍出现，即便是

① 彭泽益编：《中国近代手工业史资料（1840—1949）》第二卷，中华书局1962年版，第143、145页。

② 彭泽益编：《中国近代手工业史资料（1840—1949）》第二卷，中华书局1962年版，第139页。

在彼时山西城市手工业最为发达也最具代表性的铁货业、池盐业和皮毛业，工厂化经营也只是个别现象，个体和家庭生产仍是普遍的经营方式。最后，在城市商品经济中，雇佣现象最明显增多，但基本上停留于分散的劳动力出租和家庭式的个体雇佣，仍带有浓厚的封建特征。从某种意义上讲，这种雇佣关系只是传统农村租佣关系的一种发展，和在手工业生产领域的扩展，而不是真正具有近代性质的资本主义萌芽。从社会形态方面来看，明清时期的山西城市，尤其是大中城市的人口规模较前代有所扩大，但居民的社会结构并没有明显的变化。特别是市民阶层的发展壮大，虽显示出自身的社会力量和影响力，但始终未能摆脱传统的束缚和封建政治的控制，更谈不上形成自身的政治要求和社会变革主张。事实上，在封建统治的压制下，市民阶层在社会思想上越来越消沉，在生活方式上越来越颓废，其结果是城市社会越来越失去活力。

进一步来看，明清时期山西各地的农村经济显著发展，尤其是商品生产的活跃，给城市的进一步飞跃提供了相当有利的条件，这也正是此时期山西城镇全面兴盛的基础。但随着封建统治的日益僵化，对城市的控制和盘剥也达到无以复加的程度。以明代为例，其突出表现为：

一是严格限制农村人口向城市流动。早在立国之初，明政府就制定了极为严厉的“路引”制度，规定：“若军民出百里之外，不给引者，均以逃军论，民以私渡关津论。”① 人们要取得外出的路引，须由当事人事先向户籍所在地官府提出申请，详细说明摆出事由和具体去向，经由官员酌情审批后方可成行。与此同时，明政府又实行较前代更为苛刻的“市籍”制度，规定凡工商业者要在城市中取得居住和营业的合法权利，首先必须获得官府的批准，并登记在册，违者一经发现，“按游民之无籍者驱出城”②，并没收家产。

① 《大明律》卷15《兵律三》，日本景明洪武刊本。

② 《明世宗实录》卷272，明嘉靖二十二年（1543）三月辛未。

二是强化城市厢坊管理体制。城市厢坊制在宋代就已实行，至明代更为严密，每个厢坊都设有厢长、坊长负责统一管理，下设铺头进行分区管理。每户居民“家给繇牌，悬之门，具书籍贯、丁口、名数，发现有异言异服者，即自纠发，不告讦同罪”[①]。

三是实行铺行、火甲制。铺行在明代以前早就有之，“盖铺居之民，各行不同，因以为民”[②]。明代各个铺行所承担的科役十分沉重，加上官吏趁机敲诈勒索，许多行户不得不“或点卖家赀，或出息假贷”，“资本既失，无所经营，多至失所”[③]，“疾痛悉叹之声，彻于市井间”[④]。火甲是横加在市民身上的一种差役。开始是按市民每户人丁数轮番摊差，“在城市关厢巡夜，原为救火防贼”。后虽改为征银募役，又征丁夫，“民间苦累，莫甚于此”[⑤]。

四是限制市场活动。为了将城市工商业活动完全控制在官府允许的范围内，明政府先后颁布了一系列限制市场活动的措施。如规定凡在城内开设店铺，必须事先向所在官府申请，并作出遵守各项政策法令的书面保证，然后由官府审批，发给凭证。于是那些贪官污吏常借此肆意敲诈，百般勒索。又如对城市市场的开设，早在宋代就已经相当宽松，而到了明代却又重新趋于去严厉，凡市场的开设地点、营业时间等都由官府规定。

五是实行客苛商政策。明政府对城市工商业的税收名目繁多，税额沉重。除一般性的商业税外，还不断增设各种杂税。如明仁宗洪熙元年（1425），增收市肆门摊税；宣德四年（1429），颁布塌房等项纳钞则例，规定凡塌房、库房、店舍等停放客商货物者，驴骡马车受雇装载货物者，以及油房、磨坊、堆货、木植、烧造、裱褙等店铺均要按定额纳税；弘治七年（1494）后，又陆续增设了条税、落地税等税目。这些杂

① （明）陈仁锡：《皇明世法录》卷43《兵制》，明刊本。
② 沈榜：《宛署杂记》卷13《铺行》，北京古籍出版社1983年版。
③ 《明宪宗实录》卷53，成化四年（1468）四月乙卯。
④ 顾起元：《客座赘语》卷2《铺行》，明万历刻本。
⑤ 吕坤：《实政录》卷5《上巡按条陈利弊》卷2《请编火夫》，清康熙吕慎多刻本。

税一经设立，税额便不断增加。明中后期，明政府先后派出大批税监赴各地横征暴敛，穷极搜刮，“水陆行数十里，即树旗建厂。视商贾懦者，肆为攘夺，没其全赀，负戴行李，亦被搜索。又立土商名目，穷乡僻坞，米盐鸡豕，皆令输税”①。从事长途贩运的行商，货物经过钞关要交关税，过河要交坝税，进城要交门税，可以说无物不税，无人不税。② 始于宣德四年（1429）的钞关是各地商品转运中心地带的税收机关，其所征之税称为“关税”，数额十分庞大，已成为明廷一项重要的财政收入。有些胥吏与相关官员相互勾结，胡作非为，使许多商人破产。

六是推行匠户制度。明朝在许多大城市中设有官营手工作坊，规模和数量远比以前历代要庞大。为了保证这些官营手工作坊的运行，明政府实行匠户制度，征发大批工匠服役。明太祖洪武年间，全国列入匠籍的匠户，除坐匠外，仅轮班匠就有23万多人。到宣德时，“天下工匠，数倍祖宗之世”③。这对各地手工业的发展，尤其是城市手工业的发展产生了严重影响。成化二十一年（1485）后，虽改为以银代役，但这只限于轮班匠，广大坐匠仍照旧服役。即便是轮班匠，也仍隶属匠籍，一旦明政府需要，随时可能再次被迫服役。

朝廷对城市活动对控制和压制工商业的政策，严重阻碍商品流通和市场活动，限制了商品经济的正常发展，也导致城市社会矛盾不断激化，各种形式的市民反抗斗争此起彼伏。另外，传统城市的内在局限也越来越明显地暴露出来，从内部阻碍城市的自身革新潜力的发挥。传统城市作为各级统治中心，历来由官僚贵族、地主士绅等特权阶层控制。这些特权阶层的消费需求常常成为城市工商业兴盛的直接推动力，从而使城市具有很强的寄生性。虽然在一定条件下，部分城市的生产性倾向有所加强，成为所在区域的商品经济中心，但从历史的角度看，这只是一种暂时现象。明清时期，大中城市特权阶层的人数进一步增加，朝廷

① 《明史》卷81《食货志五》，中华书局1985年版。

② 王圻：《续文献通考》卷30《征榷考·杂征下》，明万历松江府刻本。

③ 《明宣德实录》卷39，宣德三年（1428）三月丙戌。

对城市的控制也日益严密，使城市的寄生性更为明显，不少城市所谓的繁荣其实不过是一种畸形的、虚假的现象。

可以说内外因素的制约，导致明清时期山西城市化陷入了困境。这种困境就城市而言，是如何摆脱封建统治的束缚，实现从传统城市向近代城市的飞跃；就城市化而言，是如何摆脱传统农耕文明限制，实现从以小农经济和个体工商业为基础的城市化形态向以机器工业和工业文明为基础的近代形态的飞跃。

# 第三章　晋商与城市转型

## 第一节　社会演变过程中的山西城市发展

### 一　城市形态转变及区域体系调整

古代早期的城市是依托不同等级的政治中心发展起来的，其工商业和市场活动一直是附属性的，受到政府的严格控制，不仅经营空间局限于有围墙封闭的“市”中，而且经营时间也通过市门和城门的定时启闭而强制划一。但随着社会经济的不断发展和城乡之间、地区之间商品流通的日趋活跃，晚唐以降这种基于统治需要而人为压制城市工商业活动的做法已越来越难以继续。

工商业的兴盛不仅冲垮了传统坊市下的街区格局，使城市由规整、宏大而单调沉寂，走向杂乱、纷繁而充满活力，也直接推动城市活动，越出城墙向城外扩展，引发城郊都市化现象。明清时期，这种现象愈加明显：例如大同府灵丘县城“止一门，在邑治南甕，城东向出过云中襟带坊，一街横亘，分东西关出入，凡贸易工作悉居之，士民亦杂处焉。双日为集，不过肩蔬负薪粟粮布匹之类，集初设关厢内。近数载，贸易颇夥，往来拥挤，士民咸以市集起色，三十年未有，请移集于关外”①。代州繁峙县城东关“店宇整齐，民居稠密，真金汤之固也”②。介休县

① 康熙《灵丘县志》卷4《艺文・灵丘风土志》。
② 道光《繁峙县志》卷2《建置・城池》。

张兰镇“在县东四十里，孔道咽喉，亦县东屏蔽”[①]，“城周五里，屋舍鳞次，不下万家，盖藏者十之三，商贾复四方辐辏，俨如大邑”[②]，该镇每年九月下旬举办当年规模最大的庙会——泰山庙庙会，附近甚至省外的各种商品都在会上交易，有文水出产的皮货、沁州产的麻货、浑源县产的挽具、上党盆地产的药材、蒙古地区所产的骡马等。张兰镇还筑有城墙，其“城堞完整，商贾丛集，山右第一富庶之区”[③]，其“城镇周五里，屋舍鳞次，不下万家，盖藏者什之三，四方辐辏，俨如大邑”[④]。此处“地当冲要，商贾辐辏，五方杂处，百货云集，烟火万家，素称富庶，为晋省第一大镇，与湖北之汉口无异”[⑤]。

此外，近郊集市的大量兴起是城郊都市化的另一种形式。例如大同府灵丘县，清代康熙年间即有东关集、西关集、南山村集（城东二十四里）、东河南集（城西三十里）、赵壁村集（城西四十五里）、上寨村集（城南七十里）、下关镇集（城南九十里）等集市。集期，东西关双日，而村镇二、五、八，三、六、九不等。亦有西关府君庙，六月初一日起，十日而罢；东关东岳庙，九月十五日起，半月而罢；东河南村，六月十五日；冉庄村，五月十五日；上寨村，六月二十三日；下关镇，四月初三日等庙会。[⑥]

城郊都市化现象是城市空间范围越出城墙向外扩展的反映，这一过程正是城市由封闭走向开放的转变过程。高高的城墙，曾是护卫城市的屏障，也是禁锢城市的枷锁，不仅将城市活动围圈起来，而且是城乡之间泾渭分明的分割标志。城郊都市化在很大程度上打破了这种传统格局，也改变了自我封闭的城市意识。从此，城市不再只是一个孤立的统

---

① 乾隆《介休县志》卷1《城池》。

② 嘉庆《介休县志》卷12《艺文·修张兰城记》。

③ （清）祁韵士:《万里行程记》，道光祁氏家刻《问影楼舆地丛书本》。

④ 嘉庆《介休县志》卷12《艺文·修张兰城记》。

⑤ 乾隆二十一年（1756）十月十二日山西巡抚明德奏，载故宫博物院编辑委员会编《宫中档乾隆朝奏折》第15辑，故宫博物院1982年版，第714页。

⑥ 光绪《灵丘县补志》卷1《市集·庙会》。

治据点，而是通过经济、社会、文化、观念等方面不断扩散，真正成为影响整个社会发展演变的重要力量。

发展形态的转变，意味着城市越来越突破原有政治、军事性质所造成或者带来的各种限制，经济、社会、文化等功能不断加强，原来相对单一的活动模式也由此发生分化。明清时期，山西逐渐形成了综合型、资源型、经济型、港口型等不同特色的发展类型。

就综合性城市而言，典型的有太原、大同、平阳、解州等。上述城市作为府城、州城既发挥其重要的政治、军事中心的作用，同时又有着发达的工商业，值得注意的是，这些经济职能并不逊色于其所承担的政治、军事职能。太原作为省治，是彼时山西地区的政治中心，同时又是当时山西最为繁华的工商业大都市和文化活动中心。大同位于山西的北部地区，明代设大同镇，是北部蒙古地区的重要的政治和军事中心，城内驻有众多的政府机构和大批军队；清代以来，随着其军事地位的下降，以及它连接蒙汉的优越的地理位置，大同城内工商业和市场商品流通极为活跃。平阳是位于山西南部产粮区的重要府治，是山西南部地区重要的政治经济和文化中心。解州为山西南部解州直隶州的州治所在，因临近河东盐池，故于运城兴起之前，大量盐务治所驻于解州城内，为彼时晋省南部较大的政治、经济中心。

就经济型城市而言，较典型的有绛州、归化城、平遥、祁县、太谷、运城、包头、永济、榆次等，其特点是工商业兴盛，经济影响超过了政治影响。绛州是山西汾河岸边最早发展起来的水运码头，是明清时期山西南部绛州直隶州的州治所在，李燧在其《晋游日记》中描写道："绛州城临河，舟楫可达于黄，市厘辐辏，商贾云集。州人以华靡相尚，士女竞弋绮罗，山右以小苏州呼之。"① 是为秦晋间商品集散市场。归化城是漠南的政治经济中心和交通枢纽，也是沟通漠北、漠西、天山

① （清）李燧：《晋游日记》卷1，乾隆五十八年（1793）八月二十日，山西经济出版社2003年版。

以北各地区经济联系的总汇，也是山西与蒙古地区商贸往来的咽喉，商品流通规模庞大，城内“商贾云集，诸货流通”①。清乾隆间定归化城落地税银15000两，牲畜税钱9000串；清嘉庆四年（1799）增盈余银1600两。② 平遥、祁县、太谷，都是重要的晋中金融城市，金融服务业是城市经济的支柱。此三县较早均为县政中心，随着商品经济的发展及晋商贸易的活跃，平遥于清中叶以后成为晋中地区的商品交易中心，并于清末成为金融中心；祁县于清中前期发展成为茶叶贸易中心，于清末票号创办之后成为金融中心；太谷于清中叶之后成为金融业城市，被称为“中国的华尔街”。运城是因盐而兴的晋南商城，是山西境内典型的资源型城市，随清代河东池盐“畦归商种”，池盐产量大增，众多盐运官署遗驻运城，城内聚集官署衙门的文武官员。随着盐业经济的发展，“或以科第奋迹，或以货郎起家”的安邑缙绅以及“游客山人”聚集于此，城内商业繁荣，运城逐渐成为晋南最繁华的都市。包头、永济都是重要的水运码头，航运贸易是城内的支柱产业之一。包头是连接口外与内地的皮毛业及粮食集散地，城内皮毛业、粮食字号众多，清末包头的牲畜和原料产业已经取代了归化城。永济为蒲州府治所在，其城外的蒲津渡自古以来就是黄河最繁忙的渡口之一，故该城是“秦晋要扼，西控潼关，俯临黄河”的“重镇”。③ 榆次为晋中地区榆次县的县治所在，是连接晋省南北的通衢，城内商业发达，市廛繁华。

正因为新城市是传统城市形态的延续，因此这些城市的特点是：工商业虽有一定程度的发展，但并没有真正成为所在区域的商业中心或大宗商品市场。例如明季的保德州府，“货物鳞集，乡民交易称便。陕西府谷县沿河六堡皆取货于州，”但至清乾隆间“俱久废”④ 焉。清代的保德州府“地偏僻且瘠薄，舟车不通，商贾罕至，民贫鲜生理。

① 张正明、薛慧林主编：《明清晋商资料选编》，山西人民出版社1989年版，第50页。

② 光绪《清会典事例》卷239、237、238，中华书局影印本1991年版。

③ （清）李燧：《晋游日记》卷1，乾隆五十八年（1793）七月二十二日，山西经济出版社2003年版。

④ 乾隆《保德州志》卷1《沿革·集市》。

商，仅小贩无大贩，累旬不见银，惟以钱米贸易”①。再如大同府怀仁县城，“邑民之为商者实不少，无大贾，亦无奇货，聚于市者不过通其有无而已。邑中之富商不过数家”②。广灵县“乡不能牵车服贾，凡俯仰、交际、租税之费皆取给于田”③。应州“州僻边邻，非舟车四达之衢，物产无多，不通商贾”④。汾州府石楼县“农不商贾，女不纫织”⑤。霍州赵城县“商无逐货于远，大者牛马，小者绳铁，锦文、珠玉虽入市，鲜过问者，故以末致财者少”⑥。绛州垣曲县“不谙商贾，不事华靡”⑦。

## 二　城市工商业的分化与产业化

工商业历来是城市经济的主体。明清时期山西城市转型的一个表现，就是工商业活动日益向城市各街区扩散呈现出空前繁荣。在这一过程中，城市工商业的内在结构和形态也发生了一系列变化，实现了由简单的经济活动到多层次、多形式的产业体系的飞跃。

在山西早期的城市商业主要停留于满足城市居民消费需求和商品经营活动，属于结构单一的低层次商业形态。明清时期，城市形态的转变意味着传统的消费型商业也很难适应新的社会环境：一方面，城市人口规模的扩大，及其社会结构的多样化和复杂化，对商业活动提出了更高的要求；另一方面，城市经济和市场功能的显著增强，要求商业活动由面向城市转变为面向社会。正是这些现实社会要求，推动城市商业文化，专业经营日趋发达，进而发展为由流通商业、批发商业和零售商业构成的庞大体系。

---

① 乾隆《保德州志》卷2《形胜·风尚》。
② 光绪《怀仁县新志》卷4《风俗》。
③ 乾隆《广灵县志》卷4《风土·乡俗》。
④ 乾隆《应州续志》卷1《风俗》。
⑤ 雍正《石楼县志》卷3《风俗》。
⑥ 道光《赵城县志》卷18《风俗》。
⑦ 光绪《垣曲县志》卷2《风俗》。

1. 流通商业

流通商业是指各级城市，尤其是大中城市商业体系的上游产业，专门从事此类经营活动的，也就是通常所说的行商。行商一方面源源不断地将生产于其他地区的各种商品运往城市销售，同时又将城市生产的商品销往外地。进一步专业化的流通商，也将城市之间，城乡之间，地区之间的经济活动连接起来，既强化了城市的市场中心功能，又推动了区域市场和跨区域市场体系发育成长。清代活跃于山西北部、蒙古地区及俄罗斯的通事行即属于此列。

在清代山西的商号中，经营对蒙古地区贸易的字号占有很大份额，被称为旅蒙商。山西旅蒙商最早进入归化城所建立的商号是天元号、宏图号、范家号，稍后兴起的是元盛德、天义德和大盛魁。据俄国人波兹德涅耶夫 1893 年在《蒙古与蒙古人》一书中记载：归化城的大盛魁由几个商人合股经营，商号的资本计 2000 万两，约合 4000 万银卢布……每年向呼和浩特输送的羊为 8 万—10 万只；元盛德，年贸易额 800 万两，有驼 900 峰往来于归化和乌里雅苏台；天义德，年贸易额 700 万两，有驼 900 峰，除此三大外路商号外，其余小外路的商号年贸易额多则 500 万—600 万两，少则 10 万—25 万两，自养骆驼也在 150—200 峰。[①] 老三号的经营状况已无从考证，但新老六大号以大盛魁发展最为兴盛，下面我们将就清代著名旅蒙商——大盛魁的经营、管理进行讨论。

大盛魁创立于清前叶，于 1938 年歇业，在长达 200 多年的时间里，成为垄断漠南到漠北贸易的最大商号，其年均贸易总额在 1000 万两白银左右。[②] 大盛魁在极盛时，商号伙计 6000—7000 人，分支机构有 20 个左右，还设有茶庄、绸缎庄、钱庄、票号等不同类型的商业字号；饲

① ［俄］阿·马·波兹德涅耶夫：《蒙古及蒙古人》第 1 卷，刘汉明、张梦玲、卢龙译，内蒙古人民出版社 1983 年版，第 341 页。

② 葛贤慧：《商路漫漫五百年——晋商与传统文化》，华中理工大学出版社 1996 年版，第 49 页。

养用于运输货物的骆驼1600余峰，牧羊犬1200余条。其年交易额在整个归化城的商业交易额中占绝对优势，特别是在占归化城商品交易大宗的牲畜交易上更是居于垄断地位，被称为清代北方最大的通事行。

2. 批发商业

批发商业是城市商业产业，专门从事此类经营活动的商人从我们上面提到的“行商”那里购入各式各样的商品，转而销售给零售店铺，同时又汇集城市所产的各种商品转销给行商，从中赚取差价。例如清道光年间，大量存在于大同城乡的牙人：其中有从事斗行、牲畜贩卖、泥靛补衬、棉麻、铁、炭货、水果、烧酒业、车辋、棺板、木材、脚力等行业的官牙304人。① 参见表3－1。

**表3－1　道光年间大同城乡官牙统计**

| 所属类别 | 名称 | 牙人数（人） |
|---|---|---|
| 斗行 | 斗牙 | 74 |
| 牲畜皮毛业 | 牛驴牙、羊牙、绒毛牙 | 68 |
| 炭 | 炭牙 | 49 |
| 水果 | 瓜牙、果牙 | 34 |
| 房屋及泥靛补衬 | 房牙、泥靛补衬牙、补衬麻牙、泥靛牙 | 27 |
| 烧酒 | 烧酒牙 | 18 |
| 脚力 | 脚力牙 | 13 |
| 店 | 店牙 | 10 |
| 铁 | 铁牙 | 6 |
| 木材 | 棺板牙、木牙 | 2 |
| 棉麻毛 | 旧棉花牙、旧棉花麻牙 | 2 |
| 车辋 | 车辋牙 | 1 |
| 合计 | | 304 |

资料来源：（清）黎中辅纂修：道光《大同县志·赋役》卷8，清道光十年（1830）刻本。

斗牙在官牙总数中最多，共74人，斗行是与粮食买卖有关的牙行。大同城内人口众多，所需粮食数量巨大，而大同本地“地界北边，气

① 道光《大同县志》卷8《赋役》。

寒土瘠，春分后始播麦，六月终始熟，亦有立秋后始登麦者”①，所产无多。但由于清代的大量开垦荒地，使得口外归化城诸厅成为粮食产区，故本城所售粮食来自归绥六厅。牲畜牙共68人，在众牙行中排第二。大同界连蒙古草原，是内地通往蒙区与俄国的商品贸易孔道，各种牲畜和皮毛制品及手工业产品云集，除供本城消费外，更多的是转运省内其他地区。“蒙古人民专事畜牧，故其物产以家畜为大宗。输出诸品以此为最”②，蒙民所产牲畜有部分自大同转运省内。城内从事皮毛制品的手工艺匠人为数颇多，“其匠艺之最众者尤有毛袄匠、口袋匠，十倍于它处”③。炭牙位列第三，共49人。大同在康熙年间就大量出产煤炭，康熙己卯年（1699）大疫，“（大同）西山煤佣，死者甚众，暴骨于野”④。道光年间“西乡一带农人冬日多贩煤”⑤，因此，城内炭牙众多。

3. 零售商业

零售商业分为两种形式：一种是遍布大街小巷的各种字号，也称坐贾，包括杂货铺，前店后厂的作坊式店铺，以及经营某一大类商品的专营字号。例如清代，代州城内就有各类字号300多家，商务活动远涉迪化、库伦、海拉尔、京师、上海、苏州、成都等城市。再如归化城，彼时城内有票号56家，当铺26家，钱庄30家等。另一种机动灵活的流动商业，从业者多为肩挑负贩的小商人。

流通商业、批发商业与零售商业的相互结合，直接推动了专业化特点的新型商业街市的出现。如彼时太原城有靴巷、帽儿巷、酱园巷、柴市巷、馒头巷、豆芽巷、估衣街、麻市街、西米市街、东米市街、纸巷子、前铁匠巷、后铁匠巷、南北牛肉巷、南市街、活牛市街、西羊市街、东羊市街、鸡鹅巷、炒米巷、棉花巷、麻绳巷、刀剪

① 道光《大同县志》卷8《风俗》。
② 光绪《蒙古志》卷3《物产》。
③ 道光《大同县志》卷8《风俗》。
④ 光绪《山西通志》卷143《风土记》。
⑤ 道光《大同县志》卷8《风俗》。

巷等。

与商业一样，山西地区的城市手工业在彼时较为活跃。例如雁北之丰镇，皮毛业是其重要行业之一。该镇“从蒙古收购羊毛、皮张和熟羊皮，转销大同府、天津及中国其他地方”①。《丰镇厅志》记言，该镇手工业以“皮革、毛袄、口袋等物匠艺最繁，较他处为十倍云”②。雁门关《丰镇布施碑》中，有西盛毛店、三成皮店、义源毛店、三成皮店等的捐款。其中西盛毛店一次就捐银120两，位居全镇之首，甚至超过当行、缸油碾面行等行业捐款，其经营规模由此可见一斑。再如，清代汾州府的交城主要加工产自甘肃的滩羊皮③，当地皮商贩洗皮革，腥秽填壅，地方官为此发布告示，禁止在圣母庙前溪水中沤制皮革，其文曰：“照得交城，依山为邑、所少者水，城内东南隅，离相寺圣母庙前，清流一曲，地属离震，实启文明，何为洗皮浸革之需，居民苦之。暮春初夏，秽气满城，见者伤心，行人掩鼻，遂使清净法坛，终年龌龊，风雅圣地，昼日腥膻。”④

城市民间手工业的兴盛，不仅改变了城市经济的传统格局，也在一定程度上改变了传统的城乡经济关系：广大的农村为城市民间手工业生产提供原料，同时城市产品的销售也需要广大的农村市场，这是推动城乡经济活动的巨大动力；另外，城市民间手工业的发展，也是农村家庭手工业趋于专业化并向城市集中的体现，这是城乡产业分工的市场化表现，会进一步引发社会经济结构变动。

### 三　多种产业的兴起与发展

除了发达的商业，明清时期，山西城市经济还包括服务业多种形式，其中有的是从原有经济活动中深化和发展起来的，有的是新兴的产

---

① ［俄］阿·马·波兹德涅耶夫：《蒙古及蒙古人》第2卷，刘汉明、张梦玲、卢龙译，内蒙古人民出版社1983年版，第50页。

② 光绪《丰镇厅志》卷6《风土》。

③ 杨大金编：《现代中国实业志》第1编，商务印书馆1938年版，第263页。

④ 张正明等：《明清晋商资料选编》，山西人民出版社1989年版，第18页。

业，由此确立起较为完整的城市经济体系。服务业是从工商业中分化出来的城市产业，其种类繁多，分工精细，有的是面向人们的生活需求，如金融业、运输业、货栈业、餐饮业等；有的是面向工商业活动，如借贷、运输、仓储等。其中最为常见和活跃的是金融业、运输业、货栈业、餐饮业等。

1. 金融业

金融业是市场的润滑剂，它起到融通资金、活跃市场的重要作用。发达的金融业是一个地区商业活动繁荣或商品交易频繁的象征。同样，发达的商业也可以促进金融业的迅速发展。金融业包括典当行、钱庄、印局、账局、票号等金融组织。清康熙二十四年（1685）山西省有当铺 2562 家，乾隆年间增加到 4695 家，较康熙时增长 83.26%。[①] 清末著名银行家李宏龄说："凡是中国的典当业，大半是山西人经理。"[②] 钱庄很早就出现在山西，其所出具的钱票在民间久已流行。[③] 在嘉庆八年（1803）时"晋省行用钱票，有凭帖、兑帖、上帖名目。凭帖系本铺所出之票；兑帖系此铺兑与彼铺；上帖有当铺上给钱铺者，有钱铺上给钱铺者。此三项均系票到付钱，与现钱无异"[④]。可见山西境内的钱庄、典当都在签发钱票。这些钱票在本地区"与现钱无异"，已成为有较高信用的流通手段了。汾州府平遥县乾隆二十三年（1758）重修市楼时即有 5 家钱铺参与集资。[⑤] 此外，印局、账局也是彼时山西城市中常见的金融组织，嘉庆十八年（1813）平遥《重修市楼碑记》有印局参与集资的记录。[⑥] 历史上最早的一家账局是张家口的"祥发永"号账局，

① 黄鉴辉：《明清山西商人研究》，山西经济出版社 2002 年版，第 156 页。

② （清）李宏龄：《山西票商成败记》，民国六年（1917）石印本。

③ 道光十八年（1838）六月二十五日山西巡抚申启贤奏折，见第一历史档案馆藏档案。见《道光朝实录》，道光十八年七月庚子。

④ 道光十八年（1838）六月二十五日山西巡抚申启贤奏折，见第一历史档案馆藏档案。

⑤ 据乾隆二十三年（1758）《今将捐资姓名开列于后》统计，史若民、牛白琳编著：《平、祁、太经济社会史料与研究》，山西古籍出版社 2002 年版，第 157—161 页。

⑥ 据嘉庆十八年（1813）《重修市楼碑记》统计，史若民、牛白琳编著：《平、祁、太经济社会史料与研究》，山西古籍出版社 2002 年版，第 161—190 页。

开设于乾隆元年（1736），由山西汾阳县商人王庭荣出资40000两开设的，并在京师设立了分号。[①] 随后，汾州、平阳两府的“富人携资入都，开设账局”[②]。据黄鉴辉统计，咸丰时期“京城有账局268家，其中210家是山西商人开设的”，且“帮伙不下万人”。[③] 票号是山西商人首创的金融组织，在省内各通商大埠均建有分号，从事远程大额汇兑业务。

2. 运输业

运输业是归化城的重要行业。除各商号自备骆驼运输之外，专门从事运输业的大商号有12家，各有骆驼100峰至数百峰。其中元德魁有骆驼500峰，天聚德400峰，这两家商号的驼队专走归化城到古城一线；双兴德、天兴恒等10家商号共有骆驼2430峰，往返于蒙古各部，或从张家口把茶叶运往库伦。此外，归化城还有上百家有30—40峰骆驼的小商号，全城可供出租的骆驼总数有7000—7500峰，可以运输货物10万普特。其贸易范围主要在蒙古西部地区的乌里雅苏台、科布多和古城等地。[④]

在太谷县，清道光二十二年（1842）《重修大观楼捐银碑》所镌施银商号中，亦有车铺、驼店的捐资记载。[⑤] 此外，在宣统元年至二年（1909—1910）重修雁门关道路碑记中有牲畜行参与捐资的记录，其中包括3家驼社，还有马行、马店和马店社各1家，共捐资71两。

水路运输也是彼时山西运输业的重要组成部分。清嘉庆十八年（1813）重修平遥市楼碑记中有通源船行和合兴船行各捐银一两的记载。[⑥]

---

① 清度支部档案，账局注册册，宣统二年（1910）十月，转引自黄鉴晖《山西票号史》，山西经济出版社2002年版，第10页。

② （清）李燧：《晋游日记》卷3，乾隆六十年（1795）闰二月二十一日，山西经济出版社2003年版。

③ 黄鉴辉：《山西票号史》，山西经济出版社2002年版，第11页。

④ ［俄］阿·马·波兹德涅耶夫：《蒙古及蒙古人》第2卷，刘汉明、张梦玲、卢龙译，内蒙古人民出版社1983年版，第96—97页。

⑤ 史若民、牛白琳编著：《平、祁、太经济社会史料与研究》，山西古籍出版社2002年版，第364—371页。

⑥ 史若民、牛白琳编著：《平、祁、太经济社会史料与研究》，山西古籍出版社2002年版，第188页。

位于汾河岸边的太原、平遥、绛州，黄河上西包头镇、河曲、碛口镇、永济等商业城镇均为航运业较为发达的城镇，由蒙区转运而来的粮食、盐[①]、胡麻油[②]等均可由水道南下。关中输往山西的粮食依靠渭、汾两水之航运入晋。[③] 其运输工具见于记录的有圆底船、平底船和牛皮混沌等。

3. 货栈业

货栈业，主要从事存放来往商旅货物、商客住宿以及协助运输等业务。清代，晋商往来于蒙俄与内地，贩运大量货物，由于是长距离贩运，而口外自然环境较为恶劣，因此需要在沿途市镇进行休整，故中俄商道上的货栈旅店行较为发达。平遥城在清代中叶是晋中重要的商品集散市场，南省运来的茶叶、蒙古地区出产的皮货、潞泽地区生产的铁器，以及省内各地出产的各种土特产品均集中于此，故货栈旅店业十分发达，从乾隆二十三年（1758）《重修金井市楼碑》可以看出，当时参与集资的货栈旅店有存仁店、信成店、天元店、和盛店、恒裕店等五家。另据《平遥古城志》记载：乾隆四十二年（1777），城内著名货栈旅店有 13 家。[④] 嘉庆十八年（1813），栈店有 50 余家。[⑤] 此外，重修雁门关道路碑记中镌有店行和驻店的捐资记录，[⑥] 两店共捐银 6 两，钱 42 千文，折白银 27 两。此外，清光绪三十三年（1907），正太铁路通车后，京省官道居次，榆次原官道的客栈、饭店如大兴栈、丰州栈、谦义栈、永成栈、中西饭店陆续迁至北车站附近，在站南的荒草滩上形成了“栈房街”。在北关外原东大街开设粮店八家，东大街遂易名为“粮店街”。

---

① 同治《河曲县志》卷 5《风俗》。

② 同治《河曲县志》卷 5《风俗》。

③ 曹新宇：《清代山西的粮食贩运路线》，《中国历史地理论丛》1998 年第 2 期。

④ 杜拉柱：《平遥古城志》，中华书局 2002 年版，第 178 页。

⑤ 史若民、牛白琳编著：《平、祁、太经济社会史料与研究》，山西古籍出版社 2002 年版，第 161—194 页。

⑥ 该碑现存雁门关，笔者曾于 2005 年夏前往抄录。

# 第二节　明清山西城市转型及产业转型的个案分析

## 一　河东盐业中心——运城

运城位于山西南部，因河东盐业而兴。河东盐池，因位于黄河东岸而得名。同时又因此地在解县境内，故又称“解池”，所产池盐亦称“解盐”。河东盐池于秦汉已有所开发。明代，全国所设六个都转运司中，掌管河东盐的河东都转运盐使司即为其中之一，其治所设于潞村，即今之运城，故河东盐池所产之盐称为潞盐。[①] 清代，潞盐生产在人口集聚的前提下，出现多部门的产业集聚和资本积聚，随后逐渐形成以运城为中心的盐业城市集聚，由此运城作为区域核心城市而在山西南部崛起。

1. 清代运城因河东盐业的经济集聚而崛起

（1）人口集聚

运城建城于元代，而后随着河东盐业的发展，其城内商业繁荣、人口数量迅速增加。明末清初，已为“商民辐辏，烟火万家”的商业城市。由于清代允许商人自筹工本生产潞盐，故不仅生产规模较前有所扩大，盐工数量更是空前。据清雍正《山西通志》载，清康熙十九年（1680），河东盐池共有五百余名坐商，雇佣数千名盐工进行生产，若再加上负责潞盐运销的大量运商，则彼时直接从事潞盐产销的人员数量可达数千之多。[②] 同时，由于盐官驻节运城，隶属之书吏、人役、亲眷等亦为数不少。因此，彼时聚集于运城及河东盐池周边依盐务为生者，达两万余人。[③] 这些人口大都从事与潞盐业相关的生产经营活动，河东盐业经济集聚的基础——人口集聚逐步形成。

---

① （清）顾炎武：《天下郡国利病书》卷48，清光绪二十七年（1901）刻本。

② （清）觉罗石麟修，储大文纂：雍正《山西通志》卷45《盐法》，清雍正十二年（1734）刻本。

③ 山西省地方志办公室编：《民国山西实业志》上册，山西人民出版社2012年版，第135（丙）页。

（2）产业集聚

清代，除解盐的浇晒、捞采、运输、销售外，在运城及盐池周围出现了为解盐产销提供相应服务的行业，从而形成了解盐业的上下游产业链。[①] 随着清康熙二十七年（1688）坐、运两商的分开，盐商职能更为明确。坐商，于冬春两季从事垫畦、凿井、修筑水道等工作；并于夏秋两季在河东盐池设畦晒盐。[②] 运商，则雇佣“车户、船户及脚户”等专事池盐的运输及售卖。因此，河东盐池附近聚集了大量从事池盐浇晒、捞采、贩运、售卖的畦丁、池脚、散车、缝袋、摇盐及办公员役等人员，这些为池盐产销提供一系列服务的不同部门，形成了较为完整的河东池盐行业的上下游产业链，初步形成盐业的产业集聚。

（3）资本集聚

河东池盐业的资本集聚是以人口集聚为前提，与产业集聚几乎同时发生的。清代，河东盐业的资本集聚源于数量众多的坐、运两商，而关于河东盐商资本的记录并没有找到十分准确的资料，但我们可从盐商参与捐资重修其所供奉的行业神庙宇——池神庙而对其资本实力略窥一斑。

根据现有资料，明代以前对池神庙的修葺大都由官府主持，虽有商民参与，但因参与人数及捐款数量均较少，故并非主流。明代以后，以商人为主要力量对池神庙的捐修开始增多，并渐成主流。明天顺三年（1459）对池神庙的大修，由运使倡议，其“僚属”及当地“商人”纷纷“各捐己赀”而成。彼时，不仅将该庙殿宇及廊庑“倾圮”和“摧仆”的部分进行了修葺，而且“又增构翼廊四十余间……增构殿前香亭一间”[③]，此为盐商对池神庙大规模捐修之始。清代以来，池神庙的历次重修大都可以看到商人的身影，且捐资不菲。清乾隆四十八年

① 山西省地方志办公室编：《民国山西实业志》上册，山西人民出版社2012年版，第135（丙）页。

② 山西省地方志办公室编：《民国山西实业志》中册，山西人民出版社2012年版，第46（戊）页。

③ 明天顺七年（1463）《重修盐池神庙记》，碑现存山西运城市池神庙。

(1783)，商人自发重修池神庙，并谋划从捐资到修缮在内的一切事宜，依次对池神庙内的主要建筑进行了修葺，共花费银两“四千五百三十三两有奇”①。清道光十四年（1834）动工，道光十七年（1837）完工的池神庙修葺，商人亦为主要“捐资”② 成员。此次重修，“河东商人……乐输恐后”，不仅逐一将池神庙中殿、中条山风洞神殿、享殿，乐楼、午门，东厨、土地祠，海光楼、歌薰楼、关帝庙、甘泉祠、太阳庙及司雨庙等主体建筑修缮一新，而且还将“所有廊房角门以及牌坊、碑亭等建筑”围墙砌石，并“于庙右添设道院一所”③，可见此次重修规模之大，而重修所需花费由河东盐池坐、运两商“四六摊捐”。随着盐商实力的增强，于清道光十八年（1838）成立了河东坐商行会——“集义会”，并从那时开始独立出巨资进行池神庙的祭祀活动。④

虽然由于资料的缺乏，我们无从知晓河东盐商对池神庙重修捐资的具体数字，但从盐商数次对池神庙捐资巨大的重修可以知道，彼时河东盐商资本实力雄厚。因此我们判断，清代已经在运城形成盐业的资本集聚。

（4）城市集聚

清代，潞盐运销晋、陕、豫三省，形成了由运城为起点的三条池盐运销路线：运城往南，经平陆县茅津渡渡黄河，销河南；运城往西，经临晋县夹马口渡黄河，销陕西；运城往北行销省内多个州县。于是，行盐路线周边的城镇逐渐兴起并繁荣，形成了以池盐业为支柱产业，以运城为核心城市，以解州城、绛州城、临晋县城、垣曲县城、永济城、茅津镇、运城西关村等州县村镇为腹地的盐业城市集聚。关于解州盐业城市集聚问题，笔者另文详述。⑤

① 清乾隆四十八年（1783）《重修池神庙诸殿宇碑记》，碑现存山西运城市池神庙。

② 清道光十七年（1837）《重修盐池神庙碑》，碑现存山西运城市池神庙。

③ 清道光十七年（1837）《重修盐池神庙碑》、清道光十七年（1837）《重修盐池神庙碑记》，上述两通碑现存山西运城市池神庙。

④ 清道光十七年（1837）《重修盐池神庙碑记》，碑现存山西运城市池神庙。

⑤ 乔南：《传统社会中资源型城市的商业发展——以清代运城为中心的研究》，《晋阳学刊》2014 年第 4 期。

清代，在运城及盐池周边，集聚了大量与解盐产销相关的人口，形成河东池盐业的人口集聚。依据盐池资源形成了以解盐为主导产业、上下游产业链较为完善的产业集聚，随后形成了河东池盐业的资本集聚。在人口集聚、产业集聚与资本集聚的三重作用下，形成了以运城为核心城市，以解盐生产为支柱产业的河东盐业城市集聚。参见图 3－1。至此，运城作为一座典型的资源型城市而在山西南部崛起。

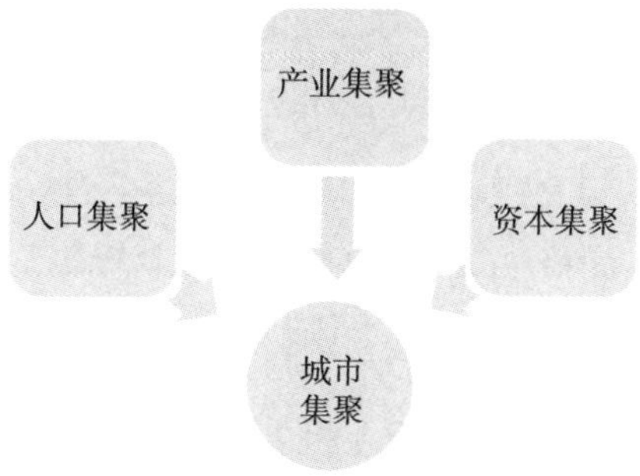


**图 3－1　清代运城以解盐生产为支柱产业的经济集聚示意图**

2. 运城的近代转型

近代，运城经历了由传统资源型城市到近代城市的转型，这一过程不仅引起了城市社会和经济的整体变革，而且表现出了与众不同的特点。

（1）产业结构的变化

随着河东盐业的分工和专业化发展，运城由单一盐业生产结构向多元结构转化。清末民初，除解盐生产这一主导产业外，运城还出现了线毯业、毛巾业、制毡业、丝线业、油坊业、磨坊业、肥皂厂、染坊业、油漆业、麻绳业、木器业、刻字业、银楼业、制鞋业、印刷业、制墨业、制笔业、铜器店、洋铁器件业、石器业等 20 余种工业企业。据民国二十四年（1935）资料统计，上述企业共 55 家，雇佣工人 223 名，每年生产总值共 8 万余元。①

① 山西省地方志办公室编：《民国山西实业志》上册，山西人民出版社 2012 年版，据第 141（丙）—148（丙）页数据统计。

此外，河东盐业在近代的发展过程中，不仅形成了由浇晒、捞采、运输、销售所组成的产业链，而且分离出了为解盐产销服务的行业，如金融业、邮电业等。以金融业为例，清季解盐产销盛旺，调汇盐款之钱庄有12家之多。另据《民国山西实业志》载，民国二十四年（1935），国内连年时局不靖、盐税加重、豫陕两省引岸因别处之盐竞销而缩减，致使潞盐价格惨跌，产量日减，即使在这样的情况下，运城仍然有3家银行、6家钱庄、1家当铺等10家金融组织从事与晋、豫、陕三省所纳河东盐课直接相关的经营活动。据当时运城钱庄业与河东池盐业之间的借贷数据显示：民国二十二年（1933），运城钱庄放贷总额为62.311万元，其中盐商贷款40.5万元，占贷款总额的65%；民国二十四年（1935）运城钱庄放贷总额为66.942万元，其中盐商贷款高达55.742万元，占贷款总额的83%。而彼时全省资本实力最雄厚之钱庄——运城兴业钱局，其主要放贷对象即为河东盐池的刘增盐场、西安盐店及壶关盐店、平陆盐店等。此外，运城还于清末开设了邮局及电报局，并于民国二十二年（1933）添设挂线电话，此亦为河东盐业经营活动增添不少便利。①

由此可见，运城在近代转型过程中，不仅表现出制造生产企业多元化等产业结构变化的特点，更有以金融业、邮电业为代表的第三产业与池盐支柱产业相分离，自成一大行业体系的现象发生，此为近代资源型城市产业结构转型的重要标志。

（2）城市职能的变化

产业结构的变化引起运城城市职能发生变化。与许多传统城市先有行政建制而后才有发展不同，运城是因河东盐务兴盛而发展、建城的。运城初建之时，城内所驻官吏多与盐务有关，而地方行政机关并未将衙门设于此地。清代以来，除巡视河东的监察御史外，运城还驻扎有河东陕西都转运盐使司、山西巡抚、河东道等，行使统管和兼理河东盐务之

---

① 山西省地方志办公室编：《民国山西实业志》上册，山西人民出版社2012年版，第139（丙）页。

责。此外，运城内还有专司保护河东盐池之职的运城营，设有教授、训导等人员专门负责盐务专学——运学等机构。[①] 由此可见，清代运城官员设置为专司河东盐务的体系，是独立于地方行政机构之外的。此时，运城的城市职能为盐务专城。

民国时期，运城内除设有盐运使公署、盐务稽核分所、河东解池场公署、陆军六十九师第二百十四旅旅部、运城警备司令部、运城公安局、运城法院、安邑第三区公所等行政机构外。还设有运城职业学校、盐务职业学校、运城师范学校、运城女子师范学校、明日中学、河东中学校、菁萃中学，以及模范小学、四街小学、第二小学及运城小学等小学校，[②] 而上述学校及教育机构的设置使运城区域文化教育中心的职能显现出来。

商业方面，清代的运城就因其盐池资源及毗近秦豫的区位优势而成为商贾辐辏的晋南商城。民国时期，城内东西大街商业最盛，经营食品、衣料服装、书籍文具、家庭日用品、化学成品及医药、杂货六大类商品。其中，食品类以经营南货者家数最多，其商品以洋吉糖、南酒、豆油、棉烟、泥参、鱿鱼为大宗，除棉烟来自兰州外，余都购自津沪两地。衣料服装以京货店和估衣店的家数最多，其中京货店的商品多来自京、津及上海等地。书籍文具以纸店最多，所售麻纸、黑白纸、南毛边纸、晋毛边纸销于运城、安邑、临晋、解县、猗氏、平陆等地，其中麻纸产平阳、晋毛边纸产太原、黑白纸产陕西、南毛边纸产江西省。书局所主要出售的各种教科书籍，几乎全自上海运来。杂货店与洋杂货店在运城市场数量最多，其中实力较大的为恒盛元、德兴泰二家铁行，贩售潞安产之细铁、连铁、将军锅；河津产之改路锅；高平产之连詹钉、六红钉等铁制品。[③] 由此，运城货通八方的商业中心地位愈发突出。

此外，运城内还设有河东市商会、河东潞纲盐务总会、坐商产盐公

---

① 《河东盐法备览》卷3《官职门》。

② 山西省地方志办公室编：《民国山西实业志》上册，山西人民出版社2012年版，第137（丙）页。

③ 山西省地方志办公室编：《民国山西实业志》上册，山西人民出版社2012年版，第150（丙）页。

会、豫岸运商公会、陕岸运商公会及晋岸运商公会等诸多社会团体机构。设有粥厂、养济院、同善局、育婴堂、养病所、牛痘局、公桑园、习艺所、义仓、运储仓、运阜仓等慈善机构。[①] 而社团与慈善机构的设置，使得运城的城市综合职能更加完善。综上所述，运城开始由单一的盐务专城朝着区域政治、文化、经济中心的方向转化。

（3）人口职业结构的变化

在传统城市的近代转型过程中，人口规模与结构的变化无疑是一项十分重要的指标。随着运城产业结构及城市职能的变化，城内人口来源地区较之前更为广泛，从事职业也有很大不同。运城的城市人口在清代虽没有具体数字，但从现有资料我们可以知道，彼时运城人口构成主要有四部分：文武官员及隶属于他们的书吏、人役；安邑缙绅；盐丁、坐运两商、斗户（粮商）、揽户、牙人；富商大贾及外来人口。[②]

民国时期，运城人口数量及结构均较清代有很大变化。据运城公安局民国二十四年（1935）八月调查，彼时运城共有居民2663户，男子6780名，女子4018名，共计10798口。其中本省人占8162口，河南人占1102口，山东人占917口，河北人占472口，陕西人占128口，其他还有来自江苏、湖北、安徽三省者，但人数均不多。人口职业结构涵盖了政府工作人员、军人、盐商及盐工、行商、针工、教师、学生、农民等成分。参看图3－2。

由图3－2可知，运城职业人口仍以盐工最多，有3918名，其中大部分来自解州本地，亦有来自其他府州及河南省者。行商位居第二，计2995名。业针工者居第三，计2012名。[③] 教师与学生则更次之，计1028名。业农者658名。服务政界者589名。业工者308名。从军者216名。职业不明者2999名。[④] 由此可见，民国时期运城人口的职业结

① 《增修河东盐法备览》卷1《运治门·恤政》。

② 乾隆《解州安邑县运城志》卷2《风俗》。

③ 针工，为针线、女红。

④ 据山西省地方志办公室编《民国山西实业志》中册，山西人民出版社2012年版，第46（戊）—49（戊）页表格统计。

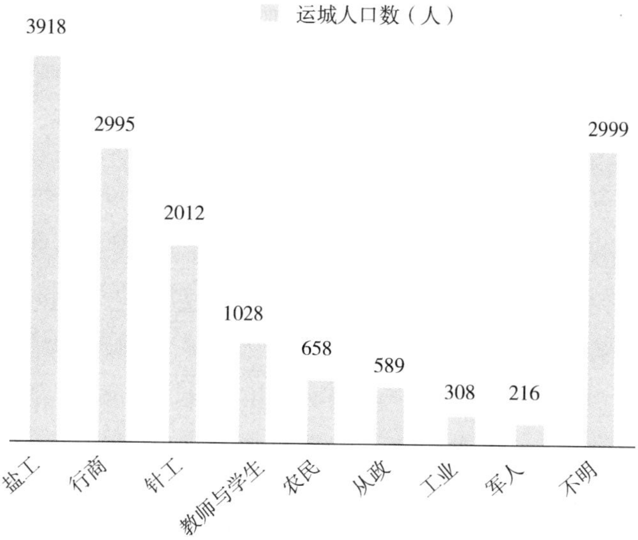


**图 3－2　民国二十四年（1935）运城人口构成的分类统计**

构较清代复杂很多，并出现全为女性的职业，如针工。这可以看作运城近代转型过程中较为突出的一点。

3. 运城近代转型的特点

（1）以解盐生产为核心的资源性产业工业化程度较低，其他产业亦发展缓慢

如何衡量近代资源型城市转型是否成功，当地资源型产业的工业化发展程度无疑是一个重要指标。近代，在运城转型过程中，其资源型产业——河东池盐业的工业化程度较低。清代解盐生产采取“集工捞采”与“垦畦浇晒”并重的技术手段，其具体步骤是：先将淡水引入畦地，继而将卤水放入，晒三五日即成盐，刮放畦旁，待深秋停止晒盐后，将刮得之盐用车马载至一处，以泥封之，即告完成。这种人工浇晒解盐的生产方式耗费较高的时间成本和经济成本，而产量却很低。直至机器使用较为普遍的民国时期，解盐的生产仍然沿用此种方式，并没有将机器设备引入生产中。

彼时，除河东盐业外，运城的其他行业，如丝线、线毯、制毡、毛

巾、麻绳、磨坊、油坊、染坊、油漆、肥皂厂、木器、银楼、刻字、制鞋、制笔、印刷、制墨、铜器店、洋铁器件、石器等，由于尚未脱离手工业作坊的生产模式，故资本微小，产品粗陋，数量不多，销路不旺，因此发展颇为幼稚。参看表 3－2。

**表 3－2　　民国二十四年（1935）运城各产业分类统计表**

| 行业 | 商人数量 | 资本额 | 雇佣工人 | 产品名称 | 产量 | 产值 |
|---|---|---|---|---|---|---|
| 潞盐业 | 40 家坐商 | 30000 余元 | 2653—3818 名① | 潞盐 | 85.79 万担 | 338000 余元 |
| 线毯业 | 3 家 | 150 元 | 11 名 | 线毯 | 460 条 | 612 元 |
| 毛巾业 | 2 家 | 资本微薄 | 2 名 | 毛巾 | 4800 打 | 2880 元 |
| 制毡业 | 1 家 | 40 元 | 5 名 | 毛毡 | 700 条 | 700 多元 |
| 丝线业 | 2 家 | 540 元 | 9 名 | 各色丝线 | 1860 两 | 1782 元 |
| 油坊业 | 1 家 | 340 元 | 15 名 | 香油、菜油、棉油 | 2500 担 | 19800 元 |
| 磨坊业 | 3 家 | 150 元 | 10 名 | 白面 | 168900 斤 | 6756 元 |
| 肥皂厂 | 1 家 | 10000 元 | 10 名 | 肥皂 | 3200 箱 | 16000 元 |
| 染坊业 | 3 家 | 200 元 | 3 名 | 染布服务 | | 920 元 |
| 油漆业 | 2 家 | 不详 | 5 名 | 油漆服务 | 不详 | 300 多元 |
| 麻绳业 | 3 家 | 2100 元 | 23 名 | 麻绳 | 2360 担 | 4720 元 |
| 木器业 | 9 家 | 276 元 | 39 人 | 桌椅及零星器具 | 2470 件 | 1680 元 |
| 刻字业 | 3 家 | 不详 | 7 名 | 刻字服务 | 不详 | 570 元 |
| 银楼业 | 2 家 | 12000 元 | 21 名 | 首饰及金银原货交易 | 2600 两 | 5897 元 |
| 制鞋业 | 3 家 | 1380 元 | 24 名 | 布鞋、皮鞋 | 4200 双 | 2775 元 |
| 印刷业 | 3 家 | 1500 元 | 30 名 | 印刷服务 | 不详 | 3300 元 |
| 制墨业 | 1 家 | 200 元 | 2 名 | 墨锭 | 528 斤 | 422.4 元 |
| 制笔业 | 1 家 | 资本微小 | 4 名 | 毛笔 | 25000 支 | 2500 元 |

① 民国二十四年（1935）夏季，据坐商 40 家之报告，共雇工人 3818 名，冬季则减为 2653 名。

续表

| 行业 | 商人数量 | 资本额 | 雇佣工人 | 产品名称 | 产量 | 产值 |
|---|---|---|---|---|---|---|
| 铜器店业 | 1 家 | 资本极少 | 3 名 | 铜环、马铃、零星铜件 | 500 斤 | 125 元 |
| 洋铁器件业 | 9 家 | 270 元 | 9 名 | 灯壶、茶壶、酒提 | 1250 件 | 253 元 |
| 石器业 | 1 家 | 资本微小 | 3 名 | 石牌 | 不详 | 240 元 |

资料来源：据山西省地方志办公室编《民国山西实业志》上册，山西人民出版社 2012 年版，《第三编・都会商埠及重要市镇・第五章・运城・工业》统计。

（2）城市规模并无明显发展

城市规模也是一项对近代资源型城市转型进行考量的重要指标。清代，运城周长 9 里 13 步，城墙高 2 丈，共有东西南北 4 座城门，分别称为放晓、留晖、聚宝、迎渠。城内有东、南、西、北 4 条大街与四门相对，设厚德、和睦、宝泉、货殖、荣恩、贤良、甘泉、永丰、里仁 9 坊。① 然而民国时期，运城城周仍为九里十三步，城内虽地势平坦，但市区面积甚为窄小。城内除东、南、西、北四条横贯东西、纵贯南北的大街外，就只有阜巷、谢家巷、柴市巷等小街巷。因此，民国时期的运城无论城市面积、城内街巷布局，还是城墙周长等，较之清代均无甚大变化，城市规模没有明显发展。

从上述分析，我们可以知道，虽然运城在近代经历了转型的过程，并在产业结构、城市职能及人口职业结构等方面较前代发生了很大变化，然而也表现出了资源型产业工业化程度低、其他产业发展薄弱、城市规模无明显发展等特点。若以资源型产业的工业化、城市建设与管理的近代化、城市人口职业的现代化等方面为城市转型衡量标准的话，那么，运城的近代转型无疑是有所欠缺的，是不彻底的。

4. 影响运城近代转型的因素分析

近代，运城作为一座因盐而生的资源型城市，随其产业结构、城市

① 乾隆《解州安邑县运城志》卷 3《城池》。

职能及人口结构等方面所发生的巨大变化而经历了由传统向现代的转型。然而，我们通过考察发现，运城在近代的转型是不彻底的，受到自然条件、生产方式、盐业制度、运销市场及社会环境等几方面因素的影响。

（1）自然条件

城市的自然条件包括地理资源概况、交通运输条件及城市发展的时间轴线等内容，这些不仅决定城市的性质和职能，也会对城中人们的生存方式、习俗及文化产生重大影响。地理资源概况决定了城市所拥有的资源禀赋，这是资源型城市发展的前提和基础。运城紧邻河东盐池的地理位置，决定了其资源型城市的根本特性。

交通运输条件决定了城市与外界的联系，它与地理资源概况一同决定城市在区域经济中的地位。运城两面环山，一面盐池，城北十里虽有涑水河，但水浅不利交通，故运城货物，全恃陆运。清代运城外运路线计有：运城至茅津渡，运城至解县，运城至万泉，运城至闻喜四条。凡京货、杂货、药材及一切舶来品之输入，及潞盐、晋棉、煤炭之输出豫陕，均赖此四条道路转运。民国八年（1919），自晋北大同至晋南风陵渡之汽路完成，并于民国二十二年（1933）开通公路客运，此路适经运城北门。同年冬初，同蒲铁路（大同至蒲州）铺轨工竣，亦设车站于运城北关。① 由此，运城成为晋省南北交通干线上的重要节点，其货物运输、行旅往来之便捷，非昔日可比。便利的交通条件，使运城区域经济中心的地位凸显。

我们通常用时间轴线来表示城市发展的长时段历史。运城的发展可溯至汉代，盐池作为中央财政的一大渊薮，随其生产规模扩大而引起人口的聚集。元初始建圣惠镇（运城前身），元末在镇的基础上开工筑城，后经元明清三朝数百年发展，至清中叶已成为城周九里十三步，四城门，城内衙署星罗，街坊棋布，坛庙、仓库、学校无不备具的晋南都

① 山西省地方志办公室编：《民国山西实业志》上册，山西人民出版社 2012 年版，第 139（丙）—140（丙）页。

邑。因此，从运城发展的历史脉络可以看到，随着时间的推移，时间轴线的向前推移，运城经历了由小到大、由简到繁、由镇到城的发展过程。

综上，地理资源概况是运城作为传统资源型盐业城市的基础，而交通运输条件使解盐获得了较好的运销环境，为运城成为五方杂处的都邑提供了前提。随着时间的推移，城市有所发展，运输道路的空间结构也有所改善。因此，包括地理资源概况、交通运输条件及城市发展的时间轴线在内的自然条件对运城的发展产生基础性的重大影响。

（2）生产方式

一般而言，我们用资源型产业工业化程度的高低来衡量资源型城市转型的成功与否。近代，除潞盐业的技术水平较为落后，没有采用机器生产外，潞盐的生产管理也较为落后。潞盐生产的内部组织甚为简单，大致分为经理、司账和工人。工人又分总工头、老伴、头张铣、二张铣、长工、短工等数种。其中，总工头，俗称老和尚，此人富有生产经验，所有工作皆属其指挥管理。老伴，协助老和尚统领下级工头和盐工。头张铣、二张铣，是位置在老伴之下的三四等工头。[①] 盐工内部等级森严，老和尚对下级工头有任免权，对盐工有事实上的制裁权，盐工对工头的人身依附关系较为紧密。据资料显示，由明清时期直至20世纪中叶，潞盐的生产一直使用上述传统方式进行管理，并未将较为先进的现代管理制度引入。这种旧式管理方式不利于发挥盐工的创新性和积极性，阻碍潞盐生产的发展。可见，近代潞盐的生产技术、管理方法均无明显进步，甚至表现出明显的落后性，这是制约运城近代转型的重要因素。

（3）制度因素

政府为了达到一定的经济目标，会采取制定政策制度的方式对经济进行有目的的干预。清顺治六年（1649），为鼓励潞盐生产，实行

① 山西省地方志办公室编：《民国山西实业志》上册，山西人民出版社2012年版，第142（丙）—143（丙）页。

畦归商种，即将所有的盐池、盐畦、盐地交给商人生产，商人种盐纳课并拥行盐引。清康熙二十七年（1688），为提高潞盐运销效率，又将盐池产销商人分开，形成专事浇晒的坐商及运贩潞盐的运商。上述“专事畦种”的浇晒方法及“畦归商种”的运销制度极大地提高了解盐产量，促进了河东盐业的发展。然而，随着清末潞盐生产施行官督商办，抑制了商人生产积极性。民国更因官制改编，晋、陕、豫三省盐税屡屡提高，而导致潞盐销路疲滞，运商大量倒闭。由此可知，制度因素对潞盐生产影响巨大，进而影响以潞盐为支柱产业的运城的近代转型。

（4）市场变化及社会环境

市场以及社会环境等外部因素也在很大程度上成为影响城市转型的重要原因。清代，解盐行销晋、陕、豫三省113县。然近代以来，豫省引岸因被芦盐竞销而缩减。陕省引岸又受蒲城、朝邑土盐影响而短销。省内则清源、文水、安邑、大同、浑源、应县、怀仁、山阴、阳高、天镇、朔县、忻县、代县等县民众皆食本地所产土盐，[1] 进而使解盐在本省的销售也大幅缩减。因此，潞盐价格惨跌，产量日减，运城经济整体发展呈现疲态。此外，社会稳定是城市发展的有力保障，社会动荡带会阻碍城市的正常发展。清末民初，朝代更迭、时局不宁大大影响了运城经济的整体发展。

## 二　产业转型个案研究——明清潞泽地区丝织业向铁货业的变动

潞泽地区是指同处太行山脉南端，位于山西省境内东南部的潞安、泽州两府。该地区因地处山地，气候较寒，且地狭人众，故农业生产条件较差，产不敷食。然此二府却拥有良好的手工业基础及丰富的煤铁资源，故有“上党居万山之中，商贾罕至，且土瘠民贫，所产无几。其

① 山西省地方志办公室编：《民国山西实业志》上册，山西人民出版社2012年版，第44（戊）—64（戊）页。

奔走十一者，独绸与铁耳”的记载。可见，潞绸业及铁货业为彼时潞泽地区的重要产业。

1. 明清潞泽地区的产业结构变动

（1）潞绸业由明代的极盛到清代的衰落

潞绸产生于隋以前，因“机杼斗巧，织作纯丽”而在明代成为贡品，自万历三年（1575）至十八年（1590）的15年中，朝廷向山西坐派潞绸15000匹，用银80064两。政府的征派刺激了潞绸的生产，彼时潞安府城绸庄丝店遍布街巷，机杼之声随处可闻，从业人口十几万，清顺治《潞安府志》有对前朝“其登机鸣杼者奚啻数千家……其机则九千余张”的记载。明季，潞绸生产达到空前规模，仅“长治、高平、潞州卫三处”，就“有绸机一万三千余张”，年产潞绸当在10万匹以上。除大量纳贡外，潞绸亦“舟车辐辏者转输于省直”，被商人转卖各地，“士庶皆得为衣”，甚至通过互市而“流行于外夷”，成为市场中颇受欢迎的商品，从而成为潞泽地区的一大利薮。

清代，潞安府的长治县和泽州府的高平县仍向朝廷贡纳潞绸，但其生产规模及数量远不及明。参见表3－3。

**表3－3　　清代潞绸贡纳的部分统计**

| 年份 | 数量 | 用途 |
|---|---|---|
| 康熙年间（1662—1722） | 每年300—400匹 | 贡纳 |
| 乾隆二十九年（1764） | 潞缎90匹、泽绸50匹 | 运至新疆进行贸易交易 |
| 乾隆三十年（1765） | | 供喀什噶尔贸易 |
| 乾隆三十三年（1768） | 泽绸300匹 | 供新疆贸易 |
| 乾隆三十八年（1773） | 凤台、高平产双色泽绸200匹 | 伊犁贸易 |
| 嘉庆年间（1796—1820） | 每年农桑绢300匹，生丝绢1200匹，大潞绸30匹，小潞绸50匹 | 上解户部 |

资料来源：《宫中档乾隆朝奏折》第23辑，台北“中研院”历史语言研究所，1984年，第551页。《户部提本》，乾隆三十年（1765）兼管吏部事务总管内务府大臣傅恒等《谨题为奏明事》，存第一历史档案馆。《宫中档乾隆朝奏折》第32辑，台北“中研院”历史语言研究所，1986年，第370—371页。《宫中档乾隆朝奏折》第33辑，台北“中研院”历史语言研究所，1986年，第584—585页。

由此可见，潞绸在清代虽仍为政府采办之物，但与明代相比，其征纳规模已大幅缩减。至清末，则彻底绝迹。

（2）铁货业在明清时代的兴盛

潞泽地区煤铁资源蕴藏丰富，其冶铁业古已有之，于明代得到较大发展，至清达于极盛。明唐甄言："潞之西山中，有苗化者富于铁冶，业之数世矣，多致四方之贾，椎凿、鼓泻、担挽，所借而食者常百余人。"可见，潞安地区的冶铁业在明初已成规模。明洪武十八年（1385），裁撤冶铁所，变官冶为民冶，潞泽铁货业得到迅速发展，所产铁器流入各地市场，如"大同十一州县军民，铁器耕具，皆仰商人从潞州贩至"。明隆庆六年（1572）汉蒙"封贡互市"后，当地所产之潞锅更成为"与（蒙古）诸部互市"的重要商品之一。

清代，潞泽铁货业达到鼎盛。清道光年间，泽州府凤台县共有熔炉 100 余座，熟铁炉计 100 余座，铸铁业共有熔炉 400 余座，产出巨大。光绪年间，潞安府长治县南乡有冶铁炉 20—30 座，每炉每日产铁 300—400 斤不等，总计每天产铁 1 万斤左右。泽州府高平县东乡的陈曲河、米山河一带，西乡的香庄河、山后一带，共有铁矿炉 156 座，每日每炉出铁 300—500 斤，每天产铁总计 7 万—8 万斤。彼时，潞泽铁器的品质较高，据称如果价格相等，国人宁愿用山西熟铁而不用进口的欧洲铁。故在洋铁占领市场之前，潞泽铁器"曾经供应中国大部分地区销用"。

如果说，明代潞泽地区最重要的产业是潞绸业，那么，清代该地区最重要的产业则是铁货业。明清之际，潞泽地区经历了由潞绸业为支柱产业与铁货业共同繁荣，向铁货业发展一枝独秀的产业结构变动过程，这种产业结构变动不仅是潞泽地区产业结构自行调整的结果，也是多种因素综合发生作用所导致的结果。

2. 影响潞泽产业结构变动的因素分析

产业结构变动受到供给和需求两部分因素的影响。广义的供给因素包括资源禀赋、劳动人口、资金投入、原料供应、技术进步、制度与政策等。需求则主要指对产品的需求。明清之际，市场经济虽不及当代发育得成熟，但社会经济也呈现出一派高度繁荣的景象，手工业及商业发展均达到较高水平。因此，兼顾所研究问题的时段与对象，我们选取产品需求、原料供应、技术进步、政策等因素进行考察。

（1）产品需求

需求对产业结构变动的影响最为直接，需求的变化促使生产结构、供给结构变化，最终导致产业结构变化。

如前文所示，明代，不论是贡纳部分还是市场部分对潞绸的需求量均较大。而清代，随着商品经济发展，区域间市场联系的紧密，出现了对潞绸的替代商品。且因各种原因，潞绸品质有所下降，因此，朝廷贡赋与市场均对潞绸需求大量减少。相对于潞绸需求的缩小，对潞泽铁器的需求则大幅增长。清代，我国绝大多数乡民不能自行打造铁器，因此潞泽铁器销路甚广。如阳城产铁“铸为铁器者，外贩不绝”，晋城大阳镇彼时被称为“九州针都”，所产缝纫针几乎满足全国需求。潞泽铁器除部分用于本地消费外，有相当数量被运往周边省份出售：直隶沧州“铁器来自潞（安府）、汾（州府），农器为多”；束鹿“铁器……多由获鹿、山西泽州、潞安等处运来”；河南林县“铁器自（潞安府）壶关县来”；陕西鄠县“铁货，如铁钉、铁锁之类，除自制外，由山西泽州、潞安等府水运至河口，由河口陆运至鄠，每年共销六七万斤”等。此外，山东聊城“铁货自山西贩来”；东平州“铁货陆运来自山西”，禹城“铁釜诸器，自山西购至本境，车运，岁约二千金”；潍县“铁器，山西客商贩来，销售岁约五千金”，而这些铁货中亦有不少为潞泽二府所产。从潞泽铁货的广泛行销，可以窥见市场对其巨大的需求程度。

明清之际，随着市场及贡赋对潞绸需求的减少，其价格相应下降，产量亦相应减少，潞绸产业发展受到阻碍；而潞泽铁货方面，随着市场需求的增加，铁货价格相应上升，产量亦相应增加，铁货业得到蓬勃发展。因此，无论在何种经济环境下，生产活动无不是围绕需求进行。无论产品技术含量高低，功能先进与否，如果没有需求，则此种产品的生产者将无法生存，同时该产业也会走向衰退与消亡。

（2）原料供应

对产业结构变动产生较大影响的还包括直接关系到产品生产成本的原料供应。原料供应效率的高低在很大程度上取决于产品出产地的资源禀赋。

明代，作为北方最大的织造中心，潞泽本地茧丝原料供应严重不足，明初虽采取了鼓励栽桑养蚕的政策，然而自然条件所限及产量的巨大，使得潞绸生产所费大量丝线仍需远及川湖之地、山东、河南、北直隶等处购办。清代，为缴纳朝廷贡赋，山西商人依旧远赴四川等地收购生丝。位于川东的生丝交易中心——綦江扶欢坝丝市，“每岁二、三月，山陕之客云集，马驮舟载，本银约百万之多”；而川西生丝集散地——成都簇桥镇，丝店林立，每逢场期，亦有不少山陕商人前来买丝，其中就有潞泽丝商的身影。原料的异地采购无疑增大了潞绸的生产成本。同时，潞绸的织造工序也颇为繁杂，清顺治《潞安府志》载：“（潞绸）络丝、练线、染色、抛梭为工颇细”，这些复杂、费时、费力的生产程序则增加了生产的时间成本。

相比潞绸生产的原料匮乏，潞泽铁货业的发展则具有得天独厚的条件。首先，冶铁所需的煤炭在潞泽地区储量丰富，且清代之前就已经得到开发和利用。清康熙矿禁逐渐松弛后，准许商人各雇本地人开矿。清乾隆以降，潞泽煤矿开采区域覆盖了现在该地区所有的开采矿区。其次，潞泽地区历代以来就是山西铁器的重要产地。山西冶铁业产生于汉代，《明实录》记载明初全国所设的 13 个铁冶所中，潞泽独占其二。明代所探明的山西铁矿就有晋城、长治、高平、阳城等县。清嘉庆《通志》载，“山西府州产铁之地十之八九，太原、泽州、阳城、高平大盛”。阳城更有“铁，近县二十余里山皆出矿，设炉熔造，冶人甚夥”的记载。

潞泽地区匮乏的茧丝资源及潞绸繁杂的生产程序，使得生产潞绸的总成本增加速度大于产量增加速度。而该地区丰富的煤铁资源则为铁货的生产提供了廉价的原料供应，从而使得铁货生产的总成本增加速度小于产量增加速度。高昂的生产成本意味着较低的利润水平，因此潞绸的生产“获利最微”；而铁货则“获利最溥”。当然，明清时代潞绸的生产具有特殊性，且彼时市场经济尚未发达，故不可一概而论。然而，清代大臣屡次上书奏表请求减少潞绸贡赋，及潞绸机户的对外购买成品纳赋的现象，则可以从一个侧面反映出彼时潞绸的生产成本高而利润低下的事实。

（3）技术进步

产业技术进步是指产业内的发明、创新和技术转移渗透于产业的方方面面，它会带动生产成本的降低、产品质量的提升及产品需求的扩大等，会通过经济增长表现出来，促进产业发展。产业内技术扩散分三个阶段：第一阶段，扩散初期。速度较缓，参与企业数量有限。第二阶段，扩散中期。随着新技术的逐步推广，带来更大的收益，其他企业争相效仿，导致新技术的扩散速度越来越快。第三阶段，扩散末期。此时，市场上没有使用新技术的企业越来越少，而这些没有采用新技术的企业同时又缺乏采用新技术的实力，使得新技术扩散速度再次迟缓下来。

第一，明代，潞绸织造工具的改进促使潞绸业快速发展。

明代徐光启所著《农政全书》中，有对潞绸织造技术“西北之机潞最工”的高度评价。而万历二十五年（1597）刑部侍郎吕坤在其《天下安危疏》中称：“山西之绸、苏松之锦绮，岁额既盈，造加不已”，将潞绸与江南苏州和松江两府所产锦绮相提并论，亦可见其织造水平之高。明代，潞绸生产广泛应用较为先进的卧机进行织造。卧机与原始腰机相比，解放了织工双手，提高了生产效率；与双综双蹑等多臂织机相比，具有体积小、易操作等优点，满足了农民自身的需要，在一定程度上促进了潞绸业的发展。然清以降，潞绸织造技术并无明显变化与提高，从而使潞绸产业发展停滞。

第二，清代，冶铁业在技术上的明显进步带动铁货业成为当地支柱产业。

清代，潞泽地区普遍采用坩埚装矿石，以无烟煤作燃料与还原剂的方法进行冶炼。国外学者丁格兰在其专著《中国铁矿志》中说："山西铁矿在清季成为中国最大铁业者，在古时则尚无闻。推原其故，殆有山西铁矿在古时虽有采者，其量不多。迨稍迟发明以黏土作坩埚，及利用无烟煤为燃料之后，山西铁业始臻发达，此技术进步之关系也。"丁所描述的冶炼小工厂具体如下：在一个铲平的、略有坡度的广场，大约8英尺长，5英尺宽，两个长边垒起土泥墙。倾斜下去的一边为前边，是开敞的，第四个边则被一间小屋的泥壁封堵起来。小屋里是由2—4个人操纵的风箱，燃烧场上布满拳头大的无烟煤块，上面放150个坩埚，铁水如此从铁矿石中冶炼出来。彼时，更有专业化的铁器生产城镇形成：如泽州府的高平县、凤台县的大阳镇以冶炼生铁著称。陵川县主要生产铁钉，清雍正间曾有作坊12家。被称为潞泽"三城"的阳城、凤台和荫城，则以出产和出售优质铁货闻名。其中，阳城以生铁货为主，包括大小锅、笼盖、笼圈、犁、耙齿、炉条等。凤台主要产铁丝、铁钉、平锅、蒸锅、犁头、杂件、铁箍、刀剪等。荫城镇则因其优越的地理位置而成为潞泽铁货集散中心。

（4）政策因素

政府为了达到一定的经济目标，会采取制定政策的方法对经济进行有目的的干预。因此政策环境对区域产业结构变动有重大影响。

第一，促进及阻碍潞绸业发展的政策因素。

明初，社会经济凋敝，为尽快恢复和发展经济，明政府大力推广种植经济作物，规定"凡种桑麻四年始征其税，不种桑者输绢，不种麻者输布"。并于明洪武二十八年（1395）下令山东、山西、河南等省的农民自洪武二十六年（1393）之后所栽种的桑枣等果树，"不论多寡，俱不起科"。此外，沈王朱模于明永乐六年（1408）就藩潞州后，从江南等地征数千机户来潞州织造。这些政令的颁布实施，为潞绸业的兴起和发展奠定了物质基础，在一定程度上保证了潞绸原料供应，促进了潞绸业的迅速发展。

明中后期，潞绸生产达到鼎盛，同时成为朝廷重点征派对象。彼时，潞绸织造实行分班定号制，共分 6 班 72 号，机户明注官籍，承应官司差制造。机户还要受到催绸费、验绸费、纳绸费等多种额外费用的盘剥，赔累繁重。随后，朝代更迭，至清顺治时，潞泽止存织机 300 余张。然自清顺治四年（1647）始，每岁仍派造 3000 匹潞绸，织户不堪其苦，于顺治十七年（1660）发生了“潞安织稠户焚机罢市”事件，至此潞绸业一蹶不振，终于清光绪八年（1882），随中丞张之洞专折奏请，长治停额供之例，潞绸业彻底销声匿迹。

第二，促进铁货业发展的政策因素。

明洪武十八年（1385）和二十八年（1395），政府因冶铁库存过多，曾两次罢停各处官营铁冶，且后一次更“诏罢各处铁冶，令民得自采炼，而岁输课程，每三十分取其二”。潞泽地区因丰富的煤铁资源禀赋，而成为彼时民营冶铁较为活跃的区域之一，产量巨大。如泽州府的阳城县在明天顺、成化年间，每年向政府“课铁不下五六十万斤”，按明代课铁税率折算，阳城县彼时的年产铁量应该在 800 万斤左右，这一数量相当于明初山西全省生铁产量的 7—8 倍，相当于明中叶全国民铁的总产量。清代铁业采取商人“自出资本，募工开挖”的生产方式，将采得矿砂以“十分抽二，变价充饷”的税率交给官府，故铁业生产从规模、技术到分工，均比明代有所进步。此外，明清两代对民营冶铁业的税率始终没有大幅度增加，从而使得民营冶铁业得到良好的生存、发展环境。据李绍强的研究，明洪武至正德间，对民营铁业课税“每三十分取其二”，大约 6.7%，较宋元时的“二八抽分”，即 20% 低得多，嘉靖至明末民营铁课有所增加，但绝没有超过宋元时期的“二八抽分”。清代矿税没有完整的数字记录，但从数省铁税收入来看，显然所占比重甚小。且铁矿的开采冶炼对投资与技术的要求较高，因此铁税过高将无利可图而无人经营。由此判断，清代民营冶铁的税率不会太高。

政府相关政策的改变，对潞绸业与潞泽铁货业的发展产生了重大影响。先看潞绸业，明初政府劝课农桑，迁机户至潞州织造，使得潞绸供给增加，潞绸业得到发展。明末清初，政府对潞绸征纳过重，使得潞绸供给减少，潞绸业发展受阻。潞泽铁货业方面，明洪武年间的官冶退而民冶进，以及明清两朝对铁业的轻税政策，使得潞泽铁器供给增加，潞泽铁货业得到发展。由此可知，政策因素对产业结构变动的影响相当大，积极的政策会促进投资的增加，加速产业结构的快速演进。相反，则会阻碍产业的向前发展。

## 三　由县政中心到茶业金融业中心——清以降祁县城的城市职能转型

祁县城作为一座地处山西中部的县城，清代以来，随着晋商的崛起及中俄茶叶贸易的发展，而逐渐由一座普通县城发展成为纵贯中国的万里茶路上的一个重要商贸城镇，继而与平遥、太谷两座县城一同成为彼时执全国金融业之牛耳的“金融中心”，其城市职能发生了由县政中心到茶业、金融业中心的转型。作为封建时代的城市，尽管其职能以政治治理为主，但随着经济发展与社会进步，其城市的经济功能得到了很大的提升，这从祁县城的茶业及金融业的发展上体现得淋漓尽致。因此，这种转型从一个层面反映出，彼时我国的一些城镇随着经济的发展，其城市职能亦随之变化，即由政治统治职能为主，转变为在政治统治职能不变的情况下，经济职能不断加强的特征。本书试图在前人研究的成果之上，以清代以降祁县城的城市职能转型为对象，考察导致此种变化的动因及运行机理，进而从一个新的角度对彼时祁县城的发展进行研究，以期为当代湾区视角下的城镇定位及发展提出一些新的思考。

### （一）由县政中心到茶业、金融业中心

祁县，位于山西中部，太原盆地南端，太岳山脉北麓，汾河中游东岸，东邻太谷，西接平遥，明、清两代属太原府，民国属冀宁道，北距省治太原140里。[①] 祁县城，“自北魏太和由祁城徙今治”，经历代多次修葺，清代祁县城东西长约850米，南北长约700米，呈长方形，周长

① 光绪《祁县志》卷2《疆域》。

约 3 千米；设四座城门，东曰“瞻凤”、西曰“挹汾”、北曰“拱辰”、南曰“凭麓”。清前期，这里仅为当地的县政中心，城内设有多处地方统治机构：县治在城西街；阴阳学、医学在城东街；僧会司在上生寺；道会司在太清观；社仓在西街；城守卫署在东街；节孝祠在察院巷西；养济院在北门外邑厉坛之北；育婴堂在小东街；预备仓在县大门内东；义仓在城西街栢叶巷；草场在养济院东。①

清雍正间，旅蒙商号大盛魁在祁县城设立大玉川茶庄，为其加工茶叶。随后，清乾隆间，山西商人开辟了从福建武夷山贩运茶叶到蒙俄地区的茶叶之路，南下北上业茶的商人数量逐渐增多，祁县城因位于南茶北运的要道而成为山西中部的茶叶城镇。彼时，城内茶庄林立，茶商云集。山西商人业茶发端于明代边镇的茶马贸易。清代，山西茶商由明代的边镇一线向整个中国北部地区发展，在东北、西北及蒙古地区的广阔区域内进行贸易活动。清中前期，山西商人前往武夷山贩茶；咸丰时，受太平天国运动影响，产茶地区北移至湖北的羊楼峒，蒲圻县与湖南临湘县交界的羊楼司、临湘县的聂家市，安华及咸宁等处。山西商人将收购的茶叶“压作方砖，白纸封，别有红笺，书小字：西商监制，自芙蓉……本号监制、仙山名茶等语”②。山西茶商将所收购之茶叶汇聚于汉口，或沿长江上行至打箭炉，或顺汉水至襄樊再经赊店西行陕甘新疆，北行东西二口，至蒙古地区及俄罗斯腹地。汉口的山陕茶商分为红茶帮、盒茶帮和卷茶帮，经营红梅茶、三九砖茶、三六砖茶、二四砖茶、半斤砖茶、千两茶、米心茶等品种的茶货。红梅茶在汉口就地卖给俄国洋行；米心茶是把红梅茶末制成块，运至归化城，再贩往新疆；砖茶大部分销往内、外蒙古地区及俄国各地；千两茶在祁县叫三和茶，千两茶就是贡尖茶，比砖茶质高，运销陕西、甘肃、山西、张家口一带。③

---

① 光绪《祁县志》卷 3《县治》。

② 道光《蒲圻县志》卷 4《风俗》。

③ 吕洛青：《祁县的茶庄》，载中国人民政治协商会议山西文史资料研究委员会编《山西文史资料》第 106 辑，中国人民政治协商会议山西文史资料研究委员会，1998 年。

在始于清雍正五年（1727）的中俄恰克图贸易中，茶叶是晋商经营的主要商品之一。从18世纪下半叶开始，中俄恰克图贸易的进出口额迅速增长，年平均贸易额由71万卢布增加到464万卢布。19世纪上半叶，中国输往俄国的茶叶逐年增多。茶叶出口以价值计，清嘉庆年间每年为228499卢布，清同治年间每年出口增至5976204卢布，[①] 增长25.15倍。恰克图税关档案记载，清道光二十一年（1841）至此后的十年间，所收茶税4808084卢布；清咸丰元年（1851）以后的十年间，茶税4827990卢布。[②] 由此，山西茶商在恰克图巨大的贸易量可见一斑，山西茶叶贸易发展至极盛。

山西茶商中祁县茶商占很大比例。祁县因"扼汾潞之要，控豫引雍"[③]，地当要冲，交通便利，历来为山西交通枢纽之一。清乾隆《祁县志》载："祁县南道河东，通秦陇，东南逾上党，达中州，北当直省孔道，固四达之衢也。"[④] 因此，祁县城是清代南茶北运在山西境内重要的中转站，而祁县城内在茶业繁荣，极盛时开设茶庄达到数十家之多，参见表3－4。其中，较为著名的是大德诚和长裕川。大德诚茶庄设在西街北路，是祁县富商乔氏投资的生意，兼营茶庄和钱庄。该茶庄专办三和茶（又称千两茶）、德和贡尖。[⑤] 长裕川茶庄在城内段家巷，其东家是城内富商渠氏，其前身为长顺川茶庄，专营砖茶和红茶。[⑥] 茶叶的广泛外销，不仅为茶庄积累了雄厚的资金，还给财东带来丰厚的利润。"长裕川"财东渠氏在城内东大街修建富丽堂皇的"渠家大院"。而"永聚祥"财东则在东街街巷修建豪宅"何家宅院"。

---

① 光绪《蒙古志》卷3《贸易》。

② 光绪《蒙古志》卷3《贸易》。

③ 光绪《祁县志》卷2《疆域·城池》。

④ 乾隆《祁县志》卷2《关梁》。

⑤ 史若民、牛白琳编著：《平、祁、太经济社会史料与研究》，山西古籍出版社2002年版，第481页。

⑥ 中国人民政治协商会议祁县委员会、文史资料研究委员会编：《祁县文史资料》第4辑，中国人民政治协商会议祁县文史资料研究委员会，1987年，第57页。

表 3－4　　清代祁县城茶庄票号统计表

| 商号铺名 | 经营范围 | 所在街道 | 商号铺名 | 经营范围 | 所在街道 |
|---|---|---|---|---|---|
| 永聚祥茶庄 | 茶叶 | 东大街 | 永泰生钱庄 | 茶叶，票号 | 东大街 |
| 日升明茶货店 | 茶叶 | 东大街 | 天巨川票号 | 茶叶，票号 | 东大街 |
| 德泰全茶庄 | 茶叶 | 东大街 | 宏晋银号 | 茶叶，票号 | 西大街 |
| 长裕川茶庄 | 茶叶 | 段家巷 | 晋恒银号 | 茶叶，票号 | 西大街 |
| 宏源川茶庄 | 茶叶 | 段家巷 | 大德恒票号 | 茶叶，票号 | 西大街 |
| 谦和诚茶庄 | 茶叶 | 西大街 | 合盛元票号 | 茶叶，票号 | 西廉巷 |
| 裕和昌茶庄 | 茶叶 | 西大街 | 大盛川票号 | 茶叶，票号 | 东廉巷 |
| 大德诚茶庄 | 茶叶 | 西大街 | 恒义银号 | 茶叶，票号 | 东廉巷 |
| 亿中恒茶庄 | 茶叶 | 西大街 | 裕善银号 | 茶叶，票号 | 北大街 |
| 天恒川茶庄 | 茶叶 | 西廉巷 | 存义公票号 | 茶叶，票号 | 财神庙街 |
| 北昌源茶庄 | 茶叶 | 北大街 | 三晋源票号 | 茶叶，票号 | 财神庙街 |
| 天合德茶庄 | 茶叶 | 北大街 | 大德通票号 | 茶叶，票号 | 小东街 |
| 晋生祥茶庄 | 茶叶 | 财神庙街 | 巨盛川茶庄 | 茶叶 | 财神庙街 |
| 裕生川茶庄 | 茶叶 | 财神庙街 | 巨贞川茶庄 | 茶叶 | 小东街 |
| 大玉川茶庄 | 茶叶 | 财神庙街 | 义和茶庄 | 茶叶 | 东关 |

资料来源：张江：《山西祁县古茶路及茶叶物流考证》，《晋中学院学报》2010 年第 5 期。

随着茶业的兴盛，与之有密切关联的金融业在祁县城亦有所发展，除当铺、钱庄、账局、银号等传统金融组织外，票号也出现在祁县城内。清道光十七年（1837），祁县城的第一家票号合盛元创立，随后相继成立了大德通、三晋源、存义公、大德恒等票号。至清光绪十九年（1893）祁县城内先后创办票号 13 家，① 成为国内一股强大的金融势力，被称为“祁帮票号”，详见表 3－5。

“祁帮票号”资本实力雄厚，经营手段先进，思想理念超前，其所经营之大德通、大德恒及三晋源等三家票号“在民国五、六年至七、八年间山西票号 20 余家相继倒闭”之时仍屹立商界。② 祁县票商还积

① 中国人民银行山西省分行、山西财经学院：《山西票号史料》，山西经济出版社 2002 年版，第 1279 页。

② 1935 年《中央银行日报》1 月号。

极参加现代商业银行的筹建，不仅参与了清光绪三十年（1904）户部银行的筹办，清光绪三十四年（1908）户部银行改大清银行，1913 年晋胜银行的设立，更在 1919 年山西省银行成立时大举参与其中。山西省银行成立之时，阎锡山亲任处长，聘祁县大德恒票号总经理阎维潘为副处长，1/3 的董事会成员为祁县票帮商人；同时，山西省银行的 255 名职工中，有祁县人 38 位，占职工总数 15%，且大都身居要职；10 位分行经理中有 5 人为祁帮票商，占分行经理人数的 50%。

彼时，祁（县）帮票号与平（遥）帮票号及太（谷）帮并称为“祁、太、平三帮票号”，为当时国内实力最为强劲的金融群体。平遥帮的日升昌票号、蔚泰厚票号、蔚丰厚票号、新泰厚票号、协同庆票号、百川通票号、乾盛亨票号、永泰庆票号及太谷帮的锦生润票号也纷纷设分庄于祁县城内。[①] 祁县城也由一座单纯的地方行政中心而逐渐转变成为山西省的茶业及金融业中心。参见表 3－5。

**表 3－5　　清代祁县城内祁县帮票号情况统计**

| 票号名称 | 创办年代 | 来历 | 资本（两） | 东家 | 备注 |
|---|---|---|---|---|---|
| 合盛元 | 道光十七年（1837） | 茶庄 | 20 万 | 郭氏、张氏 | |
| 大德兴 | 咸丰年间（1851—1861） | 茶庄 | | 乔氏 | 1884 年改名大德通 |
| 大德通 | 1884 年由大德兴改 | | 24 万 | 乔氏 | |
| 元丰玖 | 咸丰九年（1859） | | 14 万 | 孙氏 | |
| 三晋源 | 同治初间（1862—1865） | | 30 万 | 渠氏 | |
| 巨兴隆 | 同治年间（1862—1874） | 布庄 | 10 万 | 渠氏、张氏 | |
| 兴泰魁 | 光绪初年（1875—1882） | | | 翟氏 | |
| 长盛川 | 光绪十年（1884） | 茶庄 | 16 万 | 渠氏 | 由长源川茶庄改 |
| 大德恒 | 光绪七年（1881） | | 24 万 | 乔氏 | |
| 大盛川 | 光绪十五年至光绪十六年（1889—1890） | 钱铺 | 20 万 | 大盛魁、张氏、史氏、王氏 | 裕盛魁钱铺改 |

① 祁县志编纂委员会编：《祁县志》，中华书局 1999 年版，第 369 页。

续表

| 票号名称 | 创办年代 | 来历 | 资本（两） | 东家 | 备注 |
|---|---|---|---|---|---|
| 大德源 | 光绪十四年（1888） | 茶庄 | | 乔氏 | 福生达茶庄改 |

资料来源：据中国人民银行山西省分行、山西财经学院《山西票号史料》，山西经济出版社2002年版，第652—657页资料统计。

随着茶业与金融业的发展，祁县城的城市风貌也出现巨大变化。彼时，祁县城内街道宽阔，两旁店铺林立。以十字街口为中心，东、南、西、北四条大街垂直交叉，南正北直，东西对应，四条大街路面均宽6—7米，以十字交叉为骨架，全城辅以28条街巷。东、西、南、北四条大街均为商业街，临街门面大都为商号店铺，其中以东、西二街最为繁荣。祥云集烟店、巨贾渠家宅院、大德恒票号、宏晋银号、谦和诚杂货店、长裕川茶庄及祁县富商何家宅院等均坐落于东街及其巷道中；大德诚茶庄、亿中恒钱庄、长盛源烟店等字号均坐落于西街，且毗邻。除茶庄外，祁县城内零售商业亦十分活跃，以销售烟货字号为例："祥云集"和"长盛源"为彼时著名的山西经营烟叶的字号。"祥云集"开设于清道光年间，坐落在东大街路北，是曲沃总号设在祁县的分庄，经营手工旱烟，主要产品有祥生烟、祥生定、杂拌烟等。[①] "长盛源"开设于清咸丰五年（1855），其前身是"长盛德"，兼营花布庄和烟店，号址城内西大街路北，主要经营各种杂烟和包烟。[②] 此外，祁县城内经营酒、油、面、南货、首饰、药材等商品的字号鳞次栉比，数量众多。

由此可见，清代以降祁县城本身虽为一县之行政中枢之所在，但因其茶业及金融业的迅速发展而成为当地的商业中心，而更成为彼时的金融中心之一。因此，其作为县政中心的行政职能没有变化，但其商业城

① 中国人民政治协商会议祁县委员会、文史资料研究委员会编：《祁县文史资料》第4辑，中国人民政治协商会议祁县文史资料研究委员会，1987年，第68—69页。

② 中国人民政治协商会议祁县委员会、文史资料研究委员会编：《祁县文史资料》第4辑，中国人民政治协商会议祁县文史资料研究委员会，1987年，第61页。

镇的经济职能和特征不断加强。

### （二）清以降祁县城的城市职能转变的因素分析

清代，祁县城由地方行政中心转变为茶业、金融业中心，是多种因素综合作用的结果。

第一，茶业、金融票号业的“产业集聚”促进当地产业集聚程度的迅速提升。

产业集聚是指同一（或不同）产业在某个特定地理区域高度集中的现象。也即，在一个适当大的区域范围内，生产某种产品的若干同类企业以及为这些企业配套的上下游企业，还有相关的服务业等产业高密度地聚集在一起。

清代至民国，祁县城内形成了大量的茶庄集聚和票号集聚，体现了茶业及票号金融业等产业在祁县城内的集聚发展状况。以茶业为例，从表3－4可知，清咸丰、同治年间，祁县城内有长裕川、巨贞川、永聚祥、大玉川、裕生川、德泰全、大德诚、巨盛川、大德川、宝聚川、长源川、宏源川、通川盛、福廉泰、大德兴等茶庄30家，分号更是遍布于国内的通商大埠。茶业字号的集聚使得大量茶商及相关商业人才聚集在祁县城内，同时茶业资本亦大规模集聚，最终形成茶业的产业集聚。再看票号业，自清道光十七年（1837）合盛元票号创办以来，祁县城内又陆续创办大德兴、大德通、元丰玖、三晋源、巨兴隆、兴泰魁、长盛川、大德恒、大盛川、大德源等多家票号，并在全国各大商埠开设多家分号，形成“祁帮票号”。票号属于金融行业，其开办不仅需要大量资金支持，更需要具有专业技能的金融业人才。由此可见，随着票号的大量开设，祁县城集聚了大量金融资本及人才，从而形成金融票号的产业集聚。

我们以茶业为例进行具体分析，祁县城的茶业属于多产业部门集聚，这种集聚是基于当地的茶业优势而集聚了大量不同部门的产业，形成多产业群落。清代至近代的一段时间，祁县形成了茶业的货栈、运输等不同部门的产业聚集。山西茶商在南方诸省收购茶叶之后，由水路北上，到河南赊旗镇起岸，经洛阳、渡黄河、入山西境内，过晋城、长治，出子洪口至晋中盆地之祁县。由赊旗至祁县，由于山路崎岖，故只能用骆驼、骡子等高脚驮运。到祁县之后，因进入晋中盆地，道路平坦，故换畜力大车运茶货继续北上。运输工具的转换在位于祁县城东南20里外的鲁村进行的。鲁村，位于祁县城东南的昌源河畔，晋豫官道穿村而过。彼时，鲁村有十几家被当地老百姓称作“倒货店”或“过载店”的货栈，规模较大者有万顺店、长胜店、浑元店、东太店、利泉店、丰元店、德业店等，其中万顺店规模最大，可同时容纳数百头骆驼休息。① 彼时的鲁村店铺林立、商贾辐辏，成为南来茶货的转运点。除鲁村外，祁县城东、南、西、北四关也集聚了不少从事茶货转运业务的货栈，参见表3－6。茶货的验收、过秤、分装、发货均在货栈中进行。除留宿人货、中转物资外，货栈还兼有结算货款的功能。祁县城内的各大茶庄与鲁村及四关的货栈均有长期合作，如万顺店就与渠家长裕川茶庄建立了固定合作关系。因此，鲁村与祁县四关形成了货栈业的集聚。

此外，祁县境内散落在南茶北运道路两旁的村子，因大量饲养用于茶货运输的骆驼、骡子、马匹和牛等牲畜而成为运输工具集聚地。南来茶货在河南赊旗起岸，需翻过太行山才能进入晋中盆地的鲁村及祁县四关进行运输工具的转换，然后继续北运。然在赊旗至鲁村之间，因太行山脉道路崎岖，需大量使用骆驼、骡子等被当地称为“高脚”的牲畜进行运输。彼时，祁县境内的许多位于茶路附近的村子饲养有大量用于运输的骆驼。如刘家堖村养骆驼800余峰；来远镇养骆驼100余峰；东团城养骆驼200余峰；集林坪养骆驼40余峰；洛阳村养骆驼100峰；高村养骆驼40余峰；北谷丰村养骆驼100峰；下古县镇养骆驼40余

① 邢野、王新民主编：《内蒙古十通》下册《旅蒙商通览》，内蒙古人民出版社2008年版，第136页。

峰；东观镇养骆驼200余峰等。此外，骡子也是驮运茶叶的主要工具，有很多村子拥有专营运输的骡子商队，如：来远镇骡子队、西团城骡子队、鲁村王派百头骡子队、南团柏村的“牛房院”骡子队、东观骡子队、炮守堡骡子队、张庄骡子队、祁城骡子队等等。茶货进入晋中盆地后，在鲁村及祁县四关换乘铁轮大车北运。铁轮车因载货量不同而由2匹、3匹，或4匹马或牛牵引运载。故除饲养骆驼及骡子外，运输用的马、牛饲养也较为普遍，且许多村子还有专业的马车、牛车运输队。如乔家堡的王姓掌柜拥有600辆牛车，运输货物至西口（杀虎口）。

综上所述，彼时的祁县境内，应该有骆驼、骡子、马、牛万头以上，形成了运输业集聚。

**表3-6　　清代末期祁县城外茶叶物流中转倒货商号铺面统计表**

| 辖区 | 方位 | 商号（铺） | 经营项目 | 辖区 | 方位 | 商号（铺） | 经营项目 |
|---|---|---|---|---|---|---|---|
| 东关 | 路南往东 | 三和花店 | 转运站 | 西关 | 路南由东往西 | 槐树店 | 车马倒货店 |
| | | 义和店 | 茶庄 | | | 西明月店 | 车马倒货店 |
| | | 聚珍店 | 转运站 | | | | |
| 南关 | 路东 | 永茂店 | 转运店 | 北关 | 路东由南往北 | 河南老三店 | 旅店 |
| 西关 | 路南由东往西 | 东兴隆店 | 车马倒货店 | | | 东升店 | 转运店 |
| | | 西兴隆店 | 车马倒货店 | | | 大恒店 | 车马倒货店 |
| | | 东明月店 | 车马倒货店 | | | 晋通栈 | 转运站 |
| | | 隆盛店 | 车马倒货店 | | | 武盛店 | 车马倒货店 |

资料来源：张江：《山西祁县古茶路及茶叶物流考证》，《晋中学院学报》2010年第10期。

“茶业集聚”与“票号集聚”在祁县当地形成了“产业集聚竞争力”，把竞争从单个茶庄或票号提升到群体竞争层次，形成了在特定产业氛围环境下微观层面上的集聚内各字号的竞争能力，以及中观层面上的产业集聚整体的竞争能力。从而，祁县城的城市职能由单纯的县政中心转变为茶业及金融中心与行政中心并存的状态。

第二，以祁县城为中心，在茶道沿线形成了以经营茶业及相关产业的“城镇集聚”。

清中叶以后，大量山西茶商前往南部诸省收购茶叶往北部诸省贩运，现已考证彼时南茶北运有数条线路，其中经过山西的有两条，时称西路和大西路，而此两条路线均以祁县城及周边村镇为中转站运销蒙俄。以西路为例，其去程和回程路线如下：

去程：祁县—子洪—沁州—鲍店—泽州府（祁县至泽州，陆路 580 里）—荥阳—郑州—赊旗镇（泽州至赊旗镇，陆路 1350 里）樊城（赊旗店至樊城，水路 345 里）—安陆府（报厘金）—汉口（樊城至汉口，水路 1215 里）—益阳（汉口至益阳，水路 840 里）—边江（益阳至边江，水路 250 里）—沙市（水路 220 里）—（小河）[①] —常德。（水路 490 里）由常德起旱进山，置办茶叶。

回程：常德—德山（下水）—甲港口（进小河）—（由此上水）对河白沙—源江县—徐湖口—沙头—益阳县（水路 340 里）—汉口—樊城—赊旗—郑州—泽州—沁州—祁县鲁村。[②] 在鲁村换畜力大车经太原、大同至张家口或归化，再换骆驼至库仑、恰克图。茶叶由产地运至恰克图，祁县为必经之地，全程约 3000 公里。[③]

由于祁县“扼汾潞之要，控豫引雍”[④]，地当要冲的优越地理位置，历来交通便利，为山西茶商运销茶叶交通枢纽。因此，区位优势促进了祁县城及周边村镇因南茶北贩而得到的发展。北关村为茶路进入祁县境内的首个村庄，茶道南北纵穿该村，街道两旁有多家店铺，大多是为往来茶道上的客商提供服务的货栈和车马大店，该村因在茶道之上而使其商业发展水平远超一般晋中村落。出北关村，沿茶道往北十六里为来远镇，镇内街道两旁货栈、行店鳞次栉比，多为经营与茶业相关的货栈服务业，其中以名为信和店的货栈规模最大；此外，该镇的“三眼窑”

---

① 据史若民、牛白琳编著《平、祁、太经济社会文献丛录》，（大德诚茶庄）祁县至安化水陆程底资料整理，此处（小河）在资料中并未标注是否为地名，笔者推测应该是水路名称，山西古籍出版社 2002 年版，第 483 页。

② 据史若民、牛白琳编著《平、祁、太经济社会文献丛录》，（大德诚茶庄）祁县至安化水陆程底资料整理，山西古籍出版社 2002 年版，第 483 页。

③ 祁县志编纂委员会编：《祁县志》，中华书局 1999 年版，第 303 页。

④ 光绪《祁县志》卷 2《疆域 · 城池》。

货栈除提供常规的货栈服务外，还提供骆驼运输服务。继续往北为盘陀驿站，该驿站设立于晋豫官道之上，为茶道进入祁县的必经之路，驿城内字号林立，有饼子店、货栈、饭铺、理发店、杂货店等店铺。再往北是鲁村，此地为茶货由高脚换畜力大车运输之中转站，为祁县城外最大的茶叶的集散地。大多数茶货并不进入祁县城内，而是经过长途运输后在这里改捆，重新装车继续北运，而经营此项业务的店铺被称为“倒货店”，万顺店即为当地较大一家“倒货店”，茶业兴盛时，村内人声鼎沸，客商络绎不绝。顺茶道继续往北是子洪口关隘，此处为晋东南通往晋中的重要关口，历来为南来北往的客商之必经之路，该隘口有多家饭铺、货栈及驻店。通过子洪口，茶货顺次经过南团柏、团柏铺、官道庄、白圭镇等村镇，直至祁县城。其中，南团柏村有著名的茶壶庙，该庙实为关帝庙，因彼时在此地为往来客商提供茶水而得名。永安村，位于茶道西侧，清代全村共饲养骆驼800余峰，为茶货及其他货物提供运输服务。白圭镇，亦为南茶北运的必经之路，镇内货栈众多。北出祁县城，过晓义村到贾令镇。晓义村位于县境东北，东邻太谷武家堡，北接太原府徐沟清德铺，是清代南茶北运的必经之路。贾令镇号称“川陕通衢”，是从祁县城到太原的必经之路。清代该镇商业街长五里许，开着各种店铺百余家，其中车马大店6家、骆驼店3家、修车铺8家、钉马掌铺5家、剃头铺7家、饼面铺16家、饭铺8家、杂货铺15家等。①

此外，清代由于祁县城茶业及金融业的集聚，带动了城内经济发展和人口集聚，使得祁县的关城规模亦有所扩大：彼时，祁县城的西关城，“周围二里，高二丈五尺，底阔二丈，顶阔一丈，陴墙高五尺，东北门各一座，南门三座，敌台八座，具设楼舍”，并且“西南北面各壕沟一道，深一丈，阔三丈，护墙一道，东倚大城壕”②，俨然一座城池的设置。

---

① 张江：《山西祁县古茶路及茶叶物流考证》，载《晋中学院学报》2010年第5期。

② 光绪《祁县志》卷2《建置·城池》。

城镇是区域经济活动的中心，是经济活动集聚体，第二、三产业主要集中在城镇中，因而城镇成为区域经济中经济发展最快的点。清代以降，祁县城及茶路沿线村镇的发展表明，该地区形成了以祁县城为中心的茶业“城镇集聚”。

3. 茶、票两行一体运作，使两个市场的资源得到集中配置

清道光以后，随着多家票号的创办，祁县城逐渐成为山西省的金融中心之一，并形成了实力强劲的“祁帮票号”。票号的兴办，需要庞大的资本支持。在平遥、太谷票帮大盛之际，大量拥有雄厚资本实力的祁县茶庄纷纷改组票号，例如合盛元、大德兴、大德恒、长盛川、大德通、大德源6家票号均由茶庄改组而成。随后，祁县先后成立了12家票号，形成了山西票号的又一股势力——“祁帮票号”。值得注意的是，除上述6家由茶庄改组的票号之外，其余6家也有茶业资本的渗入，因而在祁县商界往往茶票并称，出现许多“茶票庄”，这在晋商中是比较独特的，参见表3－7。

**表3－7　　祁县茶庄票号遗址统计**

| 街道 | 方向 | 商号铺名 | 经营项目 | 东家 |
|---|---|---|---|---|
| 东大街 | 由东往西 | 永聚祥茶庄 | 茶叶 | 何家 |
| | | 永泰生钱庄 | 茶、票 | 李家 |
| | | 日升明茶货店 | 茶叶、杂货 | |
| | | 天巨川票号 | 茶、票 | 翟家 |
| | | 德泰全茶庄 | 茶叶 | 渠家 |
| | | 长裕川茶庄 | 茶叶 | 渠家 |
| 西大街 | 由东往西 | 宏晋银号 | 茶、票 | 闫维藩 |
| | | 谦和诚茶庄 | 茶叶 | 众股 |
| | | 晋恒银号 | 茶、票 | 武家 |
| | | 裕和昌茶庄 | 茶叶 | 太原人 |
| | | 大德诚茶庄 | 茶叶 | 乔家 |
| | | 大德恒票号 | 茶、票 | 乔家 |
| | | 亿中恒茶庄 | 茶叶 | 乔家 |

续表

| 街道 | 方向 | 商号铺名 | 经营项目 | 东家 |
|---|---|---|---|---|
| 西廉巷 | 由北往南 | 无名茶庄遗址 | 茶叶 | |
| | | 合盛元票号 | 茶、票 | 郭源逢、张廷将 |
| | | 天恒川茶庄 | 茶叶 | 闫维藩 |
| 东廉巷 | 由北往南 | 大盛川票号 | 茶、票 | 大盛魁 |
| | | 恒义银号 | 茶、票 | 史占魁 |
| 正廉巷 | 路南 | 无名茶庄遗址 | 茶叶 | |
| 北大街 | 由北往南 | 北昌源茶庄 | 茶叶 | |
| | | 天合德茶庄 | 茶叶、杂货 | |
| | | 长裕川茶庄栈房 | 茶叶 | 渠家 |
| | | 裕善银号 | 茶、票 | 众股 |
| 财神庙街 | 由北往南 | 晋升祥茶庄 | 茶叶 | |
| | | 存义公票号 | 茶、票 | 渠家 |
| | 由东往西 | 裕生川茶庄 | 茶叶 | |
| | | 三晋源票号 | 茶、票 | 渠家 |
| | | 大玉川茶庄 | 茶叶 | 大盛魁 |
| 财神庙街 | 由东往西 | 无名茶庄遗址 | 茶叶 | |
| | | 无名茶庄遗址 | 茶叶 | |
| | | 巨盛川茶庄 | 茶叶 | 大盛魁 |
| 小东街 | 由东往西 | 大德通票号 | 茶、票 | 乔家 |
| | | 巨贞川茶庄 | 茶叶 | 文水人 |
| 东关 | 路南 | 义和茶庄 | 茶叶 | |

资料来源：范维令编著：《万里茶道劲旅——祁县茶商》，北岳文艺出版社 2017 年版，第 32 页。

茶票两行一体运作的优势在于：首先，有助于促进这两个传统行业的创新，推进其结构优化及产业发展，进而改变竞争范围，促进更大范围的竞争，经济效率大幅度提高。茶庄是祁县人外出经营时间最早、规模最大的行业，祁县茶庄集收购、加工、贩运、批发于一体，资本投入颇为巨大，但获利甚丰。据 1963 年版《祁县志》记载："（清代及近代）茶价稳定时，每箱可获二两白银的利润。1918 年茶价忽然高涨，每箱可获七两白银的厚利。”① 多年业茶的经历为祁县茶商积累了雄厚的资本与销售网络，使之在票号兴起之际能够迅速将商业资本转换为金融资本，优势互补，资源共享。其次，有助于产业竞争力的提高。茶票两行一体运作具有内在的动态一致性，提高了企业竞争力、产业竞争力。由于经营茶业投资大、资金回报周期长，因此茶庄对钱庄和票号的依赖度非常大。一方面，财力雄厚的茶庄兼营钱庄或设立票号，既解决了资金融通的问题，又将经营茶业所赚商业资本转化为金融资本，赚取利润；另一方面，票号与茶业兼营，以实业做底，有效降低资金风险，从而提高茶业和票号业的产业竞争综合实力。由此，祁县城的商业职能随着茶票两行的一体运作得以更加彰显。

4. 传统都市文明的变化促使城市职能的转型

都市文明是城市发展水平的显著体现，亦为影响城市职能转型的重要因素。清代的山西，随着商品经济大环境的发展，晋省商人的贸迁及国际商贸活动的繁荣，府城、州城、县城的经济、社会、文化功能显著增强并呈现出突破传统的发展形态。例如祁县城商业形态的转变，即由简单的消费型城市发展出了结构完整的商业体系，特别是其茶叶商品的跨地区流通，以及规模化的批发和灵活机动的零售方式等，都表明祁县城不再只是单纯的消费型城市，而开始成为商品经济中心。该城在以茶业、金融业为代表的商业发展的同时，诸如手工业、饮食业、娱乐业、外贸业、服务业等也日益成为城市经济的重要组成部分。这表明城市经济已经成为与乡村经济相对应的独立形态，而不再是政治的附属。祁县城在这一过程中人口、城市规模及资本实力都有巨大提升。与此同时，市民阶层作为具有相对独立性和自主意识的社会群体开始崛起，且越来越多地显示自身的影响力，并通过市民意识、社会风气和文化生活

① 转引自何惠忠、柳崇正、杨慧渊《探祁帮商贾财雄天下之本》，《山西档案》2008 年第 2 期。

的扩散来付诸实现，其具体表现为逐利之风的盛行、竞奢之风的盛行和大众文化的活跃。

第一，逐利之风的盛行。随着市民阶层的兴起，市场因素发挥出越来越大的作用。城镇以市场流通为基础，是商品生产中心和流通中心。不断壮大的市民阶层要求承认工商业在社会经济发展中所起到的作用，承认他们在社会中所处的地位，使重商观念和风尚日渐流行。

第二，竞奢之风的盛行。商人欣欣然以奢华为美、竞相攀比。以饮食业为例，晋地自古俗尚俭朴，但随着城市商业的发展，以商人为主力的市民阶层愈发庞大，带来了奢华的生活方式。如祁县乔家堡的富商——乔家，其食谱中集中了京、川、鲁、粤、苏、扬、浙、湘等全国各地菜肴之精华，用料十分考究，如酱瓜要扬州所产；榨丝香菜要四川所产；腐乳、豆豉要京津所产等。还有来自天津的黄花鱼、关东的白鱼、香港的石板鱼等，亦有如鲨鱼翅、蟒肉等珍稀食材。此外，还开发出系列菜肴：如祁县的第一大菜“八十八件海碗席”，有4干、4鲜、4荤、4素、4海碗、16炒、16烩、16腰、16汤和四主食，计88件。16炒以海味、荤菜为主，16烩以山珍海味中的精品为主，16汤则集中了汤食中的精华，16腰是当地有讲究的面食。

第三，大众文化的活跃可从娱乐业的繁荣窥其一斑。文献记载彼时平遥、祁县、太谷就有著名的戏班36家。清同治七年（1868），祁县巨商渠元淦创办的“上下聚梨园”戏班，为壮大戏班的实力，派人到晋南、晋中各县张榜诚邀名角加盟，并从苏州购置了全副的上等戏装。[①]

### （三）结论

祁县城，从清前期到近代，发生了由一个单纯的山西中部的地方行政中心到茶庄林立、票号毗连、商贾辐辏、人烟密集的商业城市的转变，完成了从行政中心到茶业、金融中心的城市职能的转变，其主要原

---

① 刘文峰：《山陕商人与梆子戏》，文化艺术出版社1996年版，第63页。

因有三：其一，茶业及票号业的产业集聚，推动了相关人口集聚及资本集聚，为下一步城市集聚打好了基础；其二，以祁县城为中心的“茶业城镇”集聚，使得祁县城的商业职能凸显；其三，茶、票两行一体运作，使两个市场的资源得到集中配置，最终使祁县城的行政职能弱化，商业职能增强。茶业及票号业的发展推动了祁县城商业的繁荣，使之由单一的县城发展成为山西中部的茶叶城镇，并随票号的广泛设立而一跃成为山西省，乃至中国的金融中心之一。

## 四　晋商对“一带一路”地区城市发展的促进作用

丝绸之路，是指由古代中国出发，沿河西走廊向西，连接亚、非、欧三大洲的古文明时期的陆上商道。当代，随着我国“丝绸之路经济带”战略构想的提出，丝路沿线城市作为该经济带的重要组成部分，其发展及对区域经济产生的影响逐渐成为学界关注的热点。

近代，山西商人通过丝绸之路及蒙古草地贸迁包括甘、宁、青、新等省区的广阔西北地区，不仅使得兰州、西宁、银川等原本热闹的城市更加繁荣，更使得原先一些偏僻甚至荒凉的边疆小城发展成为通商大埠：如地处宁夏、内蒙古交界的磴口，随山西沁州、河曲等处商人前来贸易而成为商业城镇；[①] 甘肃凉州则成为山、陕、津、京及缠回商人辐辏的“凉庄”；新疆奇台则成为山西商人在新疆商贸活动的大本营，进而成为东疆第一大商埠，凡此种种，不一而足。由此可见，近代山西商人的贸迁西北使大量散落在丝路沿线的商业城镇随之兴起和繁荣。

### （一）晋商贸迁带动甘肃城市的发展

甘肃为连接我国西北与内地的孔道，清代，随着清廷准许“哈密回族”往来于甘、肃两州进行贸易、与俄罗斯订立以肃州为贸易地点的通商条约、在嘉峪关设立“关税监督”以征洋货税收等政策的实施，

① 林竞：《蒙新甘宁考察记》，甘肃人民出版社 2003 年版，第 44 页。

甘肃商业逐渐繁荣。彼时，山、陕、京、津等地商人纷至沓来，将新疆的毛毯、玉石、瓜果、葡萄干等商品经由此地源源输入内地；复将苏、杭、京、广等地的绸缎、杂货不断输出关外。近代，随着对西北茶务及皮毛贸易的大量参与，山西商人在甘肃的商业地位愈加突出，兰州、凉州、酒泉、拉卜楞、临夏等丝路沿线城市地均为其活跃的舞台。

1. 兰州

兰州，地处甘肃中部，黄河穿城而过，自古便是丝绸之路上一个重要的贸易站点，宋金时期已设有榷场，明清两朝更因藏、蒙、回、汉各族商人及各地特产聚集于此而成为西北贸易中心之所在。清乾隆年间，兰州已是“炊烟出屋，瓦者万家，廛居鳞次，商民辐辏”的“一大都会”了。①

兰州是山西商人在西北地区最为重要的商贸舞台之一，在此经商的山西人曾达万人之多，并在清康熙年间与陕西商人共同建有“山陕会馆”。近代，在兰州的山西商人主要经营茶庄、酱园、行栈、绸布、百货、五金、铁器、杂货、行商，以及包括银钱、当铺、票号在内的金融等业，并一度在茶庄、皮毛、银钱等业形成垄断之势。山西商人是西北茶业之主力，曾独立承办甘新茶政，在作为西北茶叶集散中心的兰州市场上与陕西茶商并称“东柜”。皮毛业亦为兰州城内的重要行业，彼时，津、京、山、陕、宁、冀等省商人及洋商蜂拥而至。20 世纪 30 年代初，政府废除对洋商子口半税的优惠制度，洋商在我国西北地区皮毛业优势顿失而纷纷撤庄，山西商人则趁此机会成为甘肃皮毛市场的主控力量。由于是西北区域中心市场，兰州金融业较发达，城内有票号、钱铺 60 余家，其中多家为山西商人所开设，每年与上海、苏州等金融中心的收汇款项多达数百万两白银。

2. 凉州

凉州，位于甘肃西北部，河西走廊东端，自古为河西要郡。清代及民国时期，凉州商贾云集，以“山陕帮”实力最盛，他们不仅操纵着

① 乾隆《皋兰县志》卷 1《形胜 · 地理志》。

以甘、凉二州为中心的河西市场，并对兰州城与山西、蒙古等地区的贸易产生巨大影响。彼时的凉州城内“开张稠密，四街坐卖无隙地，精粗美恶，货不尽同”，有“凉庄”之称。其境内平番县，亦呈现“行商坐卖，虽乡村小堡，亦多有也”① 的景象。

3. 酒泉

酒泉，旧称肃州，位于甘肃西北部，河西走廊西端，自古为河西重镇，丝绸之路咽喉。近代，随玉门油田的开采及西北皮毛业的兴盛，酒泉逐渐繁荣。20 世纪 20—30 年代，酒泉“城内外大小商店三百余家”，“商人以晋人为多”②，达数千人。彼时，山西商人在当地除主要经营采矿及皮毛业外，还从事金融、绸缎、酱园、百货、茶庄、染坊等生意，并开设有三义堂、万盛永、圆义成、蔚隆章、永泰恒、三盛源、聚义涌、元兴祥、福泰和、二聚合、德聚合、大义昌、大恒昌、灵德堂、义和成、福德隆、继美丰、洋子公司、晋丰恒、恒记有限责任公司、正太公司等数十家规模较大的字号，并在城北建有山西会馆。

4. 拉卜楞寺集镇

拉卜楞寺是位于甘南地区西北部夏河县城的一座藏传佛教的寺庙，为甘、青、川、康四省之政教中心，每天前来拜谒的信众甚多，久而久之在该寺周边形成了商贸繁盛的集镇。甘南畜产丰富，经营皮毛业的商人云集拉寺集镇。20 世纪 30 年代，津、京、山、陕等地的国内商人乘洋行渐退之势而进入甘南藏区，主导当地的商贸活动。据马鹤天于 20 世纪 30 年代的调查记载，“拉寺输出货物，以皮毛为大宗，故本地营业资本较大者为皮商。此种皮商，多系平、津一带之富商，每年九月携款运货而来，翌年四月运载皮货而返。此外有山西、陕西及本省资本较小之皮商，多收买黑皮、羔皮等，运往天水、长安、大同等地。”③ 由此可知，拉卜楞寺市场皮毛商均来自国内，商以京、津两地商人实力最

---

① 乾隆《永昌县志》卷 2《风俗》。
② 林竞：《蒙新甘宁考察记》，甘肃人民出版社 2003 年版，第 119 页。
③ 马鹤天：《甘青藏边区考察记》，甘肃人民出版社 2003 年版，第 55—56 页。

强，而山、陕及本地商人略逊之。山西商人虽然在拉寺集镇市场未能居于主导地位，但仍可在皮毛业中占一席之地。他们在此广设商铺，收购土产，贩运皮毛，组建行会，使集市繁荣，秩序井然。

5. 临夏

临夏，旧称河州，位于甘南藏区，是近代西北地区的汉藏贸易枢纽。彼时，临夏城内山陕两地的商人“资本甚大，握商界之牛耳”，开设商号30余家，这些字号大都从事皮毛生意，兼营百货。其中资本额度较大的为山西商号——自立和及敬信义，两家资本总额达120万两白银。此外，山西商人还在此地建有壮丽的会馆。[①]

### （二）晋商带动了宁夏城市的兴起与繁荣

宁夏，地处黄河上游，东、北、南分别与陕西、蒙古地区、甘肃接壤，“丝绸之路”穿其南境而过，是连接我国东西部地区的重要通道。宁夏盛产皮毛，所产“宁字套毛”声誉卓著，出口国际市场。近代，宁夏商业因皮毛业的繁荣而发展迅速，众多内地商人来此经商，其中山西商人占十分之六，且以汾阳、蒲州两地为最。自民国三年（1914），西北皮毛经包头出口天津以后，宁夏的进出口商务几乎全由山西商人所垄断。银川、吴忠堡及花马池镇等为山西商人活跃的市场。

1. 银川

银川，位于宁夏平原中部，东临黄河。清末民初为银川商业发展的极盛时期，城内店铺共“三百二十五家”，有十分之六为山西商人所开设。当地最负盛誉的羔皮加工业被山西交城人垄断，致使宁夏皮商仅能“制作粗皮”。彼时，山西商人开设的“祥泰隆”商号每年出口皮毛百万余元，是当地经营出口的最大商号。此外，宁夏北部的重要商镇——磴口县城“皆山西之沁州、河曲，陕西之府谷”[②] 等处前来经商者，进

① 马鹤天：《甘青藏边区考察记》，甘肃人民出版社2003年版，第23页。

② 林竞：《蒙新甘宁考察记》，甘肃人民出版社2003年版，第44页。

而逐渐兴盛。

2. 吴忠堡

吴忠堡，位于宁夏中部的宁夏平原腹地，黄河穿城而过。明代为九边要镇，作为商业城镇的兴起始于近代。清末，随甘、青等地皮毛经黄河外运而逐渐繁荣，成为回汉商人聚集之区。山西商人在此地经营百货、金融、皮毛等传统产业，城内八大商号中，山西商人独居其四，资本额达数十万大洋，[①] 其中以“自立忠”商号实力最强。20 世纪 20—30 年代，吴忠堡“商业之盛，甲于全省”[②]，被称作“小上海”。

3. 花马池镇

花马池镇，位于宁夏东部，为盐池县治，所产池盐运销宁、晋、陕、蒙等地。民国以前，该镇只是官盐产地，商业发展缓慢。民国以来，随着山陕及本地商人贸迁，该镇商业发展迅速。山西商人在花马池镇商业中独占鳌头：民国初年，该镇商号 26 家，其中山西商号 15 家；1936 年盐池县有商号 38 家，其中山西商号 23 家，更有山西字号在 1955 年社会主义改造前，发展成资本万元的商号。[③] 山西商人所营字号大都多业并举，除经营绸缎布匹、针织品、日用百货、各类副食品、油盐酱醋、米面杂粮外，还兼营磨坊、油坊、醋坊、碾坊；设立牧场，圈养牲畜；饲养骆驼，运输货物；收购甘草、皮毛等。其中规模较大者有宝生珍、万兴和、万盛长等。[④] 此外，山西商人还开设有瑞茂堂、万盛长等中药铺；[⑤] 张守田饭馆、张仲刚饭馆[⑥]等饭店。出现了药商原柄堃、

---

① 刘斌、胡铁球：《失之东隅收之桑榆——近代以来中国西北地区回族商业发展述略》，《青海民族研究》2008 年第 1 期。

② 范长江：《中国的西北角》，新华出版社 1980 年版，第 195 页。

③ 武常新：《盐池县城的商号》，政协宁夏盐池县委员会文史资料委员会编：《盐池文史资料》第 5 辑，1989 年，第 55—91 页。

④ 武常新：《盐池县城的商号》，政协宁夏盐池县委员会文史资料委员会编：《盐池文史资料》第 5 辑，1989 年，第 55—91 页。

⑤ 聂志盐：《池县医药简况》，政协宁夏盐池县委员会文史资料委员会编：《盐池文史资料》第 4 辑，1988 年，第 44—51 页。

⑥ 武常新：《盐池县城的商号》，政协宁夏盐池县委员会文史资料委员会编：《盐池文史资料》第 5 辑，1989 年，第 55—91 页。

皮毛商张复元、永记号经理张永新、宝生珍财东权鼎珍等在当地较有名望的商人，[1] 并建有山西会馆。[2]

## （三）晋商推动了青海西宁的商业发展

山西商人是较早进入青海经商的外省商人，他们在清前期随清军来到河湟地区从事与藏民的贸易活动，[3] 并逐渐成为当地汉藏贸易的重要组成部分，甚至成为青海近代商人的主要力量，[4] 并一度“垄断青海的商业贸易活动”[5]，对青海地区城市的发展起到十分重要的作用，流传有“先有晋益老，后有西宁城”之民谚。

西宁，古称西平郡，位于青海东部，湟水中游的河谷盆地中，自古为“丝绸之路”南路与“唐蕃古道”必经之地，是西北交通要道及军事重镇，有“西海锁钥”“海藏咽喉”之称。清光绪时，随着青海羊毛贸易的兴盛，西宁商业繁荣。彼时，城内有数十家经营羊毛收购的字号，其中著名商号聚益、福益、福兴、德源、永丰等为山西商人所开设。[6] 除羊毛外，山西商人在西宁还经营“布匹、土产杂货、茯茶、铁器五金、酱园”[7] 以及金融等行业。清光绪二十八年（1902），西宁成立商会，推举山、陕商帮16家大商号的经理为会首，至此西宁商业全由晋陕商人所掌控，山西商人在西宁的实力由此可见一斑。

---

① 王玉萍：《从盐池县商业看近代晋商在西北行商特色》，《沧桑》2010年第1期。

② 任永训：《对盐池县文化遗址的初步调查》，政协宁夏盐池县委员会文史资料委员会编：《盐池文史资料》第3辑，1987年，第109页。

③ 李刚、卫红丽：《明清时期山陕商人与青海歇家关系探微》，《青海民族研究》2004年第2期。

④ 邓慧君：《青海近代社会史》，青海人民出版社2001年版，第76页。

⑤ 李刚、卫红丽：《明清时期山陕商人与青海歇家关系探微》，《青海民族研究》2004年第2期。

⑥ 乔南：《商路、城市与产业——晋商对近代西北经济带形成的作用浅析》，《经济问题》2015年第3期。

⑦ 天顺：《廖氏兄弟与裕丰昶》，青海省政协学习和文史委员会编：《青海文史资料集萃·工商经济卷》，2001年，第164页。

### （四）晋商参与了新疆城镇的发展繁荣

新疆，自古就是连接我国与中亚的交通孔道，其境内多座城市为古丝绸之路上的重要商业城镇。清代至民国，随着国家的统一、政局的安定，新疆遂成为全国市场的一部分，众多内地商人蜂拥而至。彼时，新疆与内地商运“走陕甘只十之二三，走草地者十之六七”①。山西商人经归（化）绥（远）地区，向西出草原，过乌里雅苏台、科布多，而后南下到新疆，在包括乌鲁木齐、奇台、巴里坤、哈密、喀什、莎车、东疆玛纳斯、昌吉、呼图壁、阜康、济木萨、古牧地、木垒等众多的城镇中广开商号，经营包括茶、粮、布、盐、铁、煤、木材、饭店、药材、金融、玉石、皮毛等在内的多种行业，从而加速了新疆城镇的发展。

1. 乌鲁木齐

乌鲁木齐，旧称迪化，清代及民国时期的新疆首府，位于天山北麓，准噶尔盆地南缘，是丝绸之路新北道之要冲。清初平定准噶尔叛乱后，随各项惠民利商政策的实施，乌鲁木齐得到迅速开发，在乾隆时已是“商民云集，与内地无异”的城市。近代，山西商人经草地到达新疆，在乌鲁木齐经营金融、茶庄、皮毛、运输等行业，开设“永盛生”“晋星功”“蔚丰厚”“天成亨”“协同庆”等商号及票号，促使乌鲁木齐成为店铺鳞次栉比，商贾辐辏，“繁华富庶，甲于关外”② 的边疆城市。

2. 奇台

奇台，旧称古城子，位于天山北麓，准噶尔盆地南缘，乌鲁木齐以东 190 多千米，是北通蒙古地区，东接内地的通衢。清平定准噶尔叛乱后，奇台商业发展迅速，清末民初成为“地方极大，极热闹”的城市。

---

① 新疆维吾尔自治区地方志总编室编：《中国经营西域史·中编》，新疆人民出版社 1986 年版，第 401 页。

② （清）椿园：《西域闻见录》卷 1，乾隆二十四年（1759）抄本。

据统计，清光绪三十四年（1908）奇台已经有300余家工匠铺，960余家商铺，骆驼4万峰，每年有价值200万—300万两白银的商品由内地及国外输入奇台。彼时，大量内地商人经大草地或河西走廊前往奇台经商，并在当地形成八大商帮，其中以山西商人实力最著。1919年，奇台城内8家年贸易额在20万元以上的字号中，山西商号独占其四，分别是天元成、大顺玉、永顺和、义成祥。其中天元成是奇台第一大商号，主营茶叶、皮毛、布匹、百货、药店及黄金等业，每年在奇台与归化城间往来2—3趟，将30000余千克货物输入归化城。山西商人经东（张家口）、西（归化城）两口，过内蒙古地区草地，将茶叶运至奇台及“回疆八城，获利尤重”，又“将米面各物返回北路，以济乌里雅苏台等地”，致使“从此直北去，蒙古食路，全仗此间”。山西商人因其雄厚的商业实力而成为奇台商界翘楚：1935—1946年间，奇台商会的17届会长中，山西商人任10届。① 由此，奇台成为新疆东部第一大商埠。②

3. 巴里坤

巴里坤，位于新疆东北部、内地前往新疆的孔道之上，因而成为北路商务荟萃之地，城内商货云集、市廛鳞次，“烟户铺面比栉而居”③，“山西、陕西、甘肃之商人辐辏已极”。山西商人在此地主营钱当两行及百货等业。巴里坤于清道光年间达到鼎盛。④

4. 哈密

哈密，位于新疆东部，自古为丝路咽喉，是新疆通往内地之要道，有“新疆门户”之称。清代历朝用兵出关西征，均以哈密为基地。清中叶，哈密城商业繁荣，城内“商贾云集，百货俱备”，而成为“一大都会”；城外东、西二关，更因地当孔道而“商民辐辏，号

① 刘国俊：《清末民初的奇台晋商》，《新疆地方志》2008年第2期。

② （清）方士淦：《东归日记》，道光八年（1828）四月十七日条，《小方壶斋舆地丛抄》第2帙。

③ 沈云龙主编：《近代中国史料丛刊》第74，台北：文海出版社1972年版，第2885页。

④ 中国社会科学院中国边疆史地研究中心主编：《新疆乡土志稿》，全国图书馆文献缩微复制中心1990年版，第212页。

称殷庶”[①]。清光绪初年，左宗棠率军西征，设大营于哈密，吸引两湖、山、陕、津、京等处商人前来经商。[②] 据清光绪十一年（1885）的资料统计，哈密新城南门外有汉人商贾 500 余家，且皆为山西、陕西、甘州、凉州等处商人开设。他们将烟、茶、绸缎布等百货商品从内地贩来新疆；再将新疆所产皮张、药品、干果、和田玉、驼绒、羊毛等商品输入内地。[③] 内地商人的大量前往，刺激了该地的商业发展，哈密因此而成为“货物麇集、商务盛兴”[④]，拥有商店货栈六七百家[⑤]的都会。

5. 喀什

喀什，位于天山南麓，东临塔克拉玛干沙漠，东北与阿克苏相连，喀什由“回城”——疏附及“汉城”——疏勒组成，此二城的富庶程度“甲于南疆”。据谢彬《新疆游记》载，“回城”疏附在民国六年（1917）年前后，“商务之繁，人烟之庶，比于省城”[⑥]，年商品贸易额达 300 余万元，城内“交通繁盛，市廛栉比”，“街市纵横，楼房层列”[⑦]，市场上“瑰货雾集”，且“雕玉缕金之器，跨越上国”[⑧]。中外商人云集于此，“富商豪客，不知凡几”[⑨]。值得一提的是，山西商人所经营的蔚丰厚商业银行在此地金融业中占有一席之地。“汉城”疏勒，虽商务远逊于回城（疏附），[⑩] 但物产丰饶，农产品丰富，尤其盛产棉花。城内津、京及山西商人颇多，[⑪] 经营京广杂货兼营汇兑。喀什与俄国、阿富汗、英印贸

---

① 钟兴麒、王豪、韩慧校注：《西域图志校注》卷 9《疆域 2》，新疆人民出版社 2002 年版，第 178 页。

② 张大军：《新疆风暴七十年》，台北：兰溪出版社 1980 年版，第 2279 页。

③ 许崇灏：《新疆志略》，正中书局民国三十三年（1944）七月，第 127 页。

④ 中国社会科学院中国边疆史地研究中心主编：《新疆乡土志稿 · 哈密直隶厅乡土志 · 商务》，全国图书馆文献缩微复制中心 1990 年版，第 271 页。

⑤ 林竞：《西北丛编》，上海神州国光社 1931 年版，第 234 页。

⑥ 谢彬：《新疆游记》，新疆人民出版社 2010 年版，第 130 页。

⑦ 吴绍璘：《新疆概观》，南京仁声印书局民国二十二年（1933）版，第 152 页。

⑧ 谢彬：《新疆游记》，新疆人民出版社 2010 年版，第 129 页。

⑨ 吴绍璘：《新疆概观》，南京仁声印书局民国二十二年（1933）版，第 152 页。

⑩ 谢彬：《新疆游记》，新疆人民出版社 2010 年版，第 144 页。

⑪ 吴绍璘：《新疆概观》，南京仁声印书局民国二十二年（1933）版，第 152 页。

易往来密切，商业甚为繁盛，而被称为“葱岭之东一大都会”。

6. 莎车

莎车，即叶尔羌，位于塔里木盆地西缘，喀什东南，是古丝绸之路南道之要冲，为东西方陆路交通枢纽。彼时，内地“山、陕、江、浙之人，不辞险远，货贩其地”①；国外来自安集延、阿富汗、克什米尔等地的商人“亦皆来此贸易”②。莎车亦由“回城”和“汉城”组成。其中，回城是莎车“人烟稠密之区”有商民3300余户，回城南门“沿街廛肆，鳞次栉比，人口稠密，甲于他县”③。城内长十余里的八栅大街的商业最为繁华④，有“缠回著华所萃”⑤之美誉。汉城人口则相对较少，有商民480余户，市街整齐，商铺栉比。莎车物产丰富，每年出产“茧数千斤，丝数百缝，牛羊马驴二万头”，所产绢绸“冠于全疆”⑥，玉石及“皮毯丝布”⑦则大量销往欧洲、英印及中国内陆，由此莎车为南疆都会。

7. 东疆玛纳斯、昌吉、呼图壁、阜康、济木萨、古牧地、木垒等城镇

玛纳斯、昌吉、呼图壁、阜康、济木萨、古牧地、木垒等城镇均位于乌鲁木齐及奇台周围地区，虽城市规模较小，然城内商业繁盛，其发展亦与山西商人贸迁密不可分。

玛纳斯，旧称绥来，地处新疆腹地，乌鲁木齐西北，该城“扼西至伊（犁）塔（尔巴哈台），北至阿勒泰之通衢，形势重要”⑧，故有乌鲁木齐“西大门”之称。玛纳斯盛产“孜麦果瓜、金玉、膏油、皮革、鹿茸之属”，农产品丰富，更盛产白米，因而有“小四川”的美

① （清）椿园：《西域闻见录》卷1，乾隆二十四年（1759）抄本。
② 汪永泽：《新疆风物》，文信书局印行，民国三十二年（1943）版，第60页。
③ 谢彬：《新疆游记》，新疆人民出版社2010年版，第151—152页。
④ 汪永泽：《新疆风物》，文信书局印行，民国三十二年（1943）版，第61页。
⑤ 谢彬：《新疆游记》，新疆人民出版社2010年版，第151页。
⑥ 谢彬：《新疆游记》，新疆人民出版社2010年版，第118页。
⑦ 谢彬：《新疆游记》，新疆人民出版社2010年版，第154页。
⑧ （清）李德贻：《北征日记》，光绪三十三年（1907）版。

誉，乌鲁木齐等地的粮食，都依赖此地供应，其“殷庶为奇台亚”①，故有“金奇台、银绥来（玛纳斯）”② 的说法。玛纳斯的商业在清道光年间已有所发展，城内商铺210余家，光绪初年发展至330余家，成为“商民辐辏，庐舍如云，景象明润，丰饶与内地无异”③ 的城镇。玛纳斯的商人大都来自内地，以山、津商人最多。④ 玛纳斯地理位置优越，而与北部的塔尔巴哈台、科布多及东部的奇台、乌鲁木齐，甚至甘肃、山西、四川等省的商号均有贸易往来，市场上各地商品云集。彼时，每年运往塔尔巴哈台的皮张有8000—9000余张，毛4万余斤；鹿茸100余架，运销晋、蜀等省；贝母、紫草运销内地者亦达1000余斤，⑤ 故成为“东贾晋、陇、蜀，北贾科（布多）塔（尔巴哈台）”的商业枢纽。

昌吉、呼图壁、阜康、济木萨、古牧地、木垒等城镇与玛纳斯相似，位于距乌鲁木齐或奇台不远的区域内。近代，这些小城镇也因内地商人的贸迁而有所发展。昌吉城内有商民200余户，商业区集中于城东关一带，虽摊贩居多而无“大贾”，然因地处乌鲁木齐与玛纳斯之间，故商业繁荣。位于昌吉西部的呼图壁，在民国六年（1917）有1600余户居民，大小商店70多家。阜康城与济木萨均位于乌鲁木齐、奇台两城之间。阜康城内虽“商务无多”，然该县所产烧酒“西贾迪化（乌鲁木齐），东贾奇台”，岁销数万斤之多。⑥ 其境内紫泥泉镇，有3家马店，20余家店铺。济木萨城内居民700余户，店铺60余家，其“城外万家烟火，市肆无物不有”⑦。位于乌鲁木齐北部的米泉县城——古牧地，城内

① 谢彬：《新疆游记》，新疆人民出版社2010年版，第68页。

② 张志主编：《中国风土志丛刊》，广陵书社2003年版，第109页。

③ （清）林则徐：《荷戈纪程》，道光壬寅年（1842）十月二十日条。

④ 袁大化修，王树楠、王学曾等纂：《新疆图志》卷1《建置1》，上海古籍出版社1992年版，第15页。

⑤ 中国社会科学院中国边疆史地研究中心主编：《新疆乡土志稿》，全国图书馆文献缩微复制中心1990年版，第150—151页。

⑥ 谢彬：《新疆游记》，新疆人民出版社2010年版，第227页。

⑦ （清）方士淦：《东归日记》，道光年（1828）四月十六日条。

店铺50余家。而奇台东部的木垒，城内亦有居民200余户，商业繁盛。①

### （五）丝路沿线城市的兴起对西北区域经济发展的影响

近代，晋商在西北地区的贸迁，推动了丝路沿线大量城镇的兴起和繁荣，对彼时西北区域经济的发展具有十分重要的意义。

1. 大量商业城镇兴起，在一些地区形成商业城镇的集聚，城市群雏形显现

近代，西北地区的兰州、凉州、酒泉、拉卜楞寺镇、临夏、银川、花马池镇、吴忠堡、西宁、乌鲁木齐、奇台、哈密、巴里坤、喀什、莎车、玛纳斯、昌吉、呼图壁、阜康、济木萨、古牧地、木垒等城镇随着山西商人的贸迁而兴起并繁荣的同时，在一些地区出现了商业城镇集聚，城市群雏形开始显现。

城市集聚的重要特征是在经济区域中居于核心地位，对于区域内其他各类城市在经济上发挥主导作用的经济核心城市的出现。以近代新疆东部商业城镇——奇台为例，其建制虽只是位于疆东的一座县城，在山西商人通过大草地进入新疆进行贸易之时，因其优越的地理位置，迅速成为一座“地方极大，极热闹”的城市，进而成为东疆第一大商埠。每年有大量商品由国外及东部的归化城（呼和浩特）源源不断地运往奇台，随后再发售至奇台周边的玛纳斯、昌吉、呼图壁、阜康、济木萨、古牧地、木垒等商业城镇。而由周边城镇收购的土特产品，则先在奇台集中后，再售往国外及归化城。以至于“奇台—归化城一线”成为众多驼队竞相行走的商路。由此，我们可以知道，奇台是当地的经济中心城市，其周边有为数众多的商业小城镇，这就形成了以奇台为中心的城市集聚。彼时，新疆东部除奇台外，还有“繁华富庶，甲于关外”的乌鲁木齐、“商贾云集，百货俱备”的哈密、“烟户铺面比栉而居”巴里坤等商业繁荣的城市，与周边的玛纳斯、昌吉、呼图壁、阜康、济

---

① 殷晴主编:《新疆经济开发史研究》，新疆人民出版社1992年版，第309页。

木萨、古牧地、木垒等商业发展较快的县镇，形成了近代新疆东部的城市群雏形。

2. 促进该区域主导产业及相关行业的迅速发展

甘、宁、青、新等地盛产皮毛，皮毛业成为这一区域的主导产业始自 20 世纪初。彼时，山西商人及多国洋行在甘肃的兰州、永登、永昌、张掖、酒泉；宁夏的银川；青海的西宁、湟源、大通；新疆的乌鲁木齐、奇台等贸易中心开设字号，这些字号又广设支店，支店又各地遍设门柜，既售货又收购皮毛及土特产品，并发运归绥，继而运至天津出口。彼时中国羊毛的年均总产量为 49 万担，其中约 60% 产自西北。①

皮毛贸易的兴盛，直接带动了牲畜屠宰、加工及皮毛运输等相关行业的发展。以屠宰业为例，位于甘、川、青交界的河曲藏区，因屠宰业“获利甚厚”而吸引当地居民大量从事，使“屠户占全体商户百分之三十三强”②。此外，围绕皮毛生产，还出现了专业的拣毛、洗晒、打包、装卸等分工更为细致的行业。再看皮毛运输业，西北皮毛的外运主要依赖黄河皮筏水运。20 世纪 20—30 年代是黄河皮筏水运业发展最快的时期，甘、宁、青所产皮毛中 70% 以上通过筏运完成，因此黄河沿线出现了大量专营皮筏水运的“筏子客”。据 1936 年的调查，仅青海化隆县就有每只载重 15000 斤的皮筏 300 只、循化县有 200 只；青海民和有专业筏客五六十户。③ 此外，为皮毛运输提供服务的脚店、骆驼行、过载店、秤行、牙行等亦获得了较大发展。

3. 使之逐渐融入全球经济

甘、宁、青、新地区在近代以前是偏远的边地，很少被外界了解。近代，随着大量山西及其他地区商人的贸迁西北，当地商业城镇及皮毛

---

① 乔南：《商路、城市与产业——晋商对近代西北经济带形成的作用浅析》，《经济问题》2015 年第 5 期。

② 王致中、魏丽英：《中国西北社会经济史研究》，三秦出版社 1996 年版，第 181—183 页。

③ 青海省档案馆存民国时期档案，公安厅卷 3—1，转见崔永红等主编《青海通史》，青海人民出版社 1999 年版，第 730—731 页。

贸易迅速兴起及发展，商品大量运销国内其他地区，当地所产“西宁毛”“宁字套毛”更是享誉国内外市场。在与外界的经济联系中，甘、宁、青、新市场逐渐突破区域性封闭状态而进入全国经济的运转体系中，加强了西北与内地、与海外的物资交流，强化了该地区在全国经济体系中的作用。与此同时，随近代中国开埠城市的大量出现，欧洲、美洲等外商势力逐渐从东部的天津；南部的汉口、上海；西部的塔城、喀什等地渗透至整个甘、宁、青、新区域，使我国的西北地区与国际市场建立了联系，进而改变了该区域在世界经济中的格局。

# 第四章　明清时期山西农村经济的繁荣

## 第一节　农村经济的发展

### 一　农村经济的高涨与商品流通的活跃

山西虽土地贫瘠，且平原较少，但是清代省内经济作物种植有较大发展，棉、烟等作物产量较大；梨、柿、桃、枣、核桃等经济林木作物省内也种植较多。

棉花在元代传入我国，清代山西棉花种植有相当的发展，特别是地处晋省西南部的汾涑河谷，由于其土地肥沃、日照充足、水利条件好而成为山西最重要的棉花产地，因此成为清代棉花集中种植区。康熙时晋南皆有棉花种植，以蒲、解两地最多。[①] 蒲州府的临晋、万泉等县皆出产棉花。[②] 虞乡县境内也遍植棉花,[③] 永济县也是棉花“所处独多”[④]，解州下辖的平陆县亦为“广植木棉”[⑤]。此外，在晋中地区的平阳府临汾县产棉也颇具规模，“木棉纺织，妇女均习”[⑥]。曲沃县植棉

① （清）陈梦雷纂集：《古今图书集成·方舆汇编·职方典》之《平阳府》，清光绪十四年（1888）石印本。

② 雍正《山西通志》卷47《物产》。

③ 光绪《虞乡县志》卷1《物产》。

④ 乾隆《蒲州府志》卷3《物产》。

⑤ 乾隆《平陆县志》卷3《物产》。

⑥ 民国《临汾县志》卷3《实业略》。

业一度繁荣，并作为商品大量外销。清人胡稚威有“河南暖种多木棉，打包换载未知数”[①] 的记载。在汾河谷地孝义县，还出现了专业的棉花生产，“男妇皆能纺织，所织棉花，鬻于西北州县”[②]。在太原府太谷县，妇女皆勤于纺织，“暇即织任，年至耄耋，仍不少辍”[③]。据清末的调查，虞乡县、猗氏县为产棉最盛之区，岁收约 100 万斤，歉年亦可收 60 万—70 万斤；次则解州、绛州、河津、芮城；又次则临晋、安邑、平陆、稷山等县。[④] 此外，永济的东乡产棉不少，有软棉、硬棉、紫棉、洋棉数种。到 1914 年，山西全省植棉面积已有 150 多万亩。[⑤]

山西种烟始于明末，道光《曲沃县志》记载：“烟，旧无此种，乡民张时英自闽中携种植之。明末兵燹踵至，民穷则尽，赖此颇有起色，今则邑大食其利矣。”[⑥] 清代山西种烟面积大为扩展，“晋人种烟始于曲沃，今则并、代、汾、潞胥盈望矣”[⑦]。可见山西烟草发展的地域范围之广。保德州黄河沿岸一带，土地肥沃，“（乾隆时）烟草处处有之……余尝随宦至山西之保德州，凡河边淤土，不以之种黍稷，而悉种烟草。尝为河边叹云云，盖深怪习俗惟利是趋，而不以五谷为本计也。”[⑧] 道光年间，霍州也种烟“渐多”。[⑨]

清代山西产烟最多的首推曲沃县，光绪年间曲沃年产烟量在 1000 万斤以上，[⑩] 烟草成为曲沃的最大利薮。[⑪] 清末，山西罂粟种植面积也

---

① （清）胡天游：《石笥山房文集》卷 3《曲沃行》，清道光二十六年（1846）刻本。

② 乾隆《孝义县志》卷 4《物产·民俗》。

③ 乾隆《太谷县志》卷 3《风俗》。

④ （清）宣统农工商部所编：《棉花图说·中国棉花现情考略》卷 3。

⑤ 许道夫：《中国近代农业生产及其贸易统计资料》，上海人民出版社 1983 年版。

⑥ 道光《曲沃县志》卷 10《物产志》。

⑦ 光绪《山西通志》卷 121《物产略》。

⑧ （清）陆耀：《烟谱》，《昭代丛书》卷 46，引自李文治《中国近代农业史资料》，生活·读书·新知三联书店 1957 年版，第 84 页。

⑨ 道光《直隶霍州志》卷 10《物产》。

⑩ 张维邦主编：《山西经济地理》，新华出版社 1987 年版。

⑪ 道光《曲沃县志》卷 10《物产》。

较为广泛，据清道光十九年（1839）的上谕记载："风闻山西地方沾染恶习，到处栽种。"[①] 光绪初年"几乎无县无之"，其中"最盛者二十余厅、州、县"。"大同一带沃野千里，强半罂粟"，由于"晋地硗瘠，产粮无多"，"自为罂粟所夺，盖藏益空"。[②] "山西种烟通省皆是"[③]，据光绪二十四年（1898）资料，太原用于种植罂粟的耕地有4535亩，榆次3013亩，交城5373亩，文水4302亩，代州5096亩。[④] 至宣统元年（1909）山西产鸦片11620担，居全国第4位，按每亩烟产20两计，则用耕地近100万亩。

山西四面环山，不少县份更是山稠岭复，从而清代山西果树的种植成为山西发达的副业之一。所种植果木主要有柿、梨、桃、枣、杏等。

柿树，如蒲州府盛产柿，"蒲柿，柿为蒲人利……其植多者千树，少者犹数百株。霜陨而熟，落实以待饭，旁致数郡。……凡柿藏者，经冬不败，贫家日或买数簸蒂柿，嚼饼数片，不复炊斧。故蒲人云：柿可御饥年"[⑤]。阳城县"明万历中……使广植之，初以为烦苦，未几，柿长成林，取材落实，民始受其利"[⑥]。闻喜县"自蒲以东皆有，惟县北原为盛，满岭盈垤"[⑦]。

梨也是山西境内产量较大的水果。除雁北地区以外，晋省多地都产梨，其中产量最大的县份是虞乡县、崞县，其次为忻州和榆次县。"虞乡种梨者多，不及蒲柿，人亦收其利。"[⑧] 崞县梨"有数种，以鹅

---

① 《清宣宗实录》卷318，道光十九年正月丙寅，中华书局1985年版。

② （清）张之洞：《张文襄公奏稿》，《禁种罂粟》，民国九年（1920）木刻本。

③ （清）张廷玉撰，嵇璜、刘墉等再撰，纪昀校订：《清朝文献通考·征榷》，江苏古籍出版社1988年版。

④ 《农学报》第48期，光绪二十九年九月。

⑤ 乾隆《蒲州府志》卷3《物产》。

⑥ 乾隆《阳城县志》卷4《物产》。

⑦ 乾隆《闻喜县志》卷4《物产志》。

⑧ 乾隆《蒲州府志》卷3《物产》。

梨、油梨为上品。北铜川一带极多”[①]。忻州“梨甘脆，与崞县并称；贩行甚远，亦颇获利”[②]。榆次县“梨出训峪诸村，脆爽绝甘，可谓佳果”[③]。

红枣亦山西特产，清代枣树在山西境内的黄河沿岸，以及晋中、晋南等地普遍种植。“安邑之枣以北相为佳，猗氏、乔阳一带枣之美，不让北相。”[④]“太平宜枣，其树盈野，居人有半年粮之谣。”[⑤]曲沃之枣亦佳，号称“晋枣”[⑥]。

山西的桃和核桃亦全国有名。地处榆次县的训峪地区各个村落，其“民于沟涧边植桃为业，桃大且佳，岁收以代稼，计所树，一家或数百株”[⑦]。“崞县北贾、武延一带亦多种桃。出于解村一带者大而美。”[⑧]闻喜“邑北白沟缘溪数里，桃树成。结实甘美，土人颇赖其利”[⑨]。核桃则以孝义、夏县为盛，“附近州县胥植，而夏邑甲于邻县，县治腊月望日，市集堆积如山”[⑩]。孝义“核桃亦出鬻外县”[⑪]。

汾州府孝义县种植瓜和山药，“邑人多业圃，瓜及山药皆鬻邻邑”[⑫]。太原府榆次县种植瓜，“瓜名天下……种瓜之家町畦相接……获利十倍”[⑬]；解州安邑县种植葡萄，“土人种葡萄如种田”[⑭]。

此外，山西还产芝麻、胡麻等油料作物。芝麻既可制作食品，又可

---

① 光绪《崞县志》卷1《物产》。
② 光绪《忻州志》卷3《物产》。
③ 同治《榆次县志》卷7《风俗》。
④ 光绪《猗氏县志》卷2《土产》。
⑤ 道光《太平县志》卷2《物产》。
⑥ 道光《曲沃县志》卷10《物产》。
⑦ 同治《榆次县志》卷7《风俗》。
⑧ 光绪《崞县志》卷1《物产志》。
⑨ 乾隆《阳城县志》卷4《物产》。
⑩ 乾隆《夏县志》卷4《物产》。
⑪ 乾隆《孝义县志》卷4《物产·民俗》。
⑫ 乾隆《孝义县志》卷4《物产·民俗》。
⑬ （清）马国翰：《竹如意》卷下，转引自郑昌淦《明清农村商品经济》，中国人民大学出版社1989年版，第458页。
⑭ 乾隆《安邑县志》卷2《物产》。

作为油料。清代，山西北部即盛产芝麻。朔平府“胡麻种者极多，取其籽以磨油”①。偏关县“植物以莜麦为最，胡麻次之”。“胡麻油多贩运出境，是为本关大宗出息。”②

农村经济的高涨，意味着农民可以向城乡市场提供更多的产品。而这种商品流通，对于较小城市的发展有着更重要的意义。

## 二　从集市贸易到工商业体系

明清时期山西各地发展起来的中小城镇，大多数属于相对稳定的乡村集市，其意义在于冲破传统集市局限于邻近村落居民之间有限产品互通有无的孤立状态，由依附于村落的交易场所上升为有着自身居民活动，形成一定空间结构的市场聚落。

由于太谷县地理位置优越，交通便利，其境内的许多小镇亦发展成为繁荣的商业中心。例如范村镇，位于太谷县的东乡，“离城五十里，东南皆山，有僻路可通直隶、河南二省。其东北与榆次县连界，又系进京孔道。该镇居民共有三千余户……商贾辐辏”③。大约于乾隆中期兴起，“其附近七社复有四十余村，现俱户口繁庶”，“范村地方实系太谷县之巨镇，离城既远，路通邻省，商民聚集，人稠地广，倍盛于前”。④

介休县境内市集众多，交易频繁。清乾隆年间，县境较大市集就有“东关月十五市，张兰镇月十五市，郝家堡月十五市，湛泉镇月十五市，孔家堡月十五市，义棠镇月十五市”⑤。其中，张兰镇、义棠镇由于其优越的地理位置而格外繁华。“义棠镇，县西二十里，与灵石接壤，南依山阜，北临汾水，为通衢。”⑥“张兰镇，县东四十里，孔道咽

① 雍正《朔平府志》卷7《物产志》。

② 道光《偏关志》卷上《物产》。

③ 乾隆《太谷县志》卷3《风俗》。

④ 乾隆四十三年（1778）三月初六日山西巡抚觉罗巴延三奏，载故宫博物院编辑委员会编《宫中档乾隆朝奏折》第42辑，故宫博物院1982年版，第293—294页。

⑤ 乾隆《介休县志》卷1《堡寨·市集》。

⑥ 乾隆《介休县志》卷1《城池》。

喉，亦县东屏蔽”①，“张兰……盖即古之张南，南兰声相近，故音变焉。镇向有城，不知建自何时，无碑板可考……我镇城周五里，屋舍鳞次，不下万家，盖藏者十之三，商贾复四方辐辏，俨如大邑”②。张兰镇还筑有城墙，其“城堞完整，商贾丛集，山右第一富庶之区”③，其“城镇周五里，屋舍鳞次，不下万家，盖藏者什之三，四方辐辏，俨如大邑”④。由于张兰镇的繁华及特殊的地理位置，清廷于乾隆十七年（1752）将静乐巡检移驻于此，乾隆二十一年（1756）又将汾州同知移驻于此。⑤ 由此可见，其时张兰镇的商业市场极其繁华。⑥

清末民初，盂县商业发展到历史上前所未有的繁荣阶段，全县有城关、上社、西烟、牛村四大集镇设固定集日。城关双日为集，其他镇有单、双集日之分，每月集日最多6次。此外，各个较大的乡村，以古庙会设集，规模较大的有如清城、苌池、兴道、藏山、仙人、南娄、白土坡、温池、元吉、东庄头、御枣口、北蒋等20余村。这些集市同庙会相联系，大部分集中在阴历的四月至七月间，其中清城最早，每年二月开集。⑦

西包头属萨拉齐厅，在归化城以西300里，濒临黄河。清初它不过是个小村落，嘉庆十四年（1809）升镇，设巡检司。光绪中叶西包头镇的牲畜贸易等方面已逐渐取代归化城的地位。彼时，包头开办的皮毛业商号有20多家，皮毛来源扩展到宁夏、肃州、青海、库伦等地。其中，广恒西店于光绪十九年（1893）开业，资本5800两，伙计30余人，开业三年即盈利5万多两，雇工扩大到100余人，很快成为皮毛业之首户。⑧

---

① 乾隆《介休县志》卷1《城池》。

② 嘉庆《介休县志》卷12《艺文·修张兰城记》。

③ （清）祁韵士:《万里行程记》，道光祁氏家刻《问影楼舆地丛书本》。

④ 嘉庆《介休县志》卷12《艺文·修张兰城记》。

⑤ 乾隆《介休县志》卷1《疆域·关隘》。

⑥ 乾隆二十一年（1756）十月十二日山西巡抚明德奏，载故宫博物院图书文献处文献股编《宫中档乾隆朝奏折》第15辑，故宫博物院1983年版，第715页。

⑦ 盂县史志编纂委员会编:《盂县志》，方志出版社1995年版，第310页。

⑧ 内蒙古自治区地方志编纂委员会编:《内蒙古自治区志·商业志》，内蒙古人民出版社1998年版，第218页。

此外，曲沃县高县镇是棉花、布匹的转运市场，“直隶栾城、获鹿所出棉花、布匹，贩运者皆卸集于此，商旅甚多”。其布市、棉花市、绒线市、菜市、果市、杂货市、枣市、靛市，俱在古南关厢；油市、柴市、米粮市，俱在古东关厢。[①] 猗氏县油村镇“为油聚之所”，其繁盛程度也不亚于其他北方市镇。[②]

## 第二节　农村市场的繁荣与成熟

从明代中期开始，山西农村市场走向全面兴盛，数量大幅度增加，地域分布体系趋于完善，个体规模普遍扩大，对周边乡镇的辐射能力显著增强，经济的专业化不断深入，产业体系日益发达，在此基础上逐渐走向成熟。

### 一　集市数量的增加

集市是人们约定俗成进行定期交易的场所。山西集市兴起于明，但由于明末清初战乱而一度发展中断，经过清前中期的恢复，到乾隆时期开始全面而持续的发展。据彼时资料估算，清中期山西集市数量已达到1600个左右，光绪年间再增至近2100个，每州县有集市20个左右。清康熙、雍正年间，政府对集市中的牙行，以及相关税收制度进行了制度化和规范化调整，从而保障了农村集市的高效发展。随集市数量增长，集市分布密度也大大提高，到清中叶，山西已经形成一个具有相当稳定性和相当密度的集市网，集市贸易已经成为山西农村经济生活中的一项重要内容。

省治太原周围有许多集市，其中阳曲县城内有城西米市集、上北关集，四乡则有：阳曲镇集在城北30里、青龙镇集在城北50里、黄土寨

① 乾隆《新修曲沃县志》卷7《城池·附市肆村镇》。
② （清）祁韵士：《万里行程记》，道光祁氏家刻《问影楼舆地丛书本》。

集在城东北 60 里、东黄水集在城东北 80 里、大孟镇集在城东北 90 里、阳兴镇集在城东北 130 里、东社村集在城西 15 里、河口村集在城西 80 里、向阳镇集在城西北 30 里、西高庄集在城西北 40 里、泥屯镇集在城西北 55 里、官头村集在城西北 90 里、大川都集在城西北 90 里逢子坡、岔上村集在城西北 100 里、小店镇集在城西北 120 里等，共有 17 处。[①] 蒲州府城内“大市在东关，急递铺南，北牛站巷，东西皆列肆店，交易者朝往暮归，日率为常……鼓楼下新集，每月六次”[②]。蒲州府城外“东丰镇集在州东三十里，考老镇集在州东北三十里，东张镇集在州北五十里，大阳屯集在州南五十里，焦卢屯集在州南五十里，小李屯集在州南八十里，永乐镇集在州南一百一十里”[③]。运城“四关各十日轮转”[④]。保德州“近边鄙，富商大贾绝迹不到，然麻缕棉絮之类，日用所必需，东沟立集，农民喜其便”[⑤]。

山西集市的开市规律基本保持在每旬 2—3 次，集期则以每月一六日、五十日、二七日、四九日、三六九日相搭配较为普遍。如乾隆年间，隰州共有 9 个集市：康城镇集以一六为集期；水头集和大麦郊集以五十为集期；石口集以四九为集期。[⑥] 乾隆年间，汾州府介休县境较大市集有“东关月十五市，张兰镇月十五市，郝家堡月十五市，湛泉镇月十五市，孔家堡月十五市，义棠镇月十五市”[⑦]。

每旬开市 3—4 次或更多者间亦有之。清初，浮山县城四门均有集市，按季轮换。雍正年间，县城集市设在东西两街，每月农历三、六、九日为集日。解州安邑运城城内的集场为四关轮集。[⑧] 运城集场在城内

① 道光《阳曲县志》卷 7《户书》。
② 康熙《蒲州志》卷 2《市集》。
③ 康熙《蒲州志》卷 2《市集》。
④ 乾隆《解州安邑县运城志》卷 3《城池 · 壇庙 · 盐法》。
⑤ 乾隆《保德州志》卷 1《市集》。
⑥ 光绪《续修隰州志》卷 2《市集》。
⑦ 乾隆《介休县志》卷 1《堡寨 · 市集》。
⑧ 乾隆《解州安邑县运城志》卷 2《风俗 · 物产》。

东西北三关十日一轮。[①] 临县“城内每逢单日则集，由四坊递轮。逢一在东关，逢三在下市楼，逢五在贤良坊，逢七在文庙西，逢九在东门”[②]。光绪年间，潞安府长治县境内有多处集市，有荫城、西火、韩店、苏店、八义等15处集市。“城内以二、四、六、八、十日市；鲍店镇、石哲镇、大堡头村、张店村、南漳村、东里村、南席村俱以一、三、五、七、九日市；壉村镇以三、六、九日市；南呈镇、郭村以二、五、八日市；布村以一、四、七日市。”[③] 平定府盂县在清末，全县有城关、上社、西烟、牛村四大集镇设固定集日。城关双日为集，其他镇有单、双集日之分，每月集日最多六次。[④] 大同府灵邱县城东“凡贸易工作悉居之，士民亦杂处焉，双日为集……集初设关厢内，近数载贸易颇伙往来拥挤，市民咸以市集起色”[⑤]。

## 二　商品规模普遍扩大

集市所贸易的商品种类多样，如牛、马、羊、猪、家禽、时令瓜果，以及各地百姓的手工业品，例如柳条编织器具、苇席等商品，亦多在集市上交易。这些集市交易可以满足百姓“岁资之为利，以供衣食租赋”[⑥]。解州集市和店铺的商品也较为丰富，“顾商贾聚处，百货骈集，珍瑰罗列，见于无物不有”[⑦]。大同府灵邱县城内集市贸易商品包括“肩蔬负薪粟粮布匹之类”[⑧]。保德州的州市在城中，“仅粜米粟”，主要交易粮食，而城外“东沟集，每逢二七贸易杂货”[⑨]。

一些城市的集市还订立了具体的规则。乾隆年间，运城御史杨绳

---

① 乾隆《解州安邑县运城志》卷3《城池·壇庙·盐法》。
② 康熙《临县志》卷2《集市》。
③ 光绪《长治县志》卷3《建置·市集》。
④ 盂县史志编纂委员会编：《盂县志》，方志出版社1995年版，第310页。
⑤ 康熙《灵邱县志》卷4《食货》。
⑥ 同治《榆次县志》卷7《风俗》。
⑦ 乾隆《解州安邑县运城志》卷2《风俗·物产》。
⑧ 康熙《灵邱县志》卷4《食货》。
⑨ 康熙《保德州志》卷1《市集》。

武，为了杜绝欺行霸市行为特立约法八条：比如粮食到市，每石止许牙用一升；斗户不许调鬼语，欺哄乡愚；客贩任赴行家，不许斗户远接；斗遵官较，禁置副斗及劙削口底，并用鸡子木刮；粜米先尽穷民；斗止许正身，不许朋伙窝枭；生员、衙役、宦仆不许揽充斗户，市棍不许插身把持；集场务于东西北三关十日一轮，摆到通衢，不许隐藏场院之内等。①

集市崛起归根结底是根植于农村经济实力的增强，没有农村经济的振兴，也就没有乡村中集市的勃兴。只有当农村经济实力增强，剩余农产品增多时，才有足够的交易量来维持一个集市的存在和延续，新集市的产生需要同样的物质前提。

蒲州府万泉县，乾隆《万泉县志》载："解店镇……清康熙元年知县郑章倡建店舍兴起市集。"② 此时村镇集市当仅此1处，至民国年间《万泉县志》载，村镇集市有12处，③ 在新增集市中，9处每旬开集仅1次，余者每旬开集2次。行龙先生认为，民国时期万泉县的集市既可以看作开集稀疏的集市，亦可视为举会频繁的庙会，它们是集市与庙会合二为一的结果。清代尤其是进入近代以后，山西庙会大量增加，因此万泉集市数量变化是在其集会合一的特殊情形下对全省庙会发展共同趋向的间接反映，其中并不包含来自经济实力方面的意蕴。蒲州府荣河县的集市由清前期的4处，增加到清中期和清后期的11处；而集市场次则由清前期的78次，减少为民国时期的48次。然而康熙荣河县志明确记有冯村市、西李市、程村市、王显市俱废。这显然是明末战乱的遗痕，意味着在此之前荣河村镇集至少一度曾达7处之多，拿它再与乾隆年间10处比较，增幅实际并不算大。④

① 乾隆《解州安邑县运城志》卷3《城池·壇庙·盐法》。

② 乾隆《万泉县志》卷1《集会》。

③ 民国《万泉县志》卷1《集会》。

④ 行龙、张万寿：《近代山西集市数量、分布及其变迁》，《中国经济史研究》2004年第2期。

## 三　庙会的兴盛

庙会，即“敬事神明有祈有报，且因之立集场以通商贩”①，其本身所具有的祀神、娱乐、贸易等多种功能。但因为庙会上会演剧而祀神和祈福，因此能够吸引十里八乡的百姓前来相聚，商人则因此而设市贸易。由此一来，庙会则又能称为货会、山会。各地较大的庙宇寺观，每逢节日，善男信女大量集中举行宗教礼仪。商人借此人众蚁集之际，进行商业活动。从商业角度看，庙会是农村集市的另一种形式。② 除祭神外，庙会的另一主要功能是贸易。太原府榆次县在每年五月举办的城隍庙会，“届期资货云集四方，客商辐辏而至，发兑交易日余始罢”③。太谷县“立春……二十一日汾河村民于庙祀神演剧，四乡商贾以百货至交易”④。代州繁峙县城每年三月十八日有砂河香烟庙会，届时“远近士民各以鸡鸭羊只入庙酬神，是日商贾云集”⑤。平阳府浮山县每逢庙会，“招集远近商贾贩鬻诸般货物，邑人称便焉”⑥。绛州庙会以古龙坡的“老君庙会”和“东华山娘娘庙会”名气和规模最大，每逢会期，陕、甘、豫、冀、鲁等省客商云集。

清代，山西很多州县都有庙会，少则一两处，多则十数处。例如，太原府榆次县每年“正月于怀仁，二月于聂村东阳，三月郭家堡，四月王都村，五月于邑城隍庙中，七月源涡鸣谦驿，凡会则陈优伶合乐，其城隍庙则会场之尤大者”⑦。位于山西东部的平定州，其下辖的盂县每年要举办 33 次庙会，会期长短不一，有的持续 5 天，有的持续 3 天，据此推算，该县每年至少有 100 多天在举办庙会。再如位于山西中西部

① 道光《武陟县志》卷 10《风俗志》。

② 方行、经君健、魏金玉主编：《中国经济通史·清代经济卷》，中国社会科学出版社 2007 年版，第 1086 页。

③ 同治《榆次县志》卷 4《纪事》。

④ 光绪《太谷县志》卷 3《风俗》。

⑤ 道光《繁峙县志》卷 2《市集》。

⑥ 光绪《浮山县志》卷 27《风俗》。

⑦ 乾隆《榆次县志》卷 6《风俗》。

的汾州府临县，该县的城关、三交、碛口、招贤、南沟、兔坂、安家庄、从罗峪、白文等地都有庙会。其中七月举办的庙会最为隆重，每年的七月初一在黄河岸边的碛口镇举办碛口庙会，接着就是三交、城关、白文、兔坂、刘家会等地的庙会相继进行，相续不断，直至八月。正月举办的庙会亦十分热闹，而且多地都有举办，正月十三在碛口举办庙会，接着三交、招贤、城关、白文等地都会在正月举办规模盛大的庙会。

平阳府浮山县“每岁三月二十八日东门外东岳庙逢会，七月十五日城隍庙逢会，十月初六日南门外关帝庙、张公祠逢会，招集远近商贾贩鬻诸般货物，邑人称便焉”①。吉州城关、柏山寺、大庙沟等地有农历三月二十七、四月十五、七月十五、十月十五、腊月十三等庙会。②蒲州府猗氏县有庄武王庙会、城隍庙会、关王庙会、东关集、高头里会等庙会。③

潞安府长治县“岳鄂王庙会九月二十六日在南关，百货俱集，旬日而止；关帝庙会九月十三日在县北乡鲍店镇亦旬日而止；草坊会五月十三日在县北乡三日而止；尧庙会四月二十八日在县西南乡五日而止”④。清嘉庆、道光年间最盛，全县年百余次。辽州榆社县每年正月至十月间，月月有庙会。

大同府大同县庙会从正月初八的八仙日始，二月初三有帝君庙会、三月初三曹夫庙会、三月十八娘娘庙会、四月初八奶奶庙会、四月十五鲁班庙会、五月十一城隍庙会、六月初六玉龙洞庙会、六月十三龙王庙会、六月十九观音庙会、五月十三和六月二十三关帝庙会、六月二十三火神庙会、七月十五龙池盂兰会、八月二十七文庙会。城郊沙岭、寺村、阳和坡等村春祈秋收也举行庙会。右玉县大寺庙庙会，农历四月初

① 光绪《浮山县志》卷27《风俗》。
② 光绪《吉州志》卷上《集市》。
③ 雍正《猗氏县志》卷1《城池》。
④ 光绪《长治县志》卷3《建置·市集》。

八；娘娘庙会，农历三月十八；雷公山慈云寺庙会，大南山显明寺庙会；牛心山庙会；封神台庙会；马莲滩村西六月六海子滩庙会。杀虎口从二月初八文昌庙会开始到十月十三东岳庙会，几乎每月有会。保德州河曲县庙会正月 3 次，二月 2 次，三月 3 次，四月 4 次，五月 2 次，七月 3 次，八月 2 次，十月 1 次，共计 20 次。会期以 3 日居多，共计 60 多天。

庙会所交易的商品种类繁多，除有较高档的商品，如江南丝绸、江西瓷器、珠宝古玩裘皮等外，主要以日用百货、牲畜、农具为主。晋中地区太谷县的阳春会："卖货物者甚多，绸缎棚一巷，估衣棚一巷，羊裘棚一巷，竹木器具棚一巷，车马皮套棚一巷，其余瓷器、铁器、纸张棚虽不成巷，而亦不少。此外杂货、旧货小坛，不可胜数。赶会之车辆约有数千乘，可谓大会矣。"① 汾州府的介休县在每年的九月二十至二十九是张兰镇泰山庙庙会，届时平遥、沁源、霍县、孝义、汾阳等地商号和手工业作坊都前来参加。解州庙会"商贾云集，百货具陈"②。汾州府的临县每年正月和七月所举办的庙会，交易商品主要以牛、马、驴、骡为主。而碛口镇七月初一举办的庙会以时令瓜果为主，十月初二的丛罗峪庙会又称为羒羊会，上市羒羊可达数千只，汾阳等地客商前往购买。腊月十八为城庄公鸡会，上市公鸡可达数千只。六镇古会尤以三交会驰名晋陕，每年的骡马大会，陕西米脂、定边、关中、神木、榆林等地来的骡马驴数量可观；河南、河北、晋东南、洪赵等地前来购买牲畜者接踵摩肩。三交骡马大会时，周围十数里村庄都住满各地客人。平阳府浮山县庙会交易内容十分丰富，包括百货、农具、瓜果、蔬菜、牲畜、金货、估衣、京广杂货、日用生活用品等。高平县米山镇庙会，"羊马自千余里至"③。

---

① （清）刘大鹏：《退想斋日记》，山西人民出版社 1990 年版，第 76 页。

② （清）李燧：《晋游日记》，乾隆六十年（1795）四月初四日，山西经济出版社 2003 年版，第 75 页。

③ 同治《高平县志》卷 1《地理》。

并且许多庙会有其固定的主要交易产品。如大同府大同城内六月十三的龙王庙会，以布行为主。六月十九的观音庙会以银匠为主。宁武府神池县六月初六的八角镇庙会主要以交易牲畜为主。绛州闻喜县三月初三县城祖师庙庙会也以交易牲畜为主，称为骡马大会。

清代，山西有四大庙会，即：正月解州会、四月尧庙会、七月五台山会、九月鲍店会。其中长子县鲍店会，以商贾之繁盛、行业之众多、交易金额之巨大，在山西各庙会中首屈一指。鲍店，距长子县城北40华里，位于潞安府的长子、屯留二县中间，为晋、豫、秦交往的要道。鲍店会起自何时，已难稽考，但它的极盛时代是在清代中叶。会期从农历九月十三日到十二月二十三日，历时100天，主要交易商品有牲畜、估衣、广货、京货、药材等。

会期前半个月为牲畜会，以骡马、牛羊为主，还有骆驼、驴等牲畜。上党盆地多山，牧羊既省人工，又无种子、肥料支出，而且羊孳生很快。如果羊群不发生传染病或其他伤亡事故，养羊1只，3年可繁殖成5只，农民养羊成本较低，所以农民几乎家家养羊。所以每年上会的有十几万只羊。继羊会之后就是骡马大会（包括牛、驴、骆驼等）。上党地区的手工业品：铁货、党参、潞绸、泽绸、草帽辫、花椒等由骡马驮运销往各地。况每年秋季农事接近完毕，也正是农民骡、马、牛、驴交易旺季。因此鲍店庙会骡马等牲畜的交易，颇为繁盛。上会的骡驹有数千头之多，另外还有大批马、骆驼、牛、驴等。会上还有来自绥远的马贩子，赶来大批马匹到会上出售。阎锡山统治时期，在鲍店会对马、骡、驴等牲畜交易，征收40%的交易税，并实行包税制。当时豪绅巨贾争相包税，投标有达3万元者，可见鲍店骡马会成交金额之大。每年有十几万只羊，千余头骡驹上会交易。

其间还有估衣会、广货会和京货会穿插进行：与骡马大会同时上会的估衣棚有30余家。所出售的裙衫大部分来自晋中祁、太、平、介等地，多半为陈旧次品，经估衣铺翻改刷新，然后出售给贫苦农民以做嫁女或装裹之用。鲍店会的广货店以长治的万胜顺、万胜高和晋城的集全顺三家为最大。所占庙会棚址也供这三家优先挑选，其他广货店附属其前后左右。广货店经营苏杭绸缎、广东铜器、北京丸药以及吸食鸦片用的太谷十样景烟灯、寿州烟斗、汉口的水烟袋和官绅们用的缎靴与戏剧道具、乐器等。绸缎庄有河北顺德府复盛程和武安天德恒两家，专售苏杭绸缎。以上这两种行业，主顾大多是地主富农或官绅巨贾，也有少数中产人家为儿女完婚选购衣料的。鲍店庙会上有京货铺数十家，专售妇女儿童用品，如绸缎零块、各色梭布、皮金、珠边、丝线、回绒、手帕、脂粉、珠花、儿童鞋帽、玩具等。首饰楼也有十余家，不搭布棚，就摆一张方桌，其上放置一个铁丝编成的2尺高、2尺5宽的笼子，内挂各种银饰。①

在骡马大会结束后，庙会便有大量药材上市交易，俗称药材会。每到药材会，全国各地的药商纷纷前来交易。而此时亦为各地商品汇聚之时：广壮南货、淮货、藏药、京货、洋货等商品均在鲍店庙会市场上可以看到。该庙会更为大量山西本土所产成药提供销售平台：太谷“广升远”的龟龄集；“广升誉”的定坤丹；太原“同心茂”的舒筋散；绛州“德义堂”的七珍丹；岢岚县的全鹿丸等都是药材市场的畅销品。鲍店药材会所交易品种之多，成交额之大，都令人慨叹。因此鲍店药材会与河南辉县药会、河北安国药会、山西解县药会共称为“四大药会”，享有“山西鲍会”② 之美誉。彼时，常年在鲍店镇“和盛行”“义兴行”“三义行”三家药行字号，其从业人员共有五六十人，每逢药材会，上述字号还为客商提供交流信息，辨别商品及票据真伪，代办税款，运输送货等服务。值得注意的是，彼时鲍店全年所举办的四场大型庙会，其会期唱戏等一切开支，皆由全镇农四、商六分摊。但药材会的唱戏等开支，则单独由药行承担。从此也可看出当时鲍店药材会的盛

---

① 王家驹：《长子鲍店会》，载中国人民政治协商会议山西文史资料研究会编《山西文史资料》第1卷，中国人民政治协商会议山西文史资料研究会，1998年。

② 张小根：《鲍店药材会》，载中国人民政治协商会议山西文史资料研究会编《山西文史资料》第10卷，中国人民政治协商会议山西文史资料研究会，1998年。

大规模和气势。

从以上分析，我们可以知道，庙会除可以提供一般生活日用所需之外，还能有效补充集市商品种类的不足，以满足日常百姓婚丧嫁娶及年节之需。

## 第三节　城市化进程中的农村经济

古代山西地区的农村城市化进程，首先是从经济领域的变动开始的，而经济领域的变动又以市场发展为先导。如果说农村生产力的提高、农业经济的高涨和商品流通的活跃，为农村市场的发育成长提供了必不可少的基础条件；那么城镇广泛兴起与发展，则直接推动了农村市场体系的形成，进而走向成熟。进入明清时期，随着农村经济的进一步发展和商品流通的空前活跃，山西城镇走向全面兴盛和成熟，农村市场也较前代有明显发展：由于城镇数量的大幅增长及其个体规模的不断扩大，农村市场体系更加系统和完整；城镇市场水平的提高和对外联系的加强，使农村市场逐渐成为区域市场体系中与城市市场相对应的相对独立的组成部分。

### 一　晋商与市场专业分工和产业多样化

与数量上的增加和规模上的扩大相比，明清时期，山西市镇的兴盛更重要的是经济形态的日趋成熟，即突出表现是发达的市场专业分工以及在此基础上产业体系的形成。

市场的专业化，是明清时期山西城乡经济发展的突出特点，从表现形式来看，这是不同产业和产品生产与流通环节，在区域市镇之间形成分工合作体系的反映，而在其背后，实际上是城乡经济逐渐由以本地家庭生产为基础的简单化，低层次商品生产与流通活动，上升到以多层次，专业分工和跨地区市场联系为基础的高层次商品经济的结果。城乡经济的专业分工包括由高到低四个层次：

一是产业体系之间的专业分工。在这一层次，城镇大致分为三大类，即手工业、农林副业、交通行商品集散。如潞泽地区的阳城、荫城镇、西火镇等均为手工业市镇，以潞安府长治县的西火镇为例，该镇“相距县城九十里，居民稠密，商贩络绎。且界连壶关、高平、陵川三县，而附近之荫城、桑梓、桥头等村镇，均系居民众多，商贾聚集之区”①；曲沃县高县镇及猗氏县油村镇均为农林副业市镇：高县镇是棉花、布匹的转运市场，“直隶栾城、获鹿所出棉花、布匹，贩运者皆卸集于此，商旅甚多”。其布市、棉花市、绒线市、菜市、果市、杂货市、枣市、靛市，俱在古南关厢；油市、柴市、米粮市，俱在古东关厢。② 油村镇“为油聚之所”，其繁盛程度也不亚于其他北方市镇。③

二是不同产业的专业分工。在这一层次，手工业又分为以丝织业、棉织业、盐业、冶铁业等为特色的不同类型；农林副业市镇又分为以粮食市镇、农产品加工业城镇为特色的不同类型；交通型商品集散城镇，又可分为以水路交通型、陆路交通型为特色的不同类型。首先，手工业城镇中，明代潞泽地区的很多城镇就是丝织业和棉织业城镇；运城即为盐业城市；清代的阳城、凤台、荫城镇均为冶铁业市镇。如阳城以生铁货为主，如大小锅、笼盖、笼圈，以及犁、耙齿、炉条等。晋城以板铁货为主，如大板铁、小板铁、三股铁等。荫城以熟铁货为主，如铁锅、炒瓢、马勺、菜刀、斧头、锯条及锄、镰等。其次，农林副业城镇中，包头属于粮食与皮毛集散城镇，交城和大同为皮毛加工城镇。最后，交通型城镇中，碛口、永济、河曲、绛州为水路交通城镇；归化城、杀虎口等为陆路交通城镇。

三是产业内部的专业分工。在这一层次，冶铁业城镇又可以分为，冶炼、锻造、五金制作等为特色的不同类型；农产品加工业城镇，又可

① 乾隆二十九年（1764）八月初一日山西巡抚和其衷奏，载故宫博物院编辑委员会编《宫中档乾隆朝奏折》第22辑，故宫博物院1983年版，第339页。

② 乾隆《新修曲沃县志》卷7《城池·附市肆村镇》。

③ （清）祁韵士：《万里行程记》，道光祁氏家刻《问影楼舆地丛书本》。

以分为烟叶加工，皮毛加工，榨油业等为特色的不同类型。首先，在冶铁业城镇中，凤台为冶炼锻造城镇、陵川等城为五金制造业城镇。清同治九年（1870）凤台的南村地方有铸造厂、化铁厂、打钉厂、拉丝厂等铁工厂数以百计；[①] 陵川县有专门打铁钉的铺户 12 家；[②] 高平、太原、榆次等县的刀、剪、锁、针都是著名产品。其次，在农产品加工业城镇中，曲沃是烟叶加工城镇、交城和大同为皮毛加工城镇、偏关为榨油业市镇。以烟草加工业城镇——曲沃为例进行讨论：清代，曲沃县的北荣裕、杨谈、北白集、城关等地均建有烟坊，并裕顺永、魁太和、东谦亨、西谦亨、南谦亨、北谦亨等一批专业经营烟草的商号。截至清末，曲沃全县烟草种植面积约有 8 万亩，烟坊近百家，年产烟丝 4000—5000 吨，烟叶生产成为彼时曲沃县最重要的产业，烟丝畅销广大的北方市场。[③] 再如皮毛加工业城镇——交城县城和大同府城，清光绪二十一年至光绪二十四年（1895—1898）之间，交城县城及大同府城两地每年销售皮毛商品的总值均达 100 万两以上，交城县城的硝皮庄由之前的 10 家增至 100 多家，大同府城的硝皮庄则由之前的十几家增至 80 多家。偏关县“胡麻油多贩运出境，是为本关大宗出息”[④]。胡麻除榨油外，还有多种用途，“晋北惟胡麻油其用最溥。胡麻产口外，秋后收买，载以船筏，顺流而下。乡人业其利者……磨碎蒸熟，榨取其汁为油，油净，则取渣滓饲牛。又其粗者，谓之麻糁，并可肥田，故业农者多开油店”[⑤]。

四是产业环节内部的专业分工。如盐业城镇中，有的侧重于生产，有的侧重于运输。这种多层次的专业分工，使原本彼此独立的市镇经济

① 彭泽益编：《中国近代手工业史资料（1840—1949）》第 2 卷，中华书局 1962 年版，第 138—144 页。

② 彭泽益编：《中国近代手工业史资料（1840—1949）》第 1 卷，中华书局 1962 年版，第 460 页。

③ 段士朴：《曲沃烟史简述》，载中国人民政治协商会议山西文史资料研究会编《山西文史资料全编》第 2 卷，中国人民政治协商会议山西文史资料研究会，1998 年。

④ 道光《偏关志》卷上《风土》。

⑤ 同治《河曲县志》卷 5《风俗》。

活动，纳入统一的商品生产与流通体系之中，不妨以河东地区最活跃的盐业作为进一步考察的对象。以明清时期河东池盐等生产及运销为例，运城是河东盐等生产基地，而周边等城镇，特别是行盐路线沿途等城镇，如永济、临晋、垣曲、茅津镇、运城西关村等均为池盐贩运服务，侧重于运输的兴起和繁荣。

商品生产的活跃，和市场分工的发达，推动市政产业体系的日趋完整，从总体上讲，明清山西市镇的产业形式主要有手工业、商业、服务业、运输业和商品化农副业等几种。不过随着经济规模的不断扩大和内部分工的日益深化，各市镇具体的产业形势也呈现出多样化趋势，综合市镇自不待言，就是专业分工最为精细的手工业市镇也是如此。例如西包头镇既是西北皮毛运往东部天津港的皮毛集散中心，又是口外粮食运往山西的粮食集散中心，城内有祁县乔家开设的粮食字号复盛公、复盛西和复盛全三大字号的 19 个铺面，雇佣工人 400—500 人。平遥既是晋中商品流通中心，又是晋中金融中心，城内遍布各类商号及票庄总号。归化城既是漠南、漠北商品总汇，又是皮毛集散中心，清代北方最大的通事行——大盛魁的总号即设在此地。运城既为盐务专城，城内驻扎朝廷派驻于此的各类盐运使司，同时又是晋南地区的商业城市。

## 二　农村商品经济的发展及与城市的互动

商品经济是与市场活动结合在一起的。相对于自给自足的自然经济，商品经济有两个基本特点，或者说两个基本条件：一是商品的生产以投放市场为目的，即所谓价值的创造与商品的形成；二是商品流通是再生产的基础，也就是价值的实现与增值。按照这种标准，虽然历史上山西农村早已出现了零散的商品流通现象，但这种所谓的商品既是被动的——农民并不是基于市场需求进行生产，而只是迫于生计的有限产品出售；又是一次性的——产品的出售并没有成为再生产的前提。因此严格地讲，并不是真正的商品经济。宋代以降，随着农村市场体系的发育和成长，市场因素逐渐渗透到农村经济各个方面，“价值效应”的作用越来越明显。“价值效应”指不同产品在市场流通过程中所呈现出的价值水平，以及由此而形成的供需关系。一种产品若没有投放市场，它只具使用价值；一旦投放市场，则体现出商品价值。当某种产品的商品价值超过使用价值时，农村家庭就会更多地生产这种产品并投放市场，以获取更大的收益；相反则会减少这种产品的生产。这就意味着农村的生产活动不再完全依据农民自身消费的需要，而是更多地注意到市场需要，从而实现了由自给性生产向商品生产转变。商品生产和市场活动的结合，便推动了商品经济的兴起。当然，山西农村市场的发展，有一个从不完整到完整，从不成熟到成熟的过程，商品经济的发展也有从兴起到兴盛的过程。明清时期，山西一些地区的农村经济体现出浓厚的商品经济特点，农户与市场发生着日益紧密的联系。

### （一）商品生产领域的扩展与专业化

明清时期山西农村专业化生产以盐业和冶铁业最为典型。

首先，河东盐业。

盐业自古以来就是山西南部的重要的非农产业。明代允许商人自备工本参与池盐生产，不仅扩大了生产规模，而且盐场人数规模空前。清代山西的主要产盐地为河东盐池，与明代相同。清初对池盐的捞采取征集盐丁制度，由晋南各县征集。顺治六年（1649），实行畦归商种，即将所有的盐池、盐畦、盐地交给商人生产，商人按领畦地纳课，并拥行盐引。从事池盐相关产业由平阳府本地人及其他府州商人组成，以平阳本地人为多。畦归商种在很大程度上解放了劳动力，增加了池盐产量。雍正时，“河东坐商数百户，多系无力之家，畦地租自他人，措资浇晒”，即大部分是资历薄弱的小商人，承租畦地，辛苦经营。自咸丰年间起，陕西省在山西临晋设立总岸，河南省在会兴镇（今三门峡市）设立总岸，山西则在蒲州、解州、安邑、运城设立总岸，统管河东池盐的运销业务。河东池盐行销晋陕豫三省，由运商承担运销。在陕西地区经营河东池盐的商人主要分布在潼关、渭南、华县、华阴、兴平、咸阳、西安、大荔、三原、郃阳、韩城、北同关以及商雒地区。潼关的公议协，渭南的敬修复、德顺永，西安的太和成、集成公、协盛福等盐号，都是经营规模相当可观的运商。陕岸运商在运城设有陕纲公会，并建有陕纲会馆及禹王庙，用以集中办公和召开会议，地址在彼时的运城西关村。陕纲会馆是陕岸包商集体议事的场所，会馆内设有掣盐局，它是运商的一个办事机构，是专门承办陕岸运商的盐斤出场事宜的。[①]

由于河东池盐的大量生产和销售，河东盐池及运城周围的一些小村镇也逐渐兴盛。例如运城西关村，自明清时期至20世纪30年代，开设过宏昌永、隆盛和、万盛福、信诚公、恒昌永、四盛合、晋丰盐店等七家大型盐店，专门承接河东盐向陕西发卖的业务。彼时，河东盐池附近形成了多层次产业分工格局，盐池中部为产盐区，西部为运输业集聚区。

其次，冶铁业。

山西冶铁业产生于汉代，[②] 发展是在明代，《明实录》记载明初全国设有13个铁冶所，山西就有5个，分设于平阳、太原、潞州、泽州等几府。[③] 洪武十八年（1385）以后，由于撤销了冶铁所，变官冶为民冶，山西的冶铁产地增加，数量也随之增多。明代全国已经探明的铁矿产地共有245个县，山西共有25个县分布有铁矿，占全国铁矿总数的10.1%。[④] 山西冶铁产地有晋城、长治、平定、盂县、榆次、孝义、汾西、临汾、翼城、高平、阳城、交城、太原、阳曲、五台、吉县、山阴、右玉、永和、乡宁、稷山、绛县、洪洞、平遥、繁峙、怀仁、清徐、静乐、介休、灵石、壶关等31县。[⑤] 明天顺五年（1461）陕西总兵

---

① 席瑞卿：《运城盐池·晒商·陕岸运商及其他》，载中国人民政治协商会议山西文史资料研究会编《山西文史资料全编》第6卷，中国人民政治协商会议山西文史资料研究会，1998年。

② 葛贤慧：《商路漫漫五百年：晋商与传统文化》，华中理工大学出版社1996年版，第27页。

③ （明）解缙修：《明太祖实录》卷88，洪武七年（1374）四月癸卯。

④ 葛贤慧：《商路漫漫五百年：晋商与传统文化》，华中理工大学出版社1996年版，第27页。

⑤ （明）李贤、彭时等纂修：《大明一统志》卷19，台北：1965年影印本。

官奏疏称："臣闻山西阳城县铁冶甚多，每年课铁不下五六十万斤。"① 根据明代铁课三十取二的规定，可粗略推算出当时山西铁产量为 750 万—900 万斤。清前期，山西的冶铁业集中在太原、潞安、泽州几府。晋城、高平、阳城、平定、太原，盂县都产铁。彼时，山西的铁主要产自平定州和潞安府，因此被时人称为"平铁"和"潞铁"。铁的品质很高，甚至超过进口洋铁，据称如果价格相等，国人宁愿用山西熟铁而不用进口的欧洲铁。② 山西的铁除供应本省之用，还销往外省。在欧洲的洋铁占领市场之前，山西的铁销路很远，"曾经供应中国大部分地区销用"③，河北、山东等省主要消费山西的铁。

当时，山西是北方最大的铁器制造中心。泽州、潞安、太原等府的制铁业相当发达，原料主要利用当地所产的土铁。雍正时，陵川县有专门打铁钉的铺户 12 家。④ 介休县产铁器，"出义棠镇"。高平、太原、榆次等县的刀、剪、锁、针都是著名产品。高平县出铁剪，清前期该县"西南与凤台接壤处多业此者"。榆次从事制铁业的人很多，所出刀、剪、锁等产品快利、坚固，"榆次诸工技艺惟此独擅其良"，其产品往往作为馈赠物品，"四方之人往来过此，必市之或用为饷遗"。⑤ 凤台所产铁器以锅、鼎、刀剪最多。据德国人李希霍芬观察，同治九年（1870）泽州有好几百家小铁铺，凤台的南村地方有铸造厂、化铁厂、打钉厂、拉丝厂等铁工厂数以百计。人们可以"遇到络绎不绝、成群结队的骡车，满载着种类繁多的铁器"，如铁丝、铁钉、平锅、犁头、铁箍等。⑥ 山

---

① 《明英宗实录》卷 329，天顺五年六月丁酉。

② 彭泽益编：《中国近代手工业史资料（1840—1949）》第 2 卷，中华书局 1962 年版，第 140、143 页。

③ 姚贤镐：《中国近代对外贸易史资料（1840—1895）》第 3 册，中华书局 1962 年版，第 1383 页。

④ 彭泽益编：《中国近代手工业史资料（1840—1949）》第 1 卷，中华书局 1962 年版，第 460 页。

⑤ 嘉庆《介休县志》卷 4《风俗》；光绪《续高平县志》卷 3《税课》；同治《榆次县志》卷 15《物产》。

⑥ 彭泽益编：《中国近代手工业史资料（1840—1949）》第 2 卷，中华书局 1962 年版，第 138—144 页。

西铁器除销于本省，还大量销往直隶、山东、河南、陕西等省。早在明万历年间就有泽州商人由于“田故无多”，“高赀贾人冶铸盐筴，曾不名尺寸田”[①]，以经营冶铁而致富。如直隶沧州，“铁器来自潞汾，农具为多”；束鹿县，“铁器……多由获鹿、山西泽州、潞安等处运来”。位于河北、山西交界处的固关，是东西贸易要道，“过关者自东而西则花布是其大宗，自西而东则铁锅是其大宗，俱用大车、骆驼运载，赀本较大”[②]。虽然，鸦片战争后洋铁的廉价竞争，使山西铁的销路受到影响，但仍行销北方几省。

彼时，山西冶铁业较发达和集中的地区是晋东南的潞安府和泽州府。其中，泽州府的高平县和凤台县大阳镇主要冶炼生铁。[③] 随着冶铁及相关产业发展，山西出现了一批以出产优质铁制品而著名的城镇：如陵川县城，在清雍正时有铁钉作坊 12 家，产品畅销江南地区。晋东南之阳城、凤台、荫城（长治县属），当时号称三城，以出产优质铁货闻名。阳城以生铁货为主，大小锅、笼盖、笼圈，以及犁、耙齿、炉条等。[④] 凤台主要有铁丝、铁钉、平锅、蒸锅、犁头、杂件、铁箍、刀剪等。[⑤] 长治县荫城镇，为高平县和长治县交界，是两县铁矿萃聚之区，共有铁行 30 余家，制造铁器之炉 300 余家。[⑥] 此外，晋中区平定州的平定县和盂县也出产铁。

---

① 雍正《泽州府志》卷 12《物产》。

② 乾隆《沧州志》卷 4《风俗》；光绪《束鹿县志》卷 12《艺文》；光绪《续修井陉县志》卷 36《艺文》。

③ 彭泽益编：《中国近代手工业史资料（1840—1949）》第 2 卷，中华书局 1962 年版，第 139 页。

④ 任永昌、杨作梅：《新绛县的航运业与铁货业》，载中国人民政治协商会议山西文史资料研究会编《山西文史资料》第 3 卷，中国人民政治协商会议山西文史资料研究会，1998 年。

⑤ 彭泽益编：《中国近代手工业史资料（1840—1949）》第 2 卷，中华书局 1962 年版，第 143 页。

⑥ 彭泽益编：《中国近代手工业史资料（1840—1949）》第 2 卷，中华书局 1962 年版，第 145 页。

### （二）商品经济区的形成与发展

山西农村的专业化商品生产是以城镇为中心向周边乡村扩散的。

以运城为例。明清时期，特别是清代以来，随着池盐在晋陕豫三省的运销，不仅运城成为一座商业繁华人口众多的晋南商城，其行盐路线周边的一些城镇也逐渐兴起，成为繁荣的商业城镇，形成了以运城为核心，向周边乡村扩展的潞盐产业区。

绛州，位于省境南部，清代为直隶州。春秋时期为运销路盐，开通境内今横水经郑柴、南樊由仪门入曲沃县境的盐道。北魏太和年间，开通由“成周晋绛道”之郑柴起，经董封、范壁入浍交川至北绛郡（今翼城县南）之驿道；另一条驿道由曲沃县的东周经平乐入境，经尧都、史村至浍交川。明代，二道均成为铺递道。清初通行铁、木轮大车，由横水起经中杨、城关、郑柴、董封、范壁至南樊改向西行，入曲沃县境。此道于南樊处又辟一道，经大交入翼城县境。此外，绛州濒临汾水，为清代汾水沿岸的重要码头。绛州航运路线即由绛州禹门口，归黄河，顺流而下，至风陵渡，又向西进入渭河逆流而上，经渭南、西安，可达咸阳。“每岁初冬，陕船自渭河入黄转汾以至绛，春初西返”①，“至8月以后停运”，全年通航时间有6个月。“航船全系木制，长4丈，高5尺，吃水2尺多，载重10万多斤。每只船有水手20余人。船内设有卧舱、伙房”②。由绛至风陵渡，为顺水，行速；转渭为逆水，行缓；返航反是。③ 彼时，绛州不仅舟楫畅行，而且州城内车马、骆驼络绎不绝，街道两旁车马店、过载店、各类店铺鳞次栉比，有“小苏州”之称。绛州城内商户店铺大多集中在城关、南樊、横水、大交等4镇。行业齐全，有京货、花行、典当铺、木器行、铁货、六陈行、饭铺等23

① 民国《新绛县志》卷首《序》。

② 任永昌等：《新绛县的航运业与铁货业》，载山西省政协文史资料研究委员会、山西省文史研究所合编，《山西文史资料》1984年第4期。

③ 黄鉴辉：《明清山西商人研究》，山西经济出版社2002年版，第263页。

行。其时，南樊镇已成为绛县、曲沃、翼城三县商品集散地，镇内店铺林立，市井繁荣，客商云集。最盛时，仅南樊镇西堡就有72家绸缎店。[①]

永济，为蒲州府治所在，位于晋省最南端，东临解州，西濒黄河，“为秦晋要扼，西控潼关，俯临黄河”[②] 的重镇，是路盐入陕的必经之路。清顺治八年（1651），因城内居民寥落，县令曾“招商贾聚货”于“鼓楼下集”而使之成为“一郡辐辏”[③]。清代中叶以来，永济城内市集频繁，商业繁华，“大市旧在东关……南北牛站巷，东西皆肆店交易者，朝往暮归日率为常”[④]。

临晋县位于路盐运陕的通道之上，“东由白堂村至猗氏县治，又东南至运城镇，共九十里；西取道吴王渡或夹马口至黄河岸，逾河入陕三十里”[⑤]，路盐运陕最要之隘口——吴王渡、夹马口即在其县境内，“吴王渡在县城西三十里滨瀵湖，为由晋渡河运炭载盐口岸；夹马口在吴王渡，南邻永济界，为陕西运盐之过载处。”[⑥] 此外，位于县城东樊桥镇的樊桥驿，为通陕西大道；位于县城东南二十里的贯底桥，为官路通衢；位于县城南三十里的城子埒桥能通运城盐车。[⑦] 由于临晋县优越的地理位置，清代临晋县“经商陕省者常万余人，凡子弟成年除家无余丁及质地鲁钝者外，余悉遣赴陕省习商”，陕西省的金融业大半归“临人掌握”，从事其他贸易行业的亦多，以至于临人“每岁吸收之金钱不下数万金”[⑧]。彼时，临晋县市集频繁，集期密集，“临有十集，曰西关、七级、樊桥、城西、城子埒、夹马口、卓里、角杯、周吴、宋

① 绛县志编纂委员会:《绛县志》卷13《商业·经营体制·私营商业》，陕西人民出版社1997年版。

② （清）李燧:《晋游日记》卷1，乾隆五十八年（1793）七月二十二日，山西经济出版社2003年版。

③ 光绪《永济县志》卷1《市集》。

④ 光绪《永济县志》卷1《市集》。

⑤ 民国《临晋县志》卷1《疆域攷·道径》。

⑥ 民国《临晋县志》卷1《疆域攷·要隘》。

⑦ 民国《临晋县志》卷1《疆域攷·要隘》。

⑧ 民国《临晋县志》卷4《生业略》。

家庄，今举四集，以既其余。集期有逢六逢七，从一至十，各集各分其期”①。

垣曲县位于晋省南部，清代属绛州，为绛州最南端的一个县。其地理位置优越，“南至黄河济民渡五里，渡在县南东滩村，其南岸系渑池阳壶渡”，为晋豫之通津；“西至横岭关九十里”②，横岭关隶属绛县，明成化年间曾设驻巡检一员，隶垣曲，清乾隆十七年（1752）裁。其地重山复岭，扼垣、绛、闻喜三县之隘，为来往商旅的必经之路。宋代，垣曲县已是路盐运豫的必经之路，出土于东滩村，现存于垣曲县博物馆的“垣曲县店下样”有“……雇发含口、垣曲两处盐货……卸车装船”③的记载。清代，潞盐到垣曲县的线路是：“垣曲县：计程三百一十里，限五日到……自运城三十里至陶村，三十里至水头，二十里至小郭店，二十里至闻喜县，三十里至东镇，三十里至横水镇，转脚七十里至桃园，八十里至垣曲县。”④ 只是此时，潞盐多经由茅津渡过黄河入豫。

茅津镇位于解州东南部平陆县东二十里，东西广二里余，南北袤一里，阔五里。⑤ 其渡口——茅津渡“与河南陕川之会兴头地方两岸相对，为晋豫通津”⑥，“地当水陆之冲，值八省通衢。自虞坂以下，依山凿径，绵延百余里，扼关陕咽喉，由晋入豫者道所必经”。因为“三晋卤商辇运盐斤，尤当孔道”，而使得此地“皇华冠盖之络绎仕宦，商旅之辐辏，纷至沓来，不胜纪计”⑦。清代，为管理“豫引过渡”，曾在此设巡检一员，“巡辑私贩”，并于嘉庆四年（1799）“裁巡检改设县丞”⑧。由于地理位置的重要及路盐的运销，茅津镇“市廛鳞次，商贾云

① 乾隆《临晋县志》上篇《市肆篇》。
② 光绪《垣曲县志》卷1《疆域》。
③ 《垣曲县店下样》，南风化工集团股份有限公司编：《河东盐池碑汇》，山西古籍出版社2000年版，第24—25页。
④ 《河东盐法备览》卷6《运商门·运程》。
⑤ 光绪《平陆县续志》卷之上《营建·里镇》。
⑥ 中国第一历史档案馆编：《雍正朝汉文朱批奏折汇编》第19册，江苏古籍出版社1986年版，第402页。
⑦ 光绪《平陆县续志》卷之下《艺文》。
⑧ 光绪《平陆县续志》卷之上《营建·津渡》。

集……称一邑巨镇”[①]。

运城西关村，亦称运城西门外，清以降至民国时期，曾有多家过载盐店开设于此，从事路盐出场后的存放及往陕西的发运业务，西关村由此而一度成为繁荣的盐运小镇。[②]

由上可知，运城周边一些集镇或多或少因潞盐产销而得到发展。其腹地范围虽不太大，但也包括解州、安邑、虞乡、猗氏、夏县及其周边的临晋，甚至河南渑池等州县的部分集镇。因此，在以运城为中心，以潞盐生产和运销为支柱产业的腹地范围内，形成了人口、资本及相关产业的相对集中，潞盐经济区雏形已经形成。

---

① 光绪《平陆县续志》卷之下《艺文》。

② 席瑞卿：《运城盐池·晒商·陕岸运商及其他》，中国人民政治协商会议山西文史资料研究会编：《山西文史资料全编》第6卷，中国人民政治协商会议山西文史资料研究会，1998年。

# 第五章　晋商与山西乡村城市化中的社会变革

## 第一节　社会关系的演变

城镇的兴起和发展过程，是一个人口不断集聚的过程。在城镇居民中，除了部分外来人员，大部分来自本地乡村。因此，城镇人口的不断增加意味着农村人口地域格局的变化，即越来越多的农村居民，从分散封闭的乡村聚落，向开放和流动的城镇社区集中，而在这一现象的背后，更有着社会结构，社会关系乃至社会意识的一系列变化。

人口向城镇的集聚，在一定程度上打破了农村地区传统的单一社会结构和体系。城镇周围不同规模的工商业活动中心，有着鲜明的商业社会特点。明清时期，随着城镇不断扩张，城镇人口中除了日益增加的工商业人员，还包括越来越多从事商品化生产的周边乡村农民，他们由自给性生产转向商品生产，不只是经营方式的变化，也是职业性质和社会身份的重大转变。人口向城镇的集聚，直接推动了市民阶层在农村地区的兴起，这无疑是农村社会变革最为引人瞩目的现象。市民阶层兴起所带来的农村社会关系和社会观念的变化，表现在以下几个方面。

从社会关系方面看，最典型的是士商关系由对立逐渐走向融洽。在早期农村社会，士农工商虽被视为是一种基本职业，但在此基础上形成的社会群体之间却有着森严的尊卑等级秩序，士人享有政治上的统治地位和各种社会特权，工商业者则归入从事“贱业”的市井小人。城镇市民阶层的兴起和商品经济的发展，逐渐改变了士商对立关系：一方面，士人由鄙视工商业到重视工商业，进而直接参与工商业，最终形成所谓的“士绅商人化”现象。明清时期士人从商现象蔚然成风。另一方面，工商业者的地位不断上升，影响不断扩大，竟然可以通过读书应举，资助善举等形式获得与士人同等的身份，由此出现了商人绅士化现象。

经商主力被认为是天经地义的事情，成为许多人的首选职业。“大约商贾居首，其次者犹肯力农，再次者谋入营武，最下者方领读书。”有人感叹地说，“盖今之事世，士之贱也，甚矣”①。就社会意识的变化而言，你突出表现是重商观念的出现和日趋流行。明清时期，大众对于儒贾的评价是“儒为名高，贾为利厚”，认为两者价值观不一致。然而，彼时的晋商却提出了儒贾相通的思想观点，认为行商坐贾也可以饱读诗书，也可以学儒；而读书人亦可以做商人，提出利以义制，名以清修。例如明代蒲州商人王瑶，就是“行货而敦义，转输积而手不离简册”②。明代蒲州商人杨光溥，“生而秀慧，有立志，幼治《周易》，日夜考考，用心甚苦，以家累不获卒业，然志在是也，虽挟资远游，所至必以篇简自随，遇贤嘉言而手录之，久久成帖，题之曰《日用录》”③。

城镇工商业的发展积极向农村社会的渗透，也推动地主和农民两大阶级的分化，特别是到明清时期，在商品城经济的刺激下，越来越多的地主或改变传统的租佃方式，采用雇工进行生产，将产品投放市场，能取更大的经济收益，从而成为商品生产的专业户，或者实行货币地租，并以货币地租投资工商业，成为与市场活动结合的商业地主。

---

① （清）归庄：《归庄集》卷6《传砚斋记》，中华书局1962年版。

② （明）韩邦奇：《苑落集》卷6《明席君墓志铭》，载《西北文学文献（中国西北文献丛书）》第160卷，兰州古籍书店1990年版。

③ （明）张四维：《条麓堂集》卷27，明万历二十三年张泰征刻本。

## 第二节　充满商业气息的社会生活和奢侈风气

### 一　教育和文化的发展

城镇不仅是农村工商业集聚地和商品经济中心，也越来越多地承担起农村教育和文化中心的角色。明清时期城镇工商业发达，人口规模不断扩大，加上交通便利，信息灵通的有利条件，文化优势和影响力更为突出，从而进一步确立起农村文化教育中心的地位，特别是在晋中、晋南的一些城镇，以人文蔚起，教育发达，科第兴旺著称于世。

明代晋商即十分重视教育，河东盐商曾兴办运学，为盐工及盐商子弟提供教育机会。清代随着商业及金融实力的进一步扩大，社会地位的进一步提高，晋商更加重视教育，不仅高薪聘请学识渊博之人教授族中男丁，更有些家族开设女学堂，使族中女子受到良好教育，有人言："此村之北八里之车辋村，前月设女学堂一所，女学生不一，有女、有妇凡十余人，年皆十七八，教习为某孝廉、某生员，皆未三十岁，所教皆效洋人之法，衣服亦效洋人之装饰，人多羡慕其所为，而不以为非。"①

王先明先生指出，由于地域不同而带来的社会结构的特殊性以及与之相应的社会风尚的独有特点，最终还是会被巨大的传统社会结构所淡化、稀释和消融。清代，晋中社会阶层虽然以崇尚"商业"，以"从商"为民众的最优选择及价值导向，但彼时整个中国社会的价值观还是趋向于"读书入仕"，因此富裕起来的晋商家族们内心深处是渴望向"士绅阶层"流动的。在这种情况下，广大的商人家族成员的奋斗目标再次选择指向仕途。例如晋中外贸世家——车辋村的常氏，其后代子嗣在职业选择时，总体趋向于由从商转向读书。从 19 世纪末到 20 世纪初，常家的第十四世、十五世等出生较晚的子孙们，不仅接受了新式教育的培养和熏陶，后来所从事的职业也打破了祖辈经商的传统，而趋向

① （清）刘大鹏：《退想斋日记》，山西人民出版社 1990 年版，第 161 页。

多样化，出现了医生、教师、律师、书法家、画家等多种职业。

随着晋商逐渐成为当地的富裕阶层，其社会地位亦有所提高，他们积极参与和承担当地许多公共事务，并成为这些活动的组织者和管理者。以太谷商人为例：首先，商人促进了太谷教育事业的发展。

其一，捐银助学。太谷商人对当地教育的支持，首先表现在其大力投资地方教育，弥补学校经费不足上。太谷的凤山书院，位于县城西门内，始建于明嘉靖九年（1530），但因经费等问题多次废立。清代，乾隆二十一年（1756），凤山书院重建，此后多次由太谷商人捐资弥补书院经费不足，以维系运转。例如清乾隆二十一年（1756），绅士捐银“一千二百两”，并“交市肆行息”，以为“修金膏火”之用；并于乾隆四十二年（1777），再捐2210两，仍“依前存市肆行息”，作为“仕子膏火之资”，弥补办学经费的不足；[①] 清道光三年（1823），由太谷绅士“经营筹划”，捐银3000两，以为“小课膏火以及大课供给”等各项费用；[②] 道光十八年（1838），太谷孟姓富商又以个人名义大力捐助凤山书院以“膏火经费”[③]。凡此种种，不一而足。自清乾隆二十一年（1756）至光绪二十八年（1902）的150年间，太谷官绅为凤山书院捐银二万余两，以“供师生膏火”之用。而上述所提及的“绅士”就有大量或通过读书入仕或通过捐纳博取功名的太谷商人。

其二，筹资办学。太谷商人不仅为书院捐资，而且积极创建私塾及近代私立学校。早在明代，太谷巨商武氏即在家族中设立私塾，训育本姓子弟。创办于清光绪三十二年（1906）的“山西私立铭贤中学校”，是位于太谷县东杨家庄铭贤公地，由美国总教会遴彼时太谷富商、毕业于欧柏林大学的硕士孔祥熙创立的一所在山西近代教育史上举足轻重的私立学校。而该校的办学资金除由总教会筹拨外，大都由时任校长的孔

---

① 乾隆《太谷县志》卷2《学校》。

② 民国《太谷县志》，载《中国地方志集成·山西府县志辑（19）》，凤凰出版社2005年版，第526页。

③ 民国《太谷县志》，载《中国地方志集成·山西府县志辑（19）》，凤凰出版社2005年版，第456页。

祥熙屡次赴美筹得。后随孔祥熙权力地位日隆而办学经费愈大，进而使铭贤学校成为山西最富有的学校。彼时，铭贤中学校招收“高中、初中、高级（小）、初级（小）学生共三百余人”，其“规模之宏敞，设备之完善为全省之最”，并将贝露女校、毓德妇校收编麾下。[①] 随后，铭贤学校进一步发展，于民国五年（1916）设师范、工商、教育、文理等四科，创办大学预科；而后成立农工专科学校；并于民国三十二年（1943）改称“铭贤学院”，由专科升为本科，成为彼时全国较为重要的农业研究基地。[②] 铭贤学校条件优越，收费却很少，孔祥熙还时常为贫寒学子减免学费，使更多的人可以读书上学。

其三，聘请名师。太谷商人不仅在当地助学及办学中慷慨解囊，更不惜重金聘请著名学者前来授课。以太谷富商、南京国民政府财政部部长的孔祥熙所创办的铭贤学校为例，其聘请国学功底深厚的侯之麟、赵昌燮、吴连城等学者担任语文教授；其农科主任、工科主任、会计主任均由取得海外博士或硕士学位学者担任。即便其后任校长、代理校长、校务长、事务主任兼乡村服务部主任等管理人员亦均为留学归国的博士及硕士。彼时，铭贤学校还以当时较为先进的“教授治校”为其管理思想，不仅制定系统的规章制度，还成立教学委员会，用以维护教授权益及用人制度上的任人唯贤原则，从而有效地提高了教授教学、办学及管理学校的积极性，保证了教学及科研水平和质量。[③]

其四，协办图书馆。民国时期，太谷县图书馆是一座藏书量大，门类齐全，配有理化实验室，在当时具有先进水平的图书馆。太谷商人在该图书馆发起并建设的过程中扮演了十分重要的角色。太谷图书馆的前身为文昌宫图书馆，其藏书来源主要有书院藏书、民间征集、绅民赠予及寄存四部分。其中绅士赠予图书所占数量不少：出身于儒商家庭的近

---

① 民国《太谷县志》卷4《教育》。

② 庞桂甲、李卫朝：《铭贤校训“学以事人”思想研究——以孔祥熙教育思想为中心的考察》，《山西农业大学学报》（哲学社会科学版）2014年第12期。

③ 闫志敏、李卫朝：《孔祥熙教育思想述略》，《山西农业大学学报》（哲学社会科学版）2014年第12期。

代著名太谷籍书法家——赵铁山，曾将其3.6万余册藏书赠予太谷图书馆；清末太谷县举人、县知事孙丕基亦于民国间将家中部分藏书捐给图书馆。此外，太谷商人亦积极参与图书馆的管理。彼时太谷图书馆“董事会”是其管理机构，一切与图书馆相关的重大事宜均由董事会定夺。该董事会成员分别由当地著名学者、知名绅士、军政要员组成，其中不乏太谷商人的身影，如前文述及出身儒商的书法家即于民国二十五年（1936）被聘为27名董事之一。①

综上所述，明清时期太谷商人通过捐银助学、筹资办学、聘请名师及协办图书馆等方式积极参与当地的教育活动，在弥补政府教育经费不足的同时，有效推进了地方教育发展。

其次，太谷商人凭借自身的经济实力及社会地位，积极参与修寺建庙、赈济灾荒及宗亲救助等地方性公共事务。

其一，修庙建桥。太谷商人积极参与当地许多修庙建桥的公益事业。如距“（太谷）县治百余武”的大观楼，位于太谷县城中央，“下跨康衢”且“四面轩豁”，为彼时太谷城标志性建筑。② 据现存资料可知，大观楼始建于明初，于明清时期进行过4次重修，其中明万历四十三年（1615）及清道光二十二年（1842）的重修有商人参与其中。③ 明万历四十三年（1615）《太谷县新建古楼碑记》载，重修在当地官员捐俸金“倡首”后，由“富者出财”，并“勇者出钱”“巧者出技”而促成，遗憾的是，所费银两及商人捐款数额并无明确记录。④ 而清道光二

---

① 韩丽花、赵谓炯：《太谷县图书馆馆藏古籍及保护工作概述》，《山西档案》2014年第6期。

② 清道光二十二年（1842）《重修大观楼记》，史若民、牛白琳编著：《平、祁、太经济社会史料与研究》，山西古籍出版社2002年版，第363页。

③ 据明万历四十三年（1615）《太谷县新建古楼碑记》；清康熙二十一年《太谷县重修鼓楼记》；清道光二十二年《重修大观楼记》；清光绪三十三年（1907）《太谷重修大观楼记》等碑刻资料统计，史若民、牛白琳编著：《平、祁、太经济社会史料与研究》，山西古籍出版社2002年版，第361、362、363、372页。

④ 明万历四十三年（1615）《太谷县新建古楼碑记》，载史若民、牛白琳编著《平、祁、太经济社会史料与研究》，山西古籍出版社2002年版，第361页。

十二年（1842）的重修，则将参与捐银的商号、人名及所捐银两悉数镌刻于碑铭，使我们可以据此遥想彼时商众踊跃捐修大观楼的盛况。彼时太谷城内有1042家商民参与捐款，共捐银3534两2钱，钱133150文。

清末民初阳邑村净信寺及县城西北借钱庙（赵襄子祠）等庙宇的重修中，也多次出现太谷商人的身影。阳邑村为清末民初"太谷四镇"之一，"村大户繁"①，净信寺位于该村南隅，自唐开元六年（718）始建以来，历代多有修葺。据现存寺内碑刻资料显示，明清时期的修缮次数较为密集。清代的重修多达9次，商人以独立身份4次参与其中，且布施商号数量在此4次中逐年增多。参见表5－1。参与清道光六年（1826）净信寺重修的太谷商人数量为清代历次重修最多，占捐银总人数的66%。该次重修，共有分布于京津冀、内蒙古、陕、甘、宁、晋、豫、辽、吉、赣等地区的，共1660户太谷商人参与其中，共捐银10147两2钱8分；钱218600文。② 位于太谷县城西北的借钱庙实为赵襄子祠，据清光绪三十三年（1907）《重修古借钱庙碑记》载，此次重修由"本街商户……踊跃助资……二千余金"而成，经理人共有孔繁植、王志周、兴泰成、永全吉、宝益盛、保隆堂、义和公、蔚长盛、义顺永、晋萃丰等10位，除孔繁殖与王志周为富商外，其余均为彼时太谷城内的著名商号。③

**表5－1　清代太谷阳邑净信寺重修布施分类统计**

| 时间 | 布施人数（人） | 商人及商号数量（家） | 商人及商号占总数百分比（%） |
|---|---|---|---|
| 清康熙二十六年（1687） | 516 | 1 | 0.2 |
| 清康熙四十二年（1703） | 205 | 0 | 0 |

① 清光绪二十八年（1902）《阳邑大社六义堂碑记》，史若民、牛白琳编著：《平、祁、太经济社会史料与研究》，山西古籍出版社2002年版，第475—476页。

② 据清道光六年（1826）《重修净信寺碑记》统计，史若民、牛白琳编著：《平、祁、太经济社会史料与研究》，山西古籍出版社2002年版，第432—474页。

③ 清光绪三十三年（1907）《重修古借钱庙碑记》，史若民、牛白琳编著：《平、祁、太经济社会史料与研究》，山西古籍出版社2002年版，第379页。

续表

| 时间 | 布施人数（人） | 商人及商号数量（家） | 商人及商号占总数百分比（%） |
|---|---|---|---|
| 清康熙五十三年（1714） | 322 | 0 | 0 |
| 清雍正十三年（1735） | 552 | 3 | 0.5 |
| 清乾隆元年（1736） | 666 | 0 | 0 |
| 清乾隆十二年（1747） | 291 | 37 | 12.7 |
| 清乾隆二十九年（1764） | 130 | 0 | 0 |
| 清道光六年（1826） | 2514 | 1660 | 66 |

资料来源：据清康熙二十六年《重修净信寺碑记》、康熙四十二年《净信寺增建禅室碑》、康熙五十三年《重修净信寺碑记》、雍正十三年《净信寺重修佛店金妆圣像增建社房门亭碑记》、乾隆元年《金妆碑记》、乾隆十二年《阳邑净信寺重建北禅堂院碑记》、乾隆十五年《后续重修北院禅堂碑记》、乾隆二十九年《阳邑西南社新修神阁禅院并开拓口途碑记》、嘉庆十四年《新建仓房碑记》、道光六年《重修净信寺碑记》等碑刻资料统计，史若民、牛白琳编著：《平、祁、太经济社会史料与研究》相关资料统计，山西古籍出版社 2002 年版，第 393—474 页。

此外，太谷商人还积极参与村中修缮桥梁的事务。清光绪二十八年（1902），太谷城外乌马河资善桥的重修，即由祖籍太谷阳邑村的外地“服官服贾”者，“四方募化”，进而“得金若干”而成。①

其二，赈济灾荒及宗亲救助。在明清时期的多次灾荒中，除政府积极应对外，商人也是地方赈灾的主要辅助力量。早在明代，即有太谷商人杜宏“（捐）粟黍一千五百石”以“赈济灾民”的记载。②清光绪年间的“丁戊奇荒”，山西受灾极重，平（遥）、祁（县）、太（谷）等县商人纷纷响应政府捐输救灾，仅数月就捐银 12 万多两。彼时，山西商人共为灾荒捐银 1455539 两，钱 144855000 余文，杂粮 4783 石。③

宗族是我国传统社会的重要组成部分，而宗亲关系则是维系我国社会和谐稳定的重要纽带。宗族会对族中无力自养者通过义庄等方式进行

① 清光绪二十八年（1902）《阳邑大社六义堂碑记》，史若民、牛白琳编著：《平、祁、太经济社会史料与研究》，山西古籍出版社 2002 年版，第 475 页。

② 光绪《太谷县志》卷 5《孝义》。

③（清）曾国荃：《曾忠襄公奏议》卷 8《请停止捐输疏》，岳麓书社 2006 年版，第 338—339 页。

救济，而太谷富商家族中的富者亦会对贫者进行周济。如民国《太谷县志》载，太谷贺家堡商人杨怀宽，倡修宗祠，并“施钱三千缗”，除作“祭祀费”外，还作“赡养族中鳏寡孤独”之用。[①]

## 二　充满商业气息的社会生活与奢侈风气

城镇将丰富多彩的市民生活引入乡村，在一定程度上，逐渐改变了农村封闭单调的传统生活方式。这种情况在明清时期极为普遍，许多城镇及周边地区往往酒楼茶馆遍布，娱乐场所繁多，不仅白天人涌流动，而且入夜也是热闹纷呈，每逢节日更是如此。晋商作为城镇中最活跃的存在，对城镇中充满商业气息的社会生活产生重大影响。

### （一）戏曲

凡有晋商活动的地方，均能找到梆子戏，凡梆子戏盛行的地方，必是山西商人云集之处。“商以戏繁荣，戏以商远播”，山西戏曲沿着晋商商路走向全国。同时，晋商与戏曲在经济上产生众多联系：

1. 晋商出资举办梆子戏班及戏曲科班（学习班），甚至组建票社

晋商在明中叶，已经经营盐、粮、布为主的边商转为多种经营的内商，由此沿途修建众多会馆，建关帝庙及戏台，借此联络乡情。明末清初，随着蒲州梆子向山西中部流布，许多爱好戏曲的晋商不仅经常邀请许多著名的中路梆子艺人到家中表演，甚至投资戏班（又称娃娃班），还召集一些文人参加中路梆子的艺术研究与创作，太原县因此成立了相关书会组织——聚文会。这使中路梆子艺术很快进入了士绅阶层，受到社会大众的追捧。[②] 到清道咸年间，戏班在山西普遍兴起；至同光年间，达到鼎盛。彼时，只在位于晋中的平遥县、祁县、太谷县，就有叫得上名号的戏班36家，其中大量是由晋商投资开办的，例如创办于清

① 民国《太谷县志》卷5《义行》。

② 张春娟：《晋商、移民与戏曲》，博士学位论文，上海戏剧学院，2013年，第10页。

咸丰九年（1859）的“四喜班”就是由榆次县聂店村的富商王钺投资的。他从苏州购置了全副戏箱，聘请太原著名鼓师宏计儿、琴师杨友庆，诚邀蒲州十多位著名演员加盟。再如清同治七年（1868），祁县商界大亨渠源淦创办的“上下聚梨园”戏班，为壮大戏班的实力，派人到晋南、晋中各县张榜诚邀名角加盟，并从苏州购置了全副的上等戏装。[①] 还有太谷县东场村富商王虎儿，人称“虎财主”，在“协诚乾”“用通五”“彩霞蔚”等商号中都持有股份。此人爱好戏曲，在宅院中建有东西两座乐厅，常邀名班演剧。后出资兴办全胜和戏班。并作为晋中六大戏班之一获邀前往太原进行了为时一月有余的戏曲会演。此次会演盛况空前。[②] 此外，太原府徐沟镇东罗村富商——时成赢于光绪七年（1881）投资开办了演出中路梆子的戏班“小梨园”；太谷县城孙氏富商资助晋剧戏班“锦霓园”；榆次县车辋村“大德川”“大德玉”“三和源”三家票号的财东资助创办晋剧戏班“乾梨园”。光绪年间，平遥尹光禄承办的“大小祝丰园”得到日升昌票商的大力资助。[③] 晋商不仅在省内出资培养戏班，于所在外省经商之地也有创办。内蒙古敖汉旗下洼镇的“下洼戏班”即由移居塞外的晋商出资创办，是内蒙古最早的班社之一，主要演员均来自山西各地，代表演员有茶壶嘴、一声雷、徐德新以及该戏班自办科班培养的宝奎、小镯子、王春茂等。[④]

不仅如此，晋商还在省内创办戏曲学习班（科班）。祁县商人岳彩光酷爱晋剧，不仅常邀戏班演剧，自己亦是票友。嘉庆三年（1798），此人出资从晋南蒲州等地买来三十余名娃娃，并从蒲州请来“老元元红”张世喜等名师，又从苏州购置了戏箱，在府宅南院修建小戏台，开办科班“云生班”。云生班艺童出科后又由岳家出资组成戏班，称云生戏班。[⑤] 介休县义安镇商人郭应照创办科班——禄梨园，该班源自其字

① 刘文峰：《山陕商人与梆子戏》，文化艺术出版社 1996 年版，第 63 页。

② 张春娟：《晋商、移民与戏曲》，博士学位论文，上海戏剧学院，2013 年，第 71 页。

③ 刘文峰：《山陕商人与梆子戏》，文化艺术出版社 1996 年版，第 5 页。

④ 张春娟：《晋商、移民与戏曲》，博士学位论文，上海戏剧学院，2013 年，第 58 页。

⑤ 张春娟：《晋商、移民与戏曲》，博士学位论文，上海戏剧学院，2013 年，第 73 页。

号“禄合盛”。聘请焦大娃和拉儿等名师执教，武术高手郭培森护班。该班共办两届，培养出众多晋剧名角。[①] 榆次车辋大商常家兴办科班——乾梨园，聘用著名鼓师杨甲成和“说书红”高文翰、郑三印等执教，授艺严谨，文戏武戏全面训练。设科十余年，共培训两批艺徒，六十多名。[②]

清末民初，山西各地出现了许多自娱自乐的票社（自乐班），其中不少是商人发起的。[③] 如太谷北洸村商人曹克让、曹三少父子的三多堂自乐班。太原城西米市巷济生馆药店李掌柜的票社，以演唱中路梆子及昆曲自娱，并组织专业人士研讨音乐唱腔等。

这些活动促进了山西梆子艺术的不断发展与成熟，梆子戏也随之向口外发展，沿着晋商商道，内蒙古、河北、山东等省份的 30 多个北方城市。“（山西）北路梆子大约在清初传入内蒙古，约有三百余年的历史。以归化为中心，东起丰镇、兴和、集宁，西经包头至河套一带，主要流布于内蒙古中、西部广大地区，为内蒙古影响较大的梆子腔剧种。”[④] 清同治初年，归化城的晋剧班社吉升班和长胜班红极一时。彼时，归化城是商贾辐辏、店铺鳞次栉比的北方商贸活动中心。城内晋商行会众多，且有各自供奉的神祇，各个行会每年至少进行酬神演戏一次，资本实力较雄厚者一年中会邀请演剧两三次。当地村庄亦有求雨、祭天的庙会，因此上述两个晋剧社团一年四季均会轮流演出。[⑤] 值得一提的是，彼时山西蒲州的梆子戏班庆和班，加入了土默特旗王府戏班，该戏班的著名演员——山药红，曾被蒙旗十八班推为班首，并于清乾隆中叶两度率十八班前去直隶承德行宫献艺。[⑥] 清末，库仑有晋商字号 400 余家，常驻山西商人 2 万多人，晋商在库仑建有“关帝庙”，每年

---

① 张春娟：《晋商、移民与戏曲》，博士学位论文，上海戏剧学院，2013 年，第 75 页。

② 张春娟：《晋商、移民与戏曲》，博士学位论文，上海戏剧学院，2013 年，第 76 页。

③ 郭士星：《论晋商对山西戏曲文化的贡献》，山西区域社会史研讨会论文集，2003 年，第 171 页。

④ 中国戏曲志编辑委员会编：《中国戏曲志 · 内蒙古卷》，中国 ISBN 中心 1994 年版，第 80 页。

⑤ 张春娟：《晋商、移民与戏曲》，博士学位论文，上海戏剧学院，2013 年，第 39 页。

⑥ 张春娟：《晋商、移民与戏曲》，博士学位论文，上海戏剧学院，2013 年，第 41 页。

都会在关帝庙戏台演出山西中路梆子。清中后期，在宁夏经商的晋商数量达数千人，他们不仅广修会馆，搭建戏台，邀山西戏班前来演剧，更使得阿拉善蒙古王爷受其影响而偏爱山西戏曲，在其府中成立山西北路梆子戏班。这些戏班上演剧目以传统戏为主，主要有《六国拜相》《蜜蜂计》《焚绵山》《五雷阵》等。[①] 清代，张家口有八家商人，皆为“山右”人，大批山西商人移居张家口，同时也带去了山西梆子戏。[②] 同治九年（1870），著名晋剧艺人侯俊山曾经到张家口演出戏曲。除此之外，来张家口搭台唱戏的著名艺人还有一千红、翎子生、二宝红、小昌黑、八百黑等，这些艺人多为蒲籍，[③] 演出的剧目有《黄鹤楼》《绣楼记》《日月图》《碧游宫》等。[④] 清中前期，山西梆子戏班就沿着山西人前往东北谋生的道路进入盛京地区，在各大王府的节庆喜宴、堂会及民间庙会中均可看到其身影。清中叶以后，随着上海商业的崛起，大量晋商涌入上海，山西戏曲也随着晋商的到来而进入十里洋场。“山西梆子戏名角十三旦曾五次到上海演出，元元红、水上漂、人参娃、自来红、一阵风、草上飞等名家也多次到上海演出。后来的丁果仙、盖天红、毛毛旦、筱桂桃、九岁红、三儿生等晋剧名伶也曾赴上海演出，并灌制唱片。[⑤] 清代，晋商联合陕商在汉口建立山陕会馆，并在其中建了七座戏楼，专供来自山陕两地的梆子戏演员在此演出。[⑥]

2. 促进其他地区戏曲的产生及其他剧种的融合

晋商在所到之处遍设会馆，搭建戏台，酬神演剧，把山西戏曲散播到各地，并与当地的地方小戏进行融合，使很多地区的地方剧种例如河北梆子、山东梆子、南阳梆子等留下山西戏曲的印记。此外，晋商还积

---

① 张春娟：《晋商、移民与戏曲》，博士学位论文，上海戏剧学院，2013 年，第 42 页。

② 中国戏曲志编辑委员会编：《中国戏曲志 · 内蒙古卷》，中国 ISBN 中心 1994 年版，第 10 页。

③ 籍贯为山西蒲县。

④ 张春娟：《晋商、移民与戏曲》，博士学位论文，上海戏剧学院，2013 年，第 40 页。

⑤ 中国戏曲志编辑委员会编：《中国戏曲志 · 山西卷》，文化艺术出版社 1990 年版，第 640 页。

⑥ 张春娟：《晋商、移民与戏曲》，博士学位论文，上海戏剧学院，2013 年，第 41 页。

极把各个地区的不同剧种及戏曲特色带回山西，融入山西本土戏曲，从而促进了新剧种的诞生：中路梆子、太谷秧歌、凤台小戏、曲沃碗碗腔、翼城目连戏等众多本土戏曲，都是通过晋商对其他地区剧种的引进而丰富起来，使得山西地区成为中国戏曲剧种最为丰富的区域之一。

伴随着山西商人经商道路的拓展，以戏曲艺人为代表的人口迁徙又造成了山西四大梆子戏的向外流传与衍变发展。如山东的枣梆，是由山西上党梆子传入山东后，发生了“音随地改”的变化，成为颇具鲁西南地域特色的山东枣梆。如流传于内蒙古地区的内蒙古大北路与晋剧大西路，是山西北路梆子与中路梆子的衍生传播，“梆子腔进入内蒙古很早，早期亦称晋腔，山陕梆子，俗称大戏，以区别于二人台等民间小戏。流布于内蒙古的北路梆子与山西北路梆子同源不同流，故又有大北路之称”①。张家口地区的戏曲从业者把流行于杀虎口、归化城、包头一带的中路梆子称为大西路晋剧。“中路梆子于山西形成后流入西口，在内蒙古经过50多年的发展，因为受到地域文化和民风民俗的影响；特别是初期多由本地北路梆子演员演唱，在音乐上形成了中、北路两路声腔相融合的特点。”② 由此可以知道，中路梆子传入归化城、包头地区之后演变成大西路晋剧。明清时期，位于湖北武汉的汉口中路有一条戏子街，在这里有不少来自山西的戏剧艺人演出梆子戏，而且还流传着早期汉调二黄的遗迹，时至今日，在粤剧、山陕戏曲中还保持着汉调二黄的痕迹。③

彼时，晋商前往西北贸易，广修会馆，搭建戏台，而会馆每年会举办庙会和“行会戏”。如青海民和县川口镇，每逢年节演戏，均会利用当地会馆中的戏台，④ 其间，晋陕各类剧种在域内广为传播。再如西宁

---

① 中国戏曲志编辑委员会编：《中国戏曲志·内蒙古卷》，中国 ISBN 中心 1994 年版，第 80 页。

② 中国戏曲志编辑委员会编：《中国戏曲志·内蒙古卷》，中国 ISBN 中心 1994 年版，第 83 页。

③ 张春娟：《晋商、移民与戏曲》，博士学位论文，上海戏剧学院，2013 年，第 41 页。

④ 马德章：《川口山陕会馆》，载政协青海省委员会文史资料研究委员会编《青海文史资料》第 16 辑，政协青海省委员会文史资料研究委员会，1987 年，第 152 页。

地区的山陕会馆于每年正月十三（关公诞辰日）唱3—5天大戏，山西本地戏曲传布其间。

3. 推动了以太原府为代表的晋中庭院与祠堂剧场的建设

明代中叶以后，戏曲的演出场所由大庭广众进入了一些富商以及官僚士大夫的私宅府第之中。不仅一些官僚士大夫纷纷培养家班，一些晋商巨族也在自己的私家宅院中建筑起了私人戏台。山西太谷县城的孔家大院，是孔祥熙的祖宅，该院的戏台院建于西南角，戏台坐南朝北，与正屋对峙，整个戏台院布局高低合理、远近适中、传音畅达、效果极佳。梁架、斗拱、雀替、门窗均有鸟兽、花卉以及历史人物的彩绘画面，并用沥粉贴金，整座戏台华丽壮观、富丽堂皇。在祁县城内渠姓富商所建的渠家大院，建有专门的戏台院，该院落均由青砖铺地，宽阔而又平整，可容纳400多人同时观看戏曲演出。此外，晋商还推动了祠堂剧场的建设。晋商的发展，离不开血浓于水的亲情和乡情，为了追思开疆拓土创建商业帝国的祖先，也为了彰显家族的和睦与团结，强化对本族甚至本土成员的制约和管理，晋商家族会建立家族宗祠或祠堂。在祠堂中为祖先演剧是每次祭祀不可或缺的部分，因此晋商家族所建祠堂中基本都建有戏台，有的甚至建有剧场。例如太谷县任村的贾氏祠堂就建有“至诚宫”剧场；榆次县车辋村常氏建有北常祠堂剧场、南常祠堂剧场等。此外，晋商不仅斥巨资兴建庭院剧场和祠堂剧场，还大力支持村镇戏台的建设。据碑刻等资料显示，太原府下辖县的大部分庙宇中的乐楼、戏楼的新建和修缮均有晋商的身影，他们或以字号名义，或以个人名义进行捐资，推动戏台和乐楼的新建和重修。

### （二）饮食

随着晋商的兴盛，晋商对饮食及饮食交际日益讲究，创造出丰富多样的主食和菜品，并把烹饪技艺推陈出新，提升了当地的饮食水平，带动了晋中民众饮食生活的风尚：“太、汾则食物比南北为繁，颇讲烹饪之法。”汾阳县《宣柴堡村志》也称其村民的“饮食向来比较讲究”，

“其讲究和精细，是受跑外买卖人的影响”。[①] 如祁县富商乔家食谱不仅集中了彼时流行全国的各地菜系之精华。而且用料十分讲究，常有鲨鱼翅、蟒肉等珍稀食材。

由于富商大贾对美食的执着，诸多特色食品就应运而生。例如糖油太谷饼、清徐的孟封饼、祁县东观镇的熏肉、太谷的驴肉、平遥牛肉均为适应当地食不厌精的食风而产生。此外，还将流行于东南地区的饮食佳肴悉数引进山西，例如昔日太谷宴席中的一道名菜“烩江池”，就是用蟒肉制作。[②] 再如从天津传入山西的特色菜肴——“贴雀儿”，其原料就是肥硕的麻雀。[③] 此外，晋商对传统食材的制作也进行了改良，主食粗粮细做，细粮精作，使粗茶淡饭花样百变，仅面食就有数十种花样。太谷当时的所流行的点心多种多样，依据时令不同而专门有讲究，例如给孩子做满月就送与中秋节截然不同的特制月饼；给孩子种痘时就送剥痂饼；探望病人时就送养胃糕、蜂糕；送别逝去的老人就送瓦甬糕、百子糕等。此外，晋商还开发出系列菜肴：如彼时祁县最高级别的宴席——“八十八件海碗席”，集冷、热、荤、素、煎、炒、烹、炸、蒸、煮多种烹饪手法，结合各种珍稀食材，共有88件。此外晋中地区当时还有“一百单八将席”“四四到底席”“八八六十四席”“八碟八碗席”等高规格、高档次宴席。饮食的讲究，带动了调味品的制作，醋作为山西地区日常饮食的重要调味品，成为山西饮食的一张名片和代表。彼时，晋商大贾集中于晋中地区，吃席饮酒的习惯带动了当地酒类产品的开发与生产。在1916年巴拿马国际博览会上，山西选送的酒类产品共获得四个奖项，而这四种酒全部产于晋中地区，其中：汾阳县产的汾酒获一等金质奖章；榆次县产的堡子酒获一等奖；介休县产咸亨涌黄酒获银质奖章；榆次县产葡萄酒获一等奖。

饮食业的发展带来厨艺的精进。以至彼时山西城镇中出现了许多名

---

① 武福长：《宣柴堡村志》，山西高校联合出版社1995年版，第76页。

② 张成基：《晋食纵横丛书·面食之乡》，书海出版社2000年版，第50页。

③ 张成基：《晋食纵横丛书·面食之乡》，书海出版社2000年版，第59页。

厨：如祁县吉兴园饭店的马宝、交城宴春园饭馆张子云等。[①] 还有祁县人陈锡荣也是当地享有盛誉的厨师。汾阳县宣柴堡村民国年间仅在京、津一带的名厨就不下十位。[②] 彼时，有时人这样描述汾阳的生活："汾俗对于饮食，向好讲究，家庭妇女，且精于烹饪做作。城市多殷实住户，濡染正深，每逢令节，或小有宴会，动辄杯盘罗列，酒肉而外，时鲜嘉果，件件毕陈。"[③] 民国《灵石县志》也云："昔灵俗男耕女织……宴会时器用瓦磁，食无异品……尔来渐习奢靡，无论绅矜士庶……食不登异味者耻。"[④] 清末文人刘大鹏也曾发出感慨："此间生意奢华太甚，凡诸客商，名曰便饭，其实山珍海错、巨鳖鲜鱼，诸美味也。习俗使然，并无以此为非者，间有一二不欲如此，亦不得行矣。"[⑤] 又云："侈靡之风，太谷为甚，各铺户待客酒馔华美，率皆过分，其尤甚者，殆如官常之自奉也。间有俭约者，群焉咻之，以为不合时宜……"[⑥] "间有俭约者，群焉咻之。"

应该说奢侈之风的盛行，固然有其消极的一面，但也有其积极的意义。早在明代中期，松江人陆楫在《蒹葭堂杂著摘抄》一书中就提出奢能致富的观点。认为奢侈消费是以经济的繁荣为基础的，能促进工商业和服务业进一步发展，促进商品流通。清代顾公燮在《消夏闲记摘抄》中也说："以吾苏郡而论，洋货、皮货、衣饰、金玉、珠宝、参药诸铺，戏院、游船、酒肆、茶座，如山如林，不知几千万人，有千万人之奢华，既有千万人之生理。若欲变千万人之奢华得反于淳，必将使千万人之生理亦几于绝。此天地间损益流通，不可转移之局也。"[⑦]

确实，与传统奢侈之风相比，曾经盛行于山西的奢侈风气，不仅商

① 张成基：《河东筵席》，书海出版社 2000 年版，第 786 页。
② 武福长：《宣柴堡村志》，山西高校联合出版社 1995 年版，第 38 页。
③ 汾阳县史志办编：《汾阳县志通讯》1986 年第 3 期。
④ 民国《灵石县志》卷 1《风俗》。
⑤ （清）刘大鹏：《退想斋日记》，山西人民出版社 1990 年版，第 48 页。
⑥ （清）刘大鹏：《退想斋日记》，山西人民出版社 1990 年版，第 103 页。
⑦ （清）顾公燮：《消夏闲记摘抄》，《涵芬楼秘笈》，台湾商务印书馆 1967 年版。

品经济的高度发达，有着直接联系，而且还具有社会各阶层普遍参与的特征，第一，山西地区奢侈风气的盛行，解决了城市许多人口的劳动就业问题。第二，奢侈之风冲击了封建伦理道德，打破了封建等级观念，市井文化及世间百态越来越受到大众欢迎、接纳以及效仿。第三，奢侈之风盛行，扩大了商品需求市场，进一步刺激了商品的生产和流通，带动了城市的发展。

# 第六章　明清山西乡村城市化的其他因素分析及当代意义

## 第一节　明清山西乡村城市化的其他因素分析

在中国古代，历朝统治者无不竭力加强对社会的控制，政治因素渗透到社会的各个层面。山西乡村城市化的发展也深受政府行为的影响，这当中比较突出的是税赋政策和城镇管理两个方面。

### 一　税赋政策及其影响

税赋政策对明清山西乡村城市化的影响主要体现于经济领域，以明清时期晋东南地区的潞绸、泽绸产业为例。

明代丝织业，南方以苏、杭、闽、广为中心，北方以山西潞州为中心。潞州即潞安府，府治在今长治市，元代为潞州，明朝沿置，嘉靖八年（1529）升为府。所出“潞绸”，以质地精美闻名，不仅为朝廷贡品，而且远销全国各地以至海外。

明代，潞安府是全国著名的丝绸产地，曾在明万历年间（1573—1620）达到高峰，由于“潞绸机杼斗巧，织作纯丽”① 而被朝廷征派，成为贡品。在明洪武初年于山西设立“织染局”，万历中期又派出“织

① （明）郭子章：《郭青螺先生遗书》卷16，清光绪年间刊本。

造内臣”赴各处督造催征。万历三年（1575），坐派山西黄绸（潞绸）2840匹，用银19334两；万历十年（1582），坐派4730匹，用银24670两；万历十五年（1587），坐派2430匹，用银13000两；万历十八年（1590），坐派5000匹，用银28060两。在短短十五年里，向山西坐派潞绸15000匹，用银85064两。[①] 这种大额度、长时间在一个地区征派潞绸的行为，促使潞安府形成单一以生产潞绸为主体的经济结构。明代，潞绸生产的规模空前，洪武二十四年（1391）潞州府所辖7县，166147户，而仅“长治、高平、潞州卫三处，共有绸机一万三千余张”[②]，平均每户都有织机。此外，为了养蚕取茧需要，明弘治年间在潞州植桑由洪武初年的80000余株增加到90000多株。明末除按规定数额完交、贡纳、互市外，舟车辐辏传输于河北、内蒙古等地，还作为外贸商品流通到国外，因此，潞绸产区名闻天下。

清代，长治和高平仍向朝廷纳贡潞绸，但其规模远不及明代。顺治初年，山西省长治、高平二县只存织机1800张，四年（1647）规定岁派造绸3000匹；六年（1649）减至每年1470匹；十五年（1658），新颁式样，每岁织300匹，长治县186匹，高平县114匹。[③] 康熙六年（1667）题准，减去大潞绸100匹，改织小潞绸400匹，长3丈，阔1尺7寸。每年长治县大绸124匹，小绸248匹。高平县大绸76匹，小绸152匹。潞绸每匹重64两，长80尺，阔2尺4寸；小潞绸每匹重10有6两，长30尺，阔1尺7寸，岁由山西长治、高平二县织造，解部转送内务府检收。十四年（1675）复准，大小潞绸各减去100匹，每年长治县织解大潞绸62匹，小潞绸186匹。高平县岁织潞绸38匹，小潞绸114匹，如额解部。十七年（1678）题准，潞绸每匹准销银12两5钱，小潞绸每匹准销银2两7钱5分。[④] 康熙年间（1662—1722），潞绸贡纳部分维持在

① 王尚义：《晋商商贸活动的历史地理研究》，科学出版社2004年版，第69页。

② 乾隆《潞安府志》卷9《田赋》。

③ 乾隆《高平县志》卷9《物产》。

④ 《钦定大清会典则例》卷136，《文渊阁四库全书》第624册，台湾商务印书馆1985年版。

300—400 匹。乾隆年间规定："十年一派，造绸四千九百七十匹，分为三运，九年解完……以十分为率，长治分造六分二厘，高平分造三分八厘。造完各差官解部交纳。"① 其时每年仅贡大小潞绸共 152 匹。② 乾隆中叶开始，新疆与境外贸易所需绸缎和泽绸，均由"山西巡抚依期解送甘省分运"③。乾隆三十年（1765），陕甘总督因喀什噶尔贸易需要，特请准从山西采办潞绸、泽绸，由驿传递送到甘肃。由长治县办解的潞绸品种有红色缎、绿色缎、酱色缎、蓝色缎、灰色缎；由高平县办解的潞绸品种有宝蓝色绸、库灰色绸、古铜色绸、青色绸。④ 此后，新疆伊犁地区与俄罗斯贸易所需绸缎，高平县"输必百匹"⑤。嘉庆时（1796—1820），山西每年上解户部的农桑绢 300 匹，生丝绢 1200 匹，大潞绸 30 匹，小潞绸 50 匹。特别是双丝泽绸，以织工精细，质地精良，色泽鲜艳，而畅销西北等地。潞绸而外，晋东南还有其他绢绸。泽州"府境产丝，织成素帛，以橡壳皂之，谓之乌绫帕，用以抹额"，且"绸有双线单线二种，凤台、高平胥产"⑥。山西的泽绸一直被列入运往新疆喀什噶尔、塔尔巴哈台、伊犁、乌什、叶尔羌等地的指定产品。乾隆四十八年（1783），指定运往新疆的各色绸缎中，晋省备办的泽绸 200 匹，专用于"购买哈萨克牲畜"，以解决清政府在新疆军屯所需马牛。每年仅销往新疆的泽绸在 100—300 匹之间。参见表 6－1。⑦

**表 6－1　　清代山西泽绸销往新疆数量统计**

| 年　代 | 数量（匹） |
|---|---|
| 乾隆三十六年（1771） | 120 |

① 乾隆《潞安府志》卷 9《田赋》。

② 乾隆《高平县志》卷 9《物产》。

③ 《清高宗实录》卷 968，乾隆三十九年（1774）十月丙戌，中华书局 1985 年版。

④ 《户部提本》，兼管吏部事务总管内务府大臣傅恒等《谨题为奏明事》，存第一历史档案馆。

⑤ 光绪《续高平县志》卷 6《物产》。

⑥ 雍正《山西通志》卷 47《物产》。

⑦ 林永匡、王熹：《清代山西与新疆的丝绸贸易》，《山西大学学报》1987 年第 1 期。

续表

| 年 代 | 数量（匹） |
|---|---|
| 乾隆四十年（1775） | 100 |
| 乾隆四十一年（1776） | 200 |
| 乾隆四十二年（1777） | 100 |
| 乾隆四十三年（1778） | 120 |
| 乾隆四十六年（1781） | 100 |
| 乾隆四十七年（1782） | 100 |
| 乾隆四十八年（1783） | 200 |
| 乾隆五十九年（1794） | 230 |
| 嘉庆三年（1798） | 280 |
| 嘉庆五年（1800） | 230 |

此外，阳城“乡人治丝，以贸于中州，故无缣帛之出”①。解州还出产一种黄丝，“妇女勤者饲蚕作茧，取丝成绢，朴素无花，六月二十三日关庙会中，贸鬻成市”②。

清代，潞绸除了完课纳贡之外，还投入市场，其花色品种丰富多彩，百姓在市场上皆可以买到潞绸。乾隆《潞安府志》曾记载：“是绸（潞绸）也，士庶皆得为衣。”③ 如此巨大的产量，仅靠本地的原料供应是远远不够的，潞绸织造还取材于四川阆中县，“西北之机，潞最工，取给于阆茧”④。阆中县在明代是种桑养蚕基地。随着潞绸生产的日益扩大，生产资料的长途运输和产品的外销，使经营潞绸及相关生意的商人逐渐增多，使绸缎庄独立成为一个单独行业，而潞绸生产已经成为当地区域经济的中心产业。

由此可见，赋税政策不仅加强了人们时常的联系，而且在农村家庭经济变革和商品生产发展方面也起着不可忽视的作用和影响。但同时也可以看到，在重赋压力之下的商品生产和市场活动，在很大程度

① 乾隆《阳城县志》卷4《物产》。
② 乾隆《解州全志》卷2《物产》。
③ 乾隆《潞安府志》卷31《艺文续·请停止砂锅绸疏》。
④ （明）徐光启：《农政全书》卷31，岳麓书社2002年版。

上，是人们为求生存的一种被动行为。因此当经营收益有所增加，日本有所结余时，许多人往往更多的是转向购置土地，而非扩大再生产，以谋求生活的相对稳定。另一方面，繁重的税赋又使得商品生产的收益大部分都流入封建政府的国库，从而阻碍和限制了商品再生产规模的扩大。

## 二　城市管理及其影响

中国古代城市在产生之后的相当长一段时期内，普遍实行以坊市制为核心的管理体制，即将城市划分为政府机构所在的政治区、按居民职业和社会身份分类设置的生活区（坊）和强制规定的工商业区（市）三部分，分别进行封闭式管理。在这种管理体制下，不仅城市居民的社会活动受到严格的控制，而且高高的城墙将城市与乡村分隔开来，整个社会呈现城乡对立的二元结构。但随着工商业的发展和市民阶层的全面兴起，城市的经济形态和社会结构逐渐发生重大变化，城市活动也越来越多地突破空间上的限制，越出城墙向外扩展。在此情况下，传统的坊市制日益难以维持，城市管理的重心开始由政治控制转向对市民社会的规范。在明清山西地区，城市管理的转变值得注意的是行政管理的变化。具体而言主要是通过在城、镇设立行政机关来加强和规范管理，在客观上也促进了乡村的城镇化。

先看大一些的城市如杀虎口、归化城等。

杀虎口明代称“杀胡堡”，位于朔平府右玉县城西北 70 里，三厅县（右玉、和林格尔、清水河）交界处，堡内“汉夷贸迁，蚁聚城市，日不下五六百骑”①，为明代中叶成为蒙汉交易的重要场所。清统一蒙古地区之后，更名为“杀虎口”，于顺治八年（1651）设监督一员，经收税课，② 内设户部抽分署、笔帖式署、驿传道署、巡检司署、协镇署、中军

① 《明神宗实录》卷 558，万历四十五年（1617）六月丙申，上海书店出版社 1990 年版。

② 中国第一历史档案馆编：《雍正朝汉文朱批奏折汇编》第 11 册，雍正六年（1728）正月二十二日，江苏古籍出版社 1986 年版，第 455—457 页。

都司署等行政机构,[①] 设立杀虎口税关，是清代山西最早设立的税关。

杀虎口税关以边墙及黄河为界，在东至天镇县新平口，西至陕西神木口，长达200多里的边线上多处设卡征税，并且规定“商人载运货物例须直赴杀虎口输税，不许绕避别路私行”[②]。蒙古地区的唐努乌梁海、科布多、扎萨图汗部、三音诺颜部及内蒙古六盟地区牧民生活所需的绸缎、布匹、茶叶及日常生活器具皆主要由内地商人，经杀虎口出关供应。而蒙古地区之牛、羊、驼、马、皮革、木植等所出，均由杀虎口缴税进关销往各地。[③] 由杀虎口进关的货物，除蒙古地区所出牛、马、羊、驼等牲畜外，还包括油、酒、烟、盐，以及木材等。明代，油、酒、烟、盐、木材等并不进口销售。随着汉民的移居关外，以及蒙汉商贸活动的增多，上述物品可以运销，并开始交纳关税。大青山木植税银，归并杀虎口监督征收。河保营木税，由杀虎口监督解部复收。乾隆年间，归化城落地木税，以416两为定额，令杀虎口监督征收。[④] 乾隆二十六年（1761）准许“归化城出产油酒烟三项，与皮张杂货税银及土默特牲畜税钱，归并杀虎口按则抽收”[⑤]。嘉庆年间，准许鄂尔多斯盐斤进口销售，吉兰泰池盐由该处蒙民自行捞运，“兴贩入口者，由杀虎口驮，自陆路贩售，不准水运，其贩盐之人，照例收税”[⑥]。杀虎口关市设立以来，进出口关市的货物数量众多，但并未留下统计资料，但是可以从杀虎口税关年征税额窥见一斑。顺治年间，杀虎口关税为100万两，康熙二十四年（1685）为120万两，雍正三年（1725）为135万两，乾隆三十一年（1766）为540万两，嘉庆十七年（1812）为481万两，道光二十一年（1841）为435万两。[⑦] 因此，杀虎口成为蒙汉商品交汇的要

---

① 雍正《朔平府志》卷4《建置·公署》。

② 《清穆宗毅皇帝实录（二）》卷88，同治二年十二月乙酉，中华书局1985年版。

③ 黄鉴辉：《明清山西商人研究》，山西经济出版社2002年版，第281页。

④ 《大清会典事例》卷941《工部八〇·关税一·官差》，中华书局影印本1991年版。

⑤ 《大清会典事例》卷236《户部八五·关税三·直省官差》，中华书局影印本1991年版。

⑥ 《大清会典事例》卷224《户部七三·盐法四·河东》，中华书局影印本1991年版。

⑦ 燕红忠等：《清代民族贸易的个案研究——对杀虎口监督一封奏折的几点分析》，载《中国经济史研究》2006年第1期。

冲，形成“商贾络绎”[①] 的关市。

清代，归化城是位于山西北部的一座城市。乾隆间随着蒙古地区各部落的经济发展，蒙汉之间物资交流日益扩大，归化城“商贾云集，诸货流通，而蒙古一带土产日多，渐成行市”[②]。清政府遂于乾隆二十六年（1761）在该城设关，抽收“油、酒、烟三项与皮张、杂货税银，及土默特牲畜税钱”。定例：“凡商贩货物按驮科税为多”，也有按数量征税者；“油、酒铺房分上、中二则按年科税；土默特蒙古牲畜税每价银一两收制钱八文”[③]。归化城税关初由杀虎口监督兼管，乾隆三十一年（1766）改为专设归化城监督管理。乾隆三十三年（1768）又定：归化城一带“出产油、酒、烟、皮张等项及关东等处发来商货，从草地行走，未经杀虎口征税者俱为口外土产，归化城按则抽收；其内地一切杂货贩运出口，经由杀虎口纳过税银，到归化城入铺零星发卖者不再重征。若货物运抵归化城以后，商贩车载驮运又贩往他处售卖者，则无论土产与外来货物，均于出栅时按则收税。”乾隆三十五年（1770）定归化城落地税银15000两，牲畜税钱9000串；嘉庆四年（1799）增盈余银1600两。[④]自此，归化城代替杀虎口成为山西北部的税关。成为清代漠南、漠北连接中原地区的经济总汇。

政府行政机构的设立不仅促进了归化城、杀虎口、运城等大城市的发展，也促进了一些“镇”的繁荣。

西包头镇属萨拉齐厅，在归化城以西300里，濒临黄河。清初它不过是个小村落，嘉庆十四年（1809）升镇，设巡检司。道光三十年（1850）间黄河土默川航段中心码头河口镇被淹，河运中心西迁至包头的南海子渡口。以此为契机，该镇商业得以迅速发展，很快成为宁夏、

---

① 雍正《朔平府志》卷7《赋役·税课》。

② 张正明、薛慧林：《明清晋商资料选编》，山西人民出版社1989年版，第50页。

③ 《大清会典事例》卷236、卷234，中华书局影印本1991年版。

④ 光绪《大清会典事例》卷239、卷237、卷238，中华书局影印本1991年版。

甘肃、青海等地皮毛、药材和粮食的集散中心。[①] 咸丰四年（1854），清政府将西包头镇、萨拉齐、托克托城三处定为归化城的分税口，凡“口内贩来一切货物并从口外贩入土产等货”，可“就近在西包头等处税厅照例完纳，赴归化城入栅时即验明放行，毋庸再征”[②]。并于清末民初成为连接我国西北与东部的皮毛转运枢纽。

碛口镇，清代属汾州府临县，位于黄河与湫河交汇处，处于西通秦陇、东连燕赵、北达蒙古地区、南接中原的位置。清初由永宁州与临县各管其半，于“咸丰初，汾州府通判移驻碛口，设三府衙门，又设厘税局。光绪三十三年（1907），复设临县巡检”[③]。同时由于良好的水陆运输条件，碛口成为山西境内黄河上一处重要的水陆码头，镇上主要由三条商业街，13 条小巷构成。清乾隆二十一年（1756）《重修黑龙庙碑》记载：“碛口镇又境接秦晋，地邻河干，为商旅往来舟楫上下之要津也……人烟辐辏，货物山积。”[④] 至道光二十七年（1847），碛口有坐商 60 余家，客商数百。是晋西北地区的交通枢纽和货物集散地。

此外，太原府介休县的张兰镇亦属此类，前文已经仔细讨论过，这里不再赘述。

## 第二节　明清晋商与山西乡村的城市化发展研究的当代意义

与 17 世纪成为西方城市发展的主要驱动力不同，商人与商业在我国的历史上一直未能起到城市发展主要驱动力的作用，但不可否认的是在一些城市的发展过程中，商人和商业的作用是不容小觑的。明清时

① 内蒙古自治区地方志编纂委员会：《内蒙古自治区志·商业志》，内蒙古人民出版社 1998 年版，第 218 页。

② 光绪《大清会典事例》卷 238，中华书局影印本 1991 年版。

③ 民国《临县志》卷 1《建置》。

④ 高春平：《明清以来山西碛口镇的商业兴衰》，张正明等主编：《中国晋商研究》，人民出版社 2006 年版，第 177 页。

期，晋商作为地域性的商业群体崛起，其商业活动对彼时山西大多数城市的发展起到巨大作用。有些城市从根本上发生了转变，例如城市性质由政治中心变为经济中心；对外关系由封闭对立转为开放交流；内部秩序由静态形式转为动态运行等。

明清时期商品经济超越前代的发达，商品市场无孔不入地扩大与多元化，晋商先进的管理技术与广阔范围的商业贸易……在城市与其腹地之间建立起紧密的联系。许多以行政统治为最初目的兴建的城市，其商业及产业发展逐渐突出，城市发展和运转的动力逐渐被商业所主导。城市成为资本集聚和人口集聚的中心，城外关厢人口激增、集市与庙会的密集等都显示出彼时山西城市突破城墙的随机发展，以满足商业开拓的特点。这一时期，一些城市内楼阁、宫观建筑和数量的比重大大增加，甚至占据更为中心的位置，而在其捐修的过程中，大量商人参与其中，彰显了城市商人势力的增强；此外，交通运输等流通设施在手段和技术上都发展到一个更高的水平，河流津渡、通衢小镇，甚至城外堆栈村落的兴起与发展，都表明了这一点。

晋商兴起之后，在一些并未有行政建置的集镇或小城市“成为城市自治机构的永久性成员之后，一个新的时代便开始了，这个时代推动了陆上和水上各条重要通路的重新开通”。明清时期，商业给城市带来了巨大而深刻的变化：城市的繁荣与商人的活跃相辅相成，同时带来了商人行社组织的发展，商人们甚至与现行统治者进行了合作或者配合，维持市面秩序，保护商民财产，仲裁商务纠纷，成了彼时许多城镇实际的拥有者和管理者。

山西许多城市的发展，由于其自身自然资源禀赋，而显现出资源型城市发展和转型的特点。近代，资源型城市的发展变化突破了传统瓶颈而开始了转型。这类近代转型不仅表现在产业结构、城市职能及人口职业构成等方面所发生的巨大变化上，并且凸显出其转型过程中资源性产业工业化程度低、其他产业薄弱、城市规模发展缓慢等问题。而城市的自然条件、生产方式、相关制度、运销市场及社会环境等是都是对运城近代转型产生影响的重要因素。其中，落后的生产管理方式成为制约运城近代转型的根本性原因。资源型城市转型的过程也是产业转型的过程。而商人及商业在其中的作用亦十分明显。

明清时期，晋商南下北上的贸易，不仅推动了山西本土城市的发展，而且开启了西北与内地间的商品交流孔道，推动了西北城市的发展，掌控了西北地区的优势产业，带动和促进了西北地区商品经济发展及区域经济带的初步形成。与此同时，随中国一些城市的开埠，英、美、日、俄等外商势力逐渐从天津、汉口、上海、塔城、喀什及乌鲁木齐等地渗透到西北地区，使西北地区与国际市场建立了某种联系。晋商贸迁西北结合中国的开埠，使西北地区的对外经济交流在原有基础上有了很大发展，其市场逐渐由封闭型和内向型转向开放型和外向型，进而改变了西北地区在整个世界经济中的格局，使之融入了全球经济。

当代丝绸之路经济带，作为中国与西亚各国形成的经济合作区域，大致在古丝绸之路的范围，包括西北的陕西、甘肃、青海、宁夏、新疆五省区，西南的重庆、四川、云南、广西四省区市。山西省虽然不在核心区域，但要积极寻找路径，推动优势产业——煤炭产业的创新，加快三大煤炭基地及三个千万千瓦级现代大型煤电外送基地的建设，积极参与“丝绸之路经济带”的发展。同时，大力推进文化旅游、装备制造、新能源、新材料、节能环保、食品医药和现代服务业等产业的发展，从而加速我省非煤产业的产品、技术、人才等融入丝路经济带的步伐。